역사의 공백을 메우는

마고할미로부터 7만년

■ 조홍근(曺洪根)

경남 밀양이 고향이며, 마산고등학교와 서울대학교를 졸업하였다. 대검찰청, 서울지방검찰청, 서울북부검찰청 등에서 13년간 근무하였으며, 미국 아리조나 폴리그라프 스쿨을 수료하고, 한국방송대에서 법학과 중어중문학을 전공하였다.

한문화사업총단 대표와 천산역사연구원장, 천부역(天符易)과학원 대표, 풍수지리신문 편집장 등을 하고 있으며 현재 법무사로 일하며, 1980년경부터 30여 년 이상 족보(族譜)와 한중일(韓中日) 역사를 연구해 오면서, 부도지(符都誌), 한단고기(桓檀古記), 규원사화(揆園史話), 단기고사(檀奇古史) 등 귀중한 역사자료를 통하여, 우리 역사 1만년을 넘어 마고(麻姑)시대를 포함한 7만 2천 393년 역사를 밝히고 정립하는 데 총력을 기울이고 있다.

역사의 공백을 메우는

마고할미로부터 7만년

© 조홍근, 2015

1판 1쇄 발행__2015년 05월 15일
1판 2쇄 발행__2020년 07월 05일

지은이__조홍근
펴낸곳__글로벌콘텐츠
    등록__제25100-2008-000024호

공급처__(주)글로벌콘텐츠출판그룹
    대표_홍정표 **이사**_김미미 **편집**_김수아 권군오 홍명지 **기획·마케팅**__노경민 이종훈
    주소__서울특별시 강동구 풍성로 87-6, 201호
    전화__02) 488-3280 **팩스**__02) 488-3281
    홈페이지__http://www.gcbook.co.kr
    이메일__edit@gcbook.co.kr

값 15,000원
ISBN 979-11-85650-90-6 03910

마고할미로부터 9만년

조홍근 지음

글로벌콘텐츠

서문(序文)

‘마고로부터 7만년’은 장대한 우리 역사를 마고할미시대부터 수필로 풀어 쓴 역사책이라 할 수 있다.

필자는 서기 1980년에 고등학교를 졸업하면서 족보연구에 관심을 두어 틈틈이 공부를 하던 중 많은 성씨들의 시조 역사가 신화나 설화로 되어 있고 그 신화나 설화 중의 사실들이 연대기적으로도 명확하지 않아 완전히 납득을 하지 못하던 중, 1985년에 한단고기(桓檀古記)라는 우리 상고대사에 관한 책을 발견하여 읽고서는 한단고기 내의 역사적 기록들이 95% 이상 정확하다는 인식을 하게 되었다.

서기 1987년에 김은수 선생께서 역해한 부도지(符都誌)를 접하고서 한단고기 중 삼성기(三聖記)의 기록을 보완하는 기록임을 알게 되어, 이후 지금까지 우리 역사가 7만년 이상임을 밝히고 정립하고자 연구에 몰두하고 있다.

서기 2000년도에는 일본의 이세신궁(伊勢神宮)에 소장된 원시한글 문헌의 글을 해독, 해석하게 됨으로써, 일본 역사는 단군조선의 두 지주 예읍의 추장에 뿌리를 둔 역사라는 것을 확연히 알게 되었다.

그 후 획기적인 일이 발생하였는데, 그것은 명도전(明刀錢)이 단군조선의 화폐이며, 명도전에 새겨진 문자가 단군조선 문자임을 확인하게 되었던 것이다.

필자는 우리 역사를 연구하면서 단군조선의 영역상으로 보아 명도전이 연(燕)나라 화폐가 아니라 단군조선의 화폐임을 인식하고 있었으나, 이를 명백히 증명하는 데는 한계가 있었는데, 한편으로, 필자는 서기 2000년 이후로 서기전 2181년에 출현한 단군조선의 소리글자 가림토(加臨土)와 관련된 역사적 유물이나 가림토가 새겨진 자료 등을 찾고 있었다.

그런데 인터넷상에서 엄청난 일이 벌어지고 있던 것을 알게 되었다. 그것은 서기 2009년 필자가 찾고 있던 목적물을 허대동 선생이라는 분이 이미 2년 전부터 상당한 연구로써 단군조선 문자임을 해독하여 증명하고 있었던 것이다. 바로 명도전의 뒷면에 새겨진 문자가 단군조선의 가림토임을 밝히고 있었다.

이에 필자는 허대동 선생과 연락이 닿아 명도전 문자연구에 동참하게 되었고, 필자는 검증(檢證)하는 역을 맡게 되었는데, 명도전의 문자가 곧 단군조선의 문자임을 확인하게 되었던 것이다.

이리하여 필자는 김시습 선생이 징심록추기에서 밝혔듯이 세종대왕의 훈민정음이 징심록에서 그 근본을 취하였다고 한 근거로써 훈민정음과 관련된 기록에서 단군조선의 소리글자를 증명하는 자료를 찾아 나섰으며, 이에 곧 훈민정음 해례본의 정인지 서문을 해석하면서 결정적으로 단군조선 때 소리글자가 있었음을 증명하는 글귀를 발견하였던 것이다.

…古人因聲制字以通萬物之情以載三才之道…

단군조선시대에 소리글자가 있었음은 명도전이라는 유물과 훈민정음 해례본의 정인지 서문에 있는 문장으로 이미 증명되고도 남는다. 나아가 필자의 결론은 단군조선시대에 출현한 소리글자인 가림토 38자는 이미 배달나라 초기부터 내려온 상형문자가 되는 소위 상음문자(象音文字)에서 표음부분을 정선(精選)한 것이라는 데 이르렀다.

즉, 상형문자에는 각 소리가 있으며 그 소리는 곧 표음부분을 읽은 것이고, 이를 도출하여 정형화한 것이 가림토 38자라는 것이다. 다시 말하면 가림토는 원래 상형문자라는 것이다. 그리하여 훈민정음 28자도 원래 상형문자에서 나온 소리글자로서 자연히 꼴, 뜻, 소리를 지닌 상형문자, 표의문자, 표음문자라는 사실이다.

서기 400년경에 신라시대 박제상 선생이 지었다는 징심록 15지(誌) 안에는 음신지(音信誌)가 있다. 이 음신지가 단군조선시대의 소리와 문자에 관한 역사기록이라고 필자는 확신하고 있다.

필자는 역사연구를 하면서 항상 염두에 둔 것이 연대기 정리였다. 뒤죽박죽 된 역사기록을 연대기로 정리하면 당시의 시대적 상황이 한눈에 들어오게 된다. 그리하여 필자는 사기(史記) 등 고대 중국의 역사에 관한 기록을 정리하면서, 역사연구사상 최초로 요순(堯舜)시대의 역사를 서기전 2383년경부터 서기전 2224년경까지 연대기로 정리한 사실이 있다.

더 나아가 필자는 부도지의 기록과 한단고기의 기록을 기본으로 하고 각종 사서의 기록을 참고하여 우리 역사를 7만년으로 하는, 연대기적으로 서술하는 역사책을 만들고자 집필하면서, 인터넷 신문인 데일리전북(http://www.dailyjeonbuk.com/)의 연재란에 '홍익인간'이란 제목으로 '홍익인간 7만년 역사'를 2011년 7월 1일부터 2012년 6월 30일까지 366회에 걸쳐 총 1,800쪽에 달하는 분량으로 연재한 사실이 있다. 이리하여 서기전 70378년 계해년(癸亥年)부터

7만년을 넘는 우리 역사가 조만간 연대기적으로 일사정연하게 정리되어 출간될 예정이다.

여기서는 7만년이 넘는 우리 역사를 손이 가는 대로 풀어 보았다. 다소 철학적인 내용이 있긴 하나 대부분 연대기적 순서로 적어 우리 역사의 흐름을 파악하기 쉽게 하였다. 차후에 발간 예정인 위 '홍익인간 7만년 역사'의 길잡이로서 개설서나 입문서라 할 수 있겠다. 2004년부터 필자가 운영하던 야후 블로그의 천산역사연구원에 2010년 7~8월에 게재하였던 글을 2011년 1월 12일부터 보름에 걸쳐 하루에 한 편씩 수필식으로 재정리한 것을 이제야 출판하게 된 것이다.

표지그림은 하늘그림궁 대표 성미경 님이 온 정성으로 그려서 제공하여 주신 것으로 먼 길 가는 길손의 쉼터나 마찬가지로 심신에 새로운 향기를 불어 넣어 주리라 의심치 않는바 성미경 님께 고마움을 전하며, 그동안 30여 년 이상의 역사연구 결과를 책으로 세상에 내놓을 수 있도록 선뜻 수용하여 주신 글로벌콘텐츠 대표님과 출판 관계자들께 충심으로 감사를 표하는 바이다.

천부(天符) 72389년, 한기(桓紀) 9208년, 개천(開天) 5908년, 단기(檀紀) 4344년 신묘년(辛卯年) 음력 5월 2일(양력 6월 3일) 단군왕검(檀君王儉) 천제(天帝) 탄신절(誕辰節)에 바쳐 올리고, 천부(天符) 72392년, 한기(桓紀) 9211년, 개천(開天) 5911년, 단기(檀紀) 4347년 갑오년(甲午年) 음력 11월 25일(양력 2015년 1월 15일) 완성함.

천산역사연구원(天山歷史硏究院)에서

천산태백(天山太白) 조홍근(曺洪根)

우리 역사 개관

우리 한국의 역사는 반만년이 아니라, 단군 이전에 한웅천왕(桓雄天王)의 배달나라시대가 1565년간 있었으며, 그 이전에 한인천제(桓因天帝)의 한국(桓國)시대가 3301년간 있었고, 또 그 이전에 한국의 전(前)시대로 63182년간이 있었다. 그리하여 우리 역사는 서기전 70378년 계해년부터 올해 2015년 을미년까지 72393년의 역사를 가지는 것이다.

서기전 70378년 계해년부터 마고(麻姑)할미의 천부(天符)의 홍익인간(弘益人間) 역사가 시작되었으며, 약 43200년이 지난 서기전 27178년경부터는 마고할미의 장손이 되는 황궁씨(黃穹氏)가 백소씨(白巢氏), 청궁씨(靑穹氏), 흑소씨(黑巢氏) 등에 속한 네 씨족을 화백(和白)으로 다스리던 시대가 되었다.

이때부터는 마고할미를 이미 조상신인 삼신(三神)으로 모신 것이 된다. 황궁씨가 마고할미를 대신하여 다스린 곳도 또한 파미르고원의 마고성(麻姑城)에 있었으므로 마고시대, 마고성시대가 되는 것이다.

당시 마고성은 하늘나라의 수도인 것이며, 마고성 밖의 나라는 상대적으로 땅나라가 되는 것이다. 마고성시대 말기에 포도로 인한 오미(五味)의 난(亂)과 인구증가로 인한 식량난으로 서기전 7197년경에 사방으로 분거하였으니, 황궁씨족은 동북의 천산주(天山洲)인 천산, 몽골, 시베리아, 만주, 한반도로, 청궁씨족은 동쪽의 운해주(雲海洲)인 황하 이남, 양자강 유역의 남북에 걸쳐 동쪽으로, 백소씨족은 서쪽의 월식주(月息洲)인 수메르, 유럽지역으로, 흑소씨족은 남쪽의 성생주(星生洲)인 인도지역으로 분거하였던 것이 된다.

황궁씨가 서기전 7197년 갑자년에 파미르고원의 바로 동북쪽에 위치한 천산(天山)에 수도를 정하고 약 1100년을 다스리고, 천부삼인(天符三印)을 전수받은 유인씨(有因氏)가 다시 동쪽에 위치한 알타이산으로 비정되는 천산(天山)을 수도로 삼아 약 1100년을 다스렸으며, 이때 파미르고원의 동쪽지역에 모두 9족(族)이 이미 형성되어 있었고, 다시 천부삼인을 전수받은 한인씨(桓因氏)가 다시 동쪽에 위치한 대흥안령산으로 비정되는 천산(天山)을 수도로 삼아 7대를 이어 서기전 3897년까지 약 1100년을 다스렸던 것이 되며, 이로써 한국시대는 합 3300년간이 되는 것이다.

한인씨의 한국(桓國)은 9족(族) 및 12한국의 중심으로서 흑룡강과 백두산 사이의 땅으로 동시베리아, 만주 땅이며, 단군조선의 중심지였던 진한(眞韓) 땅이 된다.

한국 말기에 호족(虎族)과 웅족(熊族)의 전쟁1)이 황하 중상류 지역

---

1) 전쟁의 역사는 인간문명의 역사와 같이 한다고 할 수 있다. 욕심에 의한 전쟁일 수도 있고 보복이나 보호, 수호의 차원에서 필요악으로 일어나는 전쟁일 수도 있는데, 홍익인간 차원의 전쟁은 공동체 보호나 수호를 위한 필요악의 전쟁이 된다. 홍익인간 철학은, 사람은 모두 평등하며 자치(自治)를 한다는 사상이 기반이 된다. 그리하여 한배달조선의 제후국들은 모두 원칙적으로 자치를 행하였으며, 단지 반역이나 전쟁이나 혼란이 있을 때는 중앙조정이나 천제천왕의 명령을 받은 제후국이 군사력으로 진압하거나 지원한 것이 된다. 고대 중국이 고대 한국에서 나뉘어져 나간 역사는 서기전 2698년경 배달나라 웅족 출신의 유웅국 제후이던 헌원이 실질적인 고대 중국의 시조로서 반역을 시도하면서 전쟁을 야기한 데서 시작되며, 왕조가 시작된 서기전 2224년에 우가 독립을 시도한 데서 결정적인 결실을 맺게 된다.

에서 발발하니 서자부(庶子部) 대인(大人) 한웅(桓雄)이 지위리(智爲利) 한인(桓因) 천제(天帝)의 명을 받아 천부삼인을 전수받고 삼사오가(三師五加)와 무리 3,000을 이끌고 한인천제의 한국을 떠나 서남쪽 지방으로 즉, 삼위산(三危山) 남쪽에 위치한 태백산(太白山) 지역으로 내려가 태백산 정상에는 제천단을 쌓고 그 아래에는 신시(神市)를 열어 수도로 삼아서 서기전 3897년 갑자년 10월 3일에 나라를 열어 시작하니 배달나라이며, 천지인(天地人) 천부(天符)의 도(道)를 실현하고 천웅도(天雄道)를 펼치니 개천(開天)인 것이다.

서기전 2706년에 즉위한 치우천왕이 산동지역의 청구(靑邱)로 수도를 옮기고 염제(신농)국, 웅국(熊國, 황제헌원) 등 12제후국을 평정하여 전쟁을 없애고 평화시대를 열어 배달나라시대 중 청구시대를 시작하였다.

단군조선은 제18대 거불단 한웅의 아들이자 단웅국(檀熊國, 염제신농국 후계국)의 섭정 비왕(裨王)이던 단군왕검(檀君王儉)께서 서기전 2333년 10월 3일에 동북의 아사달을 수도로 삼아 9족(九族: 九夷)의 추대로 개국하여 재세이화(在世理化), 홍익인간(弘益人間) 세상을 재현하였으니, 서기전 232년까지 2102년의 역사를 가지는 것이다.

각 시대별 역년

• 마고성시대: 서기전 70378년 계해년~서기전 7197년 갑자년(63182년)

• 한국시대: 서기전 7197년 갑자년~서기전 3897년 갑자년(3301년)[황궁, 유인, 7대 한인 천제]

• 배달나라시대: 서기전 3897년 갑자년~서기전 2333년 무진년(1565년) [18대 한웅 천왕]

※중국의 실질적인 시조 황제헌원의 나라는 웅국(熊國)이며, 헌원은 배달나라 천왕(天王)의 제후인 천자(天子)이다.

• 단군조선시대: 서기전 2333년 무진년~서기전 232년 기사년(2102년) [47대 단군 천왕]

※고대 중국의 요순 임금은 단군왕검 천제(天帝)의 제후인 천자(天子)이며, 하은주(夏殷周)는 단군조선 제후 천자국(天子國)이다.

• 북부여시대: 서기전 239년 임술년~서기전 37년 갑신년(203년)[8대 단군]

• 후삼한(진한·변한·마한)시대: 서기전 209년~서기 42년(251년)

※발해만 유역에 위치한 단군조선 번한(번조선)은 서기전 323년에 기자의 후손 기후(箕詡)가 왕이 되었고, 서기전 194년에 위만이 차지하였으며, 서기전 108년에 한(漢)에 망하여 소위 한사군이 되었다 하나, 번조선, 위씨조선, 소위 한사군은 모두 요동반도 서쪽의 발해만 유역에 있었던 것이다.

이후 고구려·신라·백제·가야의 사국시대와 대진(발해)-후신라의 제1차 남북국시대, 다시 고려-요(거란)·금(여진)·원(몽고)의 제2차 남북국시대를 거쳐, 조선-청(여진, 만주)의 제3차 남북국시대로 이어지는 것이 된다.

용어 정리

桓(한, 환): 하늘(天)의 뜻과 밝음(明)의 뜻을 동시에 가지고 있는 글자로서, '하늘에서의 광명', '태양이 빛나는 환한 하늘'이므로 결국 '밝은 하늘'이라는 글자가 되어 하늘의 어원이 되는 '한'으로 읽는 것임.

　※한 → 한(을) → 한을, 한알 → 하늘, 하날(님) → 하느님·하나님

천산(天山): 한국(桓國)의 수도는 하늘산, 즉 천산(天山)이며, 파미르고원 → 천산산맥 → 이후 한국(桓國)의 수도를 천산이라 하는 것임.

檀(단, 박달, 배달): 박달은 밝은 땅이라는 말이며, 배달은 박달의 소리가 변한 것이 됨.

태백산(太白山): 크게 밝은 산이라는 뜻이며, 배달나라의 수도가 있던 태백산은 황하 중상류 지역에 위치한 서안(西安) 남쪽의 태백산이고, 단군조선의 태백산은 지금의 백두산(白頭山: 희(해)머리산: 蓋馬山)이다.

신시(神市): 신(神)의 도시로서 배달나라 수도이며, 서안 남쪽의 태백

산 아래에 설치하여 시장(市場)을 열어 교역이 이루어지는 도시(都市)라는 의미이다.

朝鮮(조선, 아침나라): 朝는 햇살이 비치는 해와 달이 함께 떠 있는 모습으로서 아침을 뜻하여 박달 중에서 동쪽을 의미하고, 鮮은 바다와 육지를 모두 가리키며 새로움을 뜻하는 글자이다.

아사달(阿斯達): 아침땅이라는 말이며, 단군조선의 첫 수도로서 송화강 유역의 숙신(肅愼) 땅 안에 위치하였다. 구월산(九月山)도 아사달 산을 나타낸 말이다. 아사, 아흐, 아스, 아시 → 아차, 아츠, 아치 → 아침

단군왕검(檀君王儉): 단군은 박달임금, 즉 배달나라 작은 임금(君)이라는 말이며, 왕검은 단군조선의 개국시조님의 명호(名號)이면서 또한 임금(王儉)이라는 말과 통하여 혼용하는 것이 된다.

단군 고주몽(高朱蒙): 북부여의 대통을 이어 (졸본부여) 단군이 되었으며 고구려 개국시조로서 동명성제(東明聖帝)라 한다.

고구려(高句麗): 하늘님(天帝)의 큰 해(大日)가 높게(高) 크게(大) 빛나며(光) 비치는(輝) 세계(世界)의 중심(中心) 나라(國)라는 뜻을 가진 말이다. 고씨(高氏)의 구려(句麗)이기도 한데, 원래 구려는 단군왕검의 둘째아들 부소(扶蘇)가 봉해진 나라이고 북부여 시조 해모수의 고향이 되는 나라이다.

대진(大震): 큰 진(震)의 나라라는 글자로서 단군조선의 진한(眞韓)의 진(眞)과 통하는 것이 된다. 고대 중국의 역으로 보면 태호복희의 나라 이름과 같으며 동방의 황제국이라는 뜻이 된다. 또한 대씨(大氏)의 진국(震國)이라는 글자도 되며, 대조영(大祚榮)이 고구려를 계승하여 세운 나라로서 발해(渤海)라고도 불리운다.

고대 한국은 역사상 고대 중국의 군사부(君師父)의 나라라 하면, 고대 중국은 고대 한국의 신제자(臣弟子)의 나라가 된다.

마고(麻姑)²⁾할미로부터 7만년 역사 개관

우리 한국의 역사는 반만년이 아니라, 단군(檀君)³⁾ 이전에 한웅천왕의 배달나라시대가 1565년간 있었고, 그 이전에 한인천제(桓因天帝)의 한국(桓國)시대가 3301년간 있었으며, 또 그 이전에 한국(桓國)의 전(前)시대로서 63182년간이 있었다. 그리하여 우리 역사는 서기 전 70378년 계해년부터 올해 서기 2012년 임진년까지 72390년의 역사를 가지는 것이다.

우리 역사에서 처음 등장하는 임금은 마고(麻姑)이다. 마고는 마고할미라고도 불리우며, 우리 민속에서는 삼신(三神)할미⁴⁾라고 불리기도 한다. 철학적, 종교적으로 삼신(三神)은 천신(天神), 지신(地神), 인신(人神)을 가리키며 원래 하나인 일신(一神)⁵⁾이 된다. 그래서 삼신일체(三神一體)라 한다. 인신(人神)은 다시 말하면 조상신(祖上神)

---

2) 마고(麻姑)는 글자 그대로 삼할머니이며, 삼베옷을 입은 할머니 또는 삶할머니로서 삼신할미의 뜻을 가지기도 한다. 麻는 삶아야 실을 뽑고 베를 만들 수 있는데, "삶"은 "사람"의 축약된 말이며 사람을 상징하는 "삼(3)"과 불가분의 관계에 있는 것이다. 마고를 맥구라는 수메르 말과 관련 있는 것으로 보기도 한다. 맥구는 산과 같이 불쑥 솟아 있는 형태를 나타내는 말이라 한다. 파미르고원은 산으로 이루어져 있어 연관성이 있기도 하다.

3) 단군(檀君)이라 불리는 분은 단군조선의 임금들이며, 실제로는 고구려시대까지 이어진다. 고주몽 성제를 단군이라 하고, 제11대 동천제(東川帝: 서기 227년~서기 248년)도 단군이라 한다.

4) 할미는 할머니라는 말이며, 할머니는 한어머니(큰 어머니)라는 말에서 유음화, 축약화된 말이 된다.

5) 천신, 지신, 인신을 삼신이라 하고 또한 일신이니 대표격으로 천신이라 하는 것이다.

이다. 그래서 삼신은 자식 생산에 관여하는 신(神)이 되는 것이다.

마고할미가 우리 조상으로서 백성들을 다스리던 시대는 서기전 70378년 계해년(癸亥年)부터 서기전 7197년 갑자년(甲子年)까지 63182년간에 해당한다. 물론 마고할미 한 분이 63182년간을 다스린 것이 아니라, 마고라 불리는 여성 임금이 대를 이어가며 다스린 것이 된다.6) 마고할미가 다스리던 나라가 마고성(麻姑城)이며, 역사적으로 말하면 성곽(城郭)의 나라가 된다. 이 마고성은 세계의 지붕이라 불리는 지금의 파미르고원에 있었다.

서기전 27178년경부터는 마고할미의 장손이 되는 황궁씨(黃穹氏)가 백소씨(白巢氏), 청궁씨(靑穹氏), 흑소씨(黑巢氏) 등에 속한 네 씨족을 화백(和白)으로 다스리던 시대가 되었다. 이때부터는 마고할미를 이미 조상신인 삼신(三神)으로 모신 것이 된다. 황궁씨가 마고할미를 대신하여 다스린 곳도 또한 파미르고원의 마고성(麻姑城)에 있었으므로 마고시대, 마고성시대가 되는 것이다.

황궁씨가 네 씨족의 장(長)이 되어 화백제도7)로서 서기전 7197년 갑자년까지 다스리기 약 2만년이 흘러, 이후에는 파미르고원의 마고성이 하늘나라가 되고, 파미르고원에서 사방으로 흩어져 사는 곳은 땅나라가 되는 시대가 시작되었다. 이때 땅에 출현하여 정착한 시조가 우리 역사에서 인류조상이라 불리는 나반(那般)이다. 나반8)

---

6) 마고시대를 중천(中天)시대라 하고 그 이전의 시대를 선천시대, 황궁씨 시대를 후천시대라 하는바, 마고성시대가 63182년간이 되며, 마고할미시대는 서기전 70378년경부터 서기전 27179년경까지 약 43200년간, 황궁씨의 마고성시대가 서기전 27178년경부터 서기전 7197년경까지 약 19982년간이 되는 셈이다.

7) 화백제도는 삼사오가들의 화백제도가 있었던 서기전 3897년 이전의 한국시대에 이미 존재하였던 것이 되는데, 부도지의 기록에 의하면 실제로는 서기전 7197년 이전의 파미르고원에 있었던 마고성시대에 이미 실행되고 있었던 것이 되는바, 오늘날 민주제의 원형이 되는 화백제도의 역사를 체계적으로 연구함이 필요하다.

8) 나반은 나바이, 아바이라는 말로 쉽게 변한다.

이라는 말은 우리말로 아버지와 같다.

나반의 형제족(兄弟族)은 모두 12족(族)이다.[9] 파미르고원에서 성씨(姓氏) 또는 씨성(氏姓)[10]의 시조가 되는 네 씨족장[11]을 따라 각 씨족장의 아들이 되는 각각의 3형제족이 동서남북으로 분거하여 약 1000년에 걸쳐 정착이 이루어졌다. 서기전 7197년 갑자년 분거시부터 정착이 이루어진 때까지 약 1000년에 걸쳐 황궁씨가 천산(天山)[12]을 수도[13]를 삼고서, 각 형제족들을 주도하여 마고할미가 베풀었던 파미르고원의 낙원세상[14]을 회복시키기 위하여 온 힘을 기울였으며, 홍익인간 세상을 실현하기 위하여 천부삼인(天符三印)[15]을 정립하였다.

이후 황궁씨는 천부삼인을 유인씨(有因氏)에게 전수하였다. 이 유인씨가 한인씨(桓因氏) 이전의 삼신(三神)으로서 조상인 나반(那般)이 된다. 나반은 불가(佛家)에서 소위 나반존자라 불리기도 하는 독성자(獨聖者)[16]이며, 절의 독성각(獨聖閣)에 모셔져 호랑이를 데리고 있는 산신(山神)으로 표현되는 분[17]이고, 황궁씨의 뒤를 이어 다스린 임금이다.

---

9) 박제상 지음, 김은수 역해, 『부도지』, 가나출판사, 1987, 27쪽 참조.

10) 우리 역사상 성씨제도는 마고시대부터 시작되었는바, 우리 한국의 성씨의 기원과 족보에 관한 체계적 정립이 필요하다. 또한 역대 제왕들이나 제후들의 성씨와 정치제도의 관계 및 성씨의 기원을 연구함도 필요하다.

11) 황궁씨, 청궁씨, 백소씨, 흑소씨가 각각 씨(氏)의 시조가 되었다. 이때부터 성씨(姓氏)가 출현한 것이 된다. 씨가 성보다 먼저 출현하였으니 씨성이라 하는 것이 맞을 것이다.

12) 파미르고원의 바로 동북으로 뻗은 천산산맥을 가리키는 것이 된다.

13) 우리 역사상 수도는 마고성으로부터 시작되는바, 역사적으로 역대 수도에 관하여 심도 있게 고찰하는 작업이 필요하다.

14) 천부(天符)가 곧 하늘뜻인바, 홍익인간(弘益人間) 세상을 의미하는 것이 된다.

15) 천부삼인은 곧 홍익인간 세상을 실현하는 징표가 된다.

16) 홀로 도(道)를 깨달은 사람이라는 뜻이다.

17) 최초의 산신은 곧 하늘나라가 되는 마고성에서 땅으로 내려와 정착한 황궁씨의 장자가 되는 유인씨가 된다.

나반이 되는 유인씨가 서기전 6100년경부터 서기전 5000년경까지 약 1100년을 다스렸다. 유인씨 시대는 이미 정착이 이루어진 시대로서 각 지역에 문명[18]이 존재하는 것이 되며, 실제로 우리 조상들의 문명이 되는 소위 요하문명(遼河文明)은 정착이 이루어진 황궁씨 시대의 말기로부터 유인씨 시대를 거쳐 이어져 온 것이 된다. 유인씨는 다시 한인씨(桓因氏)에게 천부삼인(天符三印)을 전수하였다. 유인씨, 한인씨 모두 수도는 천산(天山)이었는데 시대적 흐름으로 보아 유인씨의 수도인 천산은 지금의 알타이산 부근으로 추정되고, 한인씨의 수도인 천산은 지금의 백두산과 흑룡강 사이에 위치하고 있는 대흥안령산맥(大興安嶺山脈)에 있었던 것이 된다.

한인씨의 나라가 우리가 통상적으로 부르고 기록되고 있는 한국(桓國)이다. 한인씨가 유인씨의 뒤를 잇고, 유인씨가 황궁씨의 뒤를 이었으므로, 이로써 유인씨와 황궁씨의 나라도 또한 한국(桓國)이 되는 것이다. 한인씨가 서기전 5000년경부터 서기전 3897년 갑자년까지 약 1100년을 다스려, 황궁씨, 유인씨, 한인씨가 다스린 전체 한국시대는 서기전 7197년 갑자년부터 서기전 3897년 갑자년까지 3301년간이 된다.

한인씨 한국시대에 한인은 모두 7분으로 기록되고 있다.[19] 약 1100년간이니 한인 한 분이 평균 약 150년간씩 다스린 것이 된다. 한국(桓國)시대는 한인의 아들 한웅(桓雄)이 세운 배달나라(박달나라, 檀國)에 비하여 하늘나라로 받들어진다. 그래서 한웅은 하늘에서 땅으로 내려와 나라를 세운 인물로 기록되는 것이다.

---

18) 인간의 문명은 정신문명 외 과학문명으로 대표되는바, 인류문명의 근원이 되는 마고성 시대부터 시작된 과학문명의 역사적 사실적 연구가 필요하다.

19) 임승국 번역주해, 『한단고기』(정신세계사, 1987) 〈삼성기전 하편〉, 26쪽과 〈태백일사/ 한국본기〉, 164쪽 참조.

한국 말기에 7대 지위리(智爲利) 한인이 한웅에게 호족(虎族)과 웅족(熊族)의 전쟁으로 시끄러워 진 세상을 바로잡아 다스리라 하며 천부삼인(天符三印)을 전수하였고, 이에 한웅이 태백산(太白山) 쪽으로 가서 태백산 아래 신시(神市)를 열고 호족과 웅족의 전쟁을 평정하여 홍익인간시대를 열었던 것이다. 이를 개천(開天)이라 하는데, 개천이란 하늘을 열다라는 의미로서 단순히 하늘을 연 것이 아니라, 하늘나라인 한국(桓國)의 천부(天符)인 홍익인간(弘益人間)의 도(道)를 땅에 실행하였다는 뜻이 되는 것이다. 천부삼인(天符三印)에 담긴 철학이 바로 홍익인간 철학이다.

호족과 웅족의 전쟁이 발발하였던 곳은 삼위산(三危山)[20] 남쪽에 위치한 태백산으로서 황하(黃河) 중상류에 위치한 서안(西安) 남쪽의 태백산이 된다. 한국(桓國)시대를 기준으로 하면, 황하 북쪽으로 또 천산(天山)의 동북쪽으로 펼쳐진 몽골, 만주 땅이 한국(桓國)의 본토가 되는데, 특히 한인씨의 한국 본토는 단군조선의 진한(眞韓) 땅과 거의 일치하게 되며, 황하 남쪽은 지방으로서 땅나라가 된다. 한웅이 태백산을 수도로 삼아 배달나라[21]를 세우고 제후가 봉해지면서 배달나라 자체가 하늘나라가 되며, 지방의 제후는 천하로서 땅나라가 되는 것이다.

배달나라는 서기전 3897년 갑자년 10월 3일에 세워져 서기전

---

20) 삼위산은 한국(桓國) 구족 중의 견족(畎族)이 자리 잡은 곳으로 서기전 3897년경 반고(盤固)가 가한(可汗)이 되었다. 가한은 한(汗), 간(干)과 같으며 천제(天帝)나 천왕(天王)의 제후가 되는 천자격(天子格)의 왕이 된다.

21) 배달이라는 말은 밝달이라는 말인데, 밝은 땅이라는 뜻이 된다. 배달은 백달(白達)을 읽는 소리가 변한 것이기도 하다. 단(檀)은 훈으로 읽어 밝달 즉 박달이라 하는 것이 되고, 밝달은 한편으로 발달이라고도 발음 될 수 있는바, 이 발달이 변음되어 바이달이 되고 바이달이 모음축약 현상으로 배달로 되어 한자로 배달(倍達)로 적히게 되는 것이다. 한편, 바이달로 읽히게 되는 白達(백달)이 배달과 통하는 글자로 사용된 것이 된다.

2333년까지 1565년간의 역사를 가지는 것이 된다. 배달나라를 다스린 임금을 한웅(桓雄)이라 하며 모두 18분이 계셔 한웅 한 분이 평균 약 87년간씩 다스린 것이 된다. 한국의 한인을 천제(天帝)라 함에 비하여 한웅을 천왕(天王)이라 부른다. 천왕이란 천제자(天帝子)이기도 하며 천제(天帝)를 대신하여 나라를 다스리는 임금인 것이다. 제후는 천왕이라 부르지 않는다. 배달나라의 제후를 높여서 천(天)자를 붙여서 천자(天子) 등으로 부르는 것이다. 실제 중국의 역사에서 고대 중국의 조상이 되는 소위 삼황오제는 태호복희가 천군(天君)이었고, 그 외는 모두 천자였다고 보면 된다.

한웅의 뒤를 이어 단군(檀君)이 나라를 다스렸다. 우리가 익히 알고 있는 것처럼 단군왕검(檀君王儉)께서 서기전 2333년 무진년(戊辰年) 10월 3일 아사달에서 조선(朝鮮)을 세우신 이후, 서기전 232년에 해모수(解慕漱) 천왕랑(天王郎)의 북부여에 정식 접수되기까지 2102년간의 역사가 있는 것이다. 이에 해모수가 단군조선의 정통을 이었으므로 또한 단군이라 불리운다. 단군은 글자 그대로 박달임금이라는 말이며, 배달나라 작은 임금으로서, 원래는 한웅천왕의 아들인 천군(天君)이기도 하고, 단군조선의 본 임금이 되니 천왕(天王)이라 받들어지며, 후대인들로부터 삼신일체(三神一體)사상에 의하여 천제(天帝)로 받들어지는 것이다.

서기전 70378년 계해년부터 서기전 232년까지 약 7만년의 끊이지 않은 우리 조상들의 역사가 있었으며, 이후 단군조선을 이은 북부여(北夫餘), 후삼한(後三韓)의 역사가 있었고, 이어서 고구려, 신라, 백제, 가야 그리고 고구려를 이은 대진국(발해)과 고려, 조선의 역사가 있어 지금의 대한민국에 이르러, 서기 2015년 을미년 올해까지 72393년간의 역사가 있는 것이다.

목차(目次)

제1편 무극-태극시대: 천지인(天地人)시대

1. 무극(無極)시대:
혼돈(混沌)과 빅뱅(BIG-BANG)의 일신(一神)시대

　태초의 우주(宇宙)가 혼돈(混沌)이었다 하기도 하고, 현세에는 과학적으로 빅뱅(Big-Bang)이 있어 우주가 팽창하였고 지금도 팽창하고 있으며 영원히 팽창할 것이라고도 한다.

　사람이 없으면 무슨 우주가 필요하고 무슨 지구(地球)가 필요하겠는가? 우주만물 중에서 사람이 가장 중하니 우주의 역사도 인간과

〈그림 1〉 무극 문양

함께할 뿐이다.

우주만물의 원천은 원래부터 있었다. 우리는 이 원천을 감히 신(神)이라고 부른다. 절대적인 유(有)로서의 무(無)이다. 무(無)는 아무 모습도 없고, 아무 소리도 없고, 아무 느낌도 없는 신(神) 그 자체이다. 그러나 유(有)로서의 우주만물은 바로 이 무(無)에서 나왔으니 말 그대로 창조(創造)인 셈이다.

이 무(無)인 신(神)이 기(氣)로 작용하여 움직이기 시작하니 모습이 있는 만물의 원천으로서의 일(一)이다. 우주만물은 이와 같이 원래는 하나(一)에서 나온 것이다. 즉 우주만물은 일신(一神)으로서 천일일(天——)이 변한 것이다. 우주만물의 공통분모는 곧 무(無)이자 신(神)이며, 일(一)이자 기(氣)인 것이다.

一始無始一… 天——…
일시무시일…천일일…〈천부경(天符經) 참조〉

…天無形質…虛虛空空 無不在 無不容…
…천무형질…허허공공 무부재 무불용…〈삼일신고(三一神誥) 참조〉

일신(一神)이 기(氣)가 되어 움직이니 바탕(質)이 만들어지고 차츰 형체(形體)가 드러나기 시작하였다. 이것이 혼돈의 시대 또는 빅뱅의 시대가 된다. 이리하여 하늘이 만들어지기 시작하였다. 수많은 별들이 만들어지고 그 별들을 따르는 수많은 행성(行星)들이 만들어졌으며, 먼지와 티끌까지 모두 갖추어졌다.

…神…生天 主無數世界 造甡甡物 纖塵無漏…一神 造群世界…

…신…생천 주무수세계 조신신물 섬진무루…일신 조군세계…

〈삼일신고 참조〉

우주만물 중에 태양(太陽, 해)이라는 존재가 있었다. 이때 이미 우주에는 천억 개 이상의 은하계(銀河系)가 만들어지고 다시 그 천억 개 이상의 은하계 내에 천억 개 이상의 별(恒星)들이 움직이고 있었다. 태양이 속한 우리은하계에 태양과 같은 별들이 천억 개나 움직이고 있다. 천억의 천억 배가 되는 수의 별들을 비롯한 모든 천체는 그 크고 작음과 밝고 어두움과 괴로움과 즐거움이 모두 달랐다.

이에 일신(一神)은 천사(天使)를 시켜 상중하(上中下) 전후좌우(前後左右) 7방향에 펼쳐진 모든 태양계를 맡도록 하였다. 이리하여 하늘이 완성되어 생사고락(生死苦樂)을 되풀이 하였다. 스스로 빛을 내는 태양과 죽은 별과 새로이 생겨 자라는 별들이 어우러져 형체를 모두 갖춘 하늘 즉 해, 달, 별로 상징되는 천이삼(天二三)의 하늘이 된 것이다.

…森列星晨 數無盡 大小明暗苦樂 不同 一神 造群世界 神勅 日世界使者 轄七百世界

…삼열성신 수무진 대소명암고락 부동 일신 조순세계 신칙 일세계사자 할칠백세계… 〈삼일신고 참조〉

2. 태극(太極)시대: 천지창조(天地創造)시대

이후 우리은하계의 저 먼 외곽에서 돌고 있던 태양의 한 모퉁이에서 작은 알모양의 불덩이가 초속 11.2킬로미터를 수천 배 이상 초과하는 엄청난 속도로 튀어 나와 1억 8,000만 킬로미터를 달려 멈추더니 서서히 태양 주위를 돌기 시작하였다. 하늘이 만들어진 이후 생명을 맞이하기 위한 땅이 만들어지기 시작한 것이다. 일신(一神)이 태양의 몸을 조금 떼어 내어 땅을 만든 것이다.

〈그림 2〉 태극

즉, 천일일(天一一)이 변하여 지일이(地一二)가 되어 땅을 마련한 것이다. 시간이 흐르면서 그 작은 알맹이는 불이 차츰 꺼지면서 겉이 드러나기 시작하였다. 이 작은 알맹이가 지금의 지구(地球)이다. 우주에 떠돌던 돌덩이들이 지구에 떨어지고 오묘한 기(氣)의 작용으로 수소(水素)와 산소(酸素) 원자가 나타나 물(水)이 만들어졌다.

　　一始無始一…天一一　地一二 …
　　일시무시일…천일일 지일이… 〈천부경 참조〉

…爾地自大 一丸世界…

…이지자대 일환세계…〈삼일신고 참조〉

이리하여 지구에는 불과 물이 공존하기 시작하였다. 불은 식으면서 흙을 남겼다. 때때로 지구 속의 속불이 터져 땅 밖으로 뚫고 나오면서 뜨거운 마그마가 흘러내려 산을 만들고 들을 만들었다. 마그마가 식어 흙이 되고, 공중에는 구름이 끼고 다시 비가 되어 내리면서 땅을 식혔다. 수많은 화산활동으로 인하여 땅이 움직여 이동하여 물이 한곳으로 몰리면서 바다와 육지가 이에 만들어졌다.

…中火震盪 海幻陸遷 乃成現象…

…중화진탕 해환육천 내성현상…〈삼일신고 참조〉

저 멀리 있는 태양이 지구를 돌려가면서 비추어 주니 땅이 뜨거운 곳은 차츰 식어가고 차가운 곳은 적절히 데워지고 하여 서서히 물속과 땅속에서 생명이 움트기 시작하였다. 흙과 불과 물과 태양의 기운이 어우러져 이후 수십억 년의 시간이 흐르면서 지구에는 물에서 헤엄치고, 땅에서 걷고, 날고, 모습을 바꾸는 생명이 나타나고, 땅에 머리를 박고 공중으로 자라는 식물 등 수많은 동식물이 나타나고 사라지고 하면서 지구라는 땅에서 살았다. 이리하여 땅이 완성되었다. 즉, 바다와 육지와 동식물이 모두 갖춰진 형체가 있는 지구로서의 지이삼(地二三)이 된 것이다.

…地一二…地二三…

…지일이…지이삼…〈천부경 참조〉

…煦日色熱 行著化遊栽物 繁殖…

…후일색열 행저화유재물 번식…〈삼일신고 참조〉

3. 삼태극(三太極)시대: 천지인(天地人) 완성시대

이후 지금으로부터 약 300만 년 전에 자신이 다른 동물과는 다르다는 존재가 나타났다. 즉 천일일(天一一)과 지일이(地一二)의 조화로 인일삼(人一三)이 된 것이다. 그 존재는 이후 생각을 하면서 서서히 머리 안에 있는 뇌의 용량이 커지면서 드디어 약 50만 년 전에 이르러 일어서서 걷기 시작하였다. 나무막대나 돌을 이용하여 불을 일으켜 음식물을 구워 먹기도 하였다. 이후 시간이 약 30만 년 정도 흘렀다.

一始無始一…天一一 地一二 人一三…

일시무시일…천일일 지일이 인일삼…〈천부경 참조〉

지금으로부터 약 20만 년 전에 지금의 아프리카 에티오피아 근처에서 돌연변이가 나타났다. 자신들이 사람이라고 주장하는 것이었

〈그림 3〉 삼태극

다. 그들은 일신(一神)이 하늘과 땅을 만든 이후 최종적으로 완성된 존재였다.

이리하여 천지인(天地人)이 완성되었다. 즉 남자와 여자가 혼인하여 자녀를 낳으니 육신을 가진 인간으로서의 인이삼(人二三)의 세상이 완성된 것이다. 이후 그 자손들은 불어나 독립하기 시작하였다. 많은 사람들이 북쪽으로 떠나갔다. 떠나간 그들은 지금의 유럽으로 가고 일부는 동쪽으로 나아갔다.

　…人一三…人二三…
　…인일삼…인이삼… 〈천부경 참조〉

지금으로부터 약 10만 년 전에 어떤 사람이 고향을 떠나 북쪽으로 가서 다시 동쪽으로 살기 좋은 곳을 찾아 여행하였다. 그는 지금의 파미르고원에 도착하여 머물며 확인하였다. 태양이 비치는 정도가 딱 알맞았다. 그리하여 그는 파미르고원에 정착하여 후손을 낳았다.

이렇게 하여 하늘과 땅과 사람이 모두 마련되었으며, 하늘과 땅과 사람이 모두 나고 자라고 시들고 병들고 죽는 과정을 끊임없이 되풀이 하는바, 일신(一神)의 대리자이자 화신(化身)인 한인(桓因), 한웅(桓雄), 단군(檀君)을 통하여 천부경(天符經)이라는 말씀으로 이러한 일신(一神)의 창조적 역사를 압축하여 "一始無始一 析三極 無盡本 天一一 地一二 人一三 一積十鉅 無櫃化三 天二三 地二三 人二三 大三合 六 生七八九 運三四成環五七 一妙衍 萬往萬來 用變不動本 本心本太陽 昂明人中天地一 一終無終一"이라 81자로써 가르치는 것이다.

제2편 지상낙원 마고성(麻姑城) 하늘나라시대

(서기전 70378년경~서기전 7197년경, 63182년간)

1. 파미르고원(麻姑城)의 마고(麻姑)시대

바야흐로 파미르고원에서 서기전 70500년경 마고(麻姑)라는 여자가 태어났다. 아프리카 고향을 떠난 이후 이때까지 지구에 빙하기가 혹독하게 한번 지나갔다. 마고는 성장하면서 하늘의 이치를 터득하여, 하늘의 본성(本性)을 통하고, 목숨의 이치를 알았으며, 몸의 정기(精氣)를 보양(保養)하는 방법을 터득하였다. 이에 마고는 신선(神仙)의 경지에 이르렀다.

드디어 마고는 살아 있는 신선으로서 서기전 70378년경에 파미르고원에서 최고의 어른으로 모셔졌다. 이에 마고는 인간세상을 골고루 잘사는 세상으로 만들기 위하여 파미르고원을 지구상의 수도로 삼아 하늘의 뜻을 실현하기 시작하였다. 즉, 지상낙원(地上樂園)을 만들기 시작하였다.

…人物同受 三眞 曰 性命精…眞性 無善惡 上哲通 眞命 無淸濁 中哲知 眞精 無厚博 下哲保…

…인물동수 삼진 왈 성명정…진성 무선악 상철통 진명 무청탁 중철지 진정 무후박 하철보… 〈삼일신고 참조〉

마고는 두 딸을 두었다. 궁희(穹姬)와 소희(巢姬)였다. 마고는 궁희와 소희가 성장하자 율려(律呂)를 맡겼다. 율려는 바로 자연의 소리로서 그 자체가 법(法)이었다. 즉 마고는 자연의 소리로서 무리들을 다스렸다. 마고와 그 무리들은 모두 천성(天性)을 지니고 천법(天法) 즉 자연의 법, 자연의 소리(音)에 따라 살았다. 궁희와 소희는 어머니 마고를 받들어 백성들을 다스리는 일을 도왔다.

이후 궁희와 소희는 각각 두 아들을 두었다. 궁희의 아들은 황궁(黃穹), 청궁(靑穹)이었고, 소희의 아들은 백소(白巢), 흑소(黑巢)였다. 궁희와 소희는 두 아들들을 어머니 마고의 가르침대로 길렀다. 마고는 아무리 나이를 먹어도 늙지 않았다. 마고는 그야말로 살아 있는 신선이었던 것이다.

마고가 다스리던 시대는 선악(善惡)의 구별이 없는 원래부터 선(善)으로 된 시대였다. 그리하여 목숨에도 한(限)이 없어 모두들 오래 살았다. 아무 걱정 없는 자연스런 삶을 살았다. 궁희와 소희의 아들들과 그 후손들은 층계(層階)와 고탑(高塔)을 많이 만들었다. 층계는 피라미드와 같은 형태의 제단(祭壇) 모양이었고, 고탑은 절(寺)의 탑과 같은 형태로 망루(望樓)와 같은 모양이었다. 그리하여 파미르고원은 돌로 된 고탑들이 수없이 만들어졌다. 마고의 후손들에게 층계와 고탑을 만드는 것이 유습이 되었다.

…唯 性通功完者 朝 永得快樂…哲 止感 調息 禁觸 一意化行 反妄卽眞 發大神機 性通功完…

　…유 성통공완자 조 영득쾌락…철 지감 조식 금촉 일의화행 반망즉진 발대신기 성통공완… 〈삼일신고 참조〉

　시간이 지나면서 지구에 변화가 일어났다. 서기전 27178년경에 파미르고원 아래에 있던 지금의 인도대륙이 북으로 이동하면서 땅이 움직였다. 즉, 지각변동이 생긴 것이다. 그리고는 지구가 도는 모습이 달라졌다. 이전까지는 파미르고원의 기온이 거의 일정하여 항상 따뜻하여 옷을 입지 않고서도 살 수 있었다.

　그러나 이제 지각변동으로 사시사철이 생긴 것이다. 즉, 지구의 축이 더 기울어져 자전하기 시작하였던 것이다. 이때 마고는 네 손자들에게 동서남북(東西南北)을 맡도록 하였다. 황궁은 북쪽, 백소는 서쪽, 청궁은 동쪽, 흑소는 남쪽을 각각 맡았다. 이에 네 사람은 파미르고원에 성을 쌓고 사방에 각각 보(堡)를 만들고 지켰다.

　즉, 북보(北堡), 서보(西堡), 동보(東堡), 남보(南堡)였다. 황궁은 북보, 백소는 서보, 청궁은 동보, 흑소는 남보를 각각 맡았다. 보(堡)는 도성(都城)을 지키는 성문(城門)과 같은 것이다. 사시사철의 계절 변화로 인하여 먹을 것이 변동이 심하여 함부로 침입하는 외부인을 통제하고, 때로는 성 밖으로 나가 외부인들의 동태를 감시하고 올바르게 살아가는 가르침을 주곤 하였다.

2. 파미르고원의 황궁(黃穹)시대
(서기전 27178년경~서기전 7197년경)

서기전 27178년경에 지각변동이 있은 이후 해, 달, 별의 움직임 달라졌고, 이때 마고는 하늘에 제사지내던 중앙의 천부단(天符壇)에 물러나 파미르고원의 다스림을 황궁씨에게 맡겼다. 이로써 마고는 신(神)과 같은 존재로 받들어졌다. 황궁씨는 할머니 마고를 중앙의 천부단에 성심으로 모시고 수시로 가르침을 전수받았다.

황궁씨는 해, 달, 별의 움직임을 관찰하여 달력을 만들었다. 낮과 밤, 하루와 일주일, 한 달과 일 년, 사시사철을 구분하는 달력을 완성하였다. 사시사철이 생겼으나 기온의 변화는 거의 없이 항상 따뜻하여 살기에는 아무 어려움이 없었다. 당시 황궁씨가 만든 달력은 지금의 윷놀이판 모양과 같았다.

중앙은 무극–태극으로 마고가 머무는 천부단이 있고, 사방에는 중앙에서 밖으로 세개의 별점(별 표시)을 두고 외곽에는 각각 네(4)개씩 별점을 두어 잇게 하여 각각 북두칠성(北斗七星)의 모습을 나타내었다. 중앙의 무극–태극 외에 모두 28개의 별점을 두었다.

이리하여 중앙은 무극–태극으로서 진정한 북극을 나타내고, 사방의 북두칠성은 북극을 중심으로 하루에 한번씩 회전하는 모양이며, 북두칠성의 일곱(7)개의 점은 7일을 나타내며 음양오행으로서 해, 달, 수, 화, 목, 금, 토의 별을 나타낸다. 중앙에서 밖으로 된 사방의 3개의 점은 사계절과 각 삼(3)개월을 나타내며, 28개의 점은 28개의 별자리로서 1기(期)로서 4주(週)를 나타낸다. 또 사방의 열두(12)개의 점은 12개월을 나타내고 중앙의 무극–태극을 합하면 13개월이 된다.

1년은 13개월로 완성되며, 4주씩이니 모두 52주가 되고, 1주는 7일이니 1년은 364일로 계산된다. 여기에 원래부터 있는 무극-태극을 합하면 365일이 되어 기본 1년이 되며, 다시 네(4) 바퀴를 돌면서 1이 더해져 366일로 1년이 완성되는 것이다. 즉, 사람이 살고 있는 지구가 지축이 기울어진 채 자전하고 태양 주위를 공전하며, 다시 태양은 우리은하계의 중심을 축으로 하여 공전하니 우주전체의 천체들이 톱니바퀴처럼 맞물려 일정한 괘도를 따라 움직이고 있는 것이다.

지구 위에 사람이 있어 지구가 자전(自轉)을 하면서 공전(公轉)을 하는 것으로 인하여, 상중하 전후좌우가 일정하게 운행하면서 상중하전후(上中下前後), 상중하좌우(上中下左右), 전후좌우중(前後左右中)의 오(五, 5)가 되는 고리 세(3)개와 상중하전후좌우(上中下前後左右)의 칠(七, 7)이 되는 고리 한(1)개 즉 구(球)를 이룬다(…運三四 成環五七…)〈천부경 참조〉

여기서 삼(三, 3)은 사람을 상징하는 숫자로서 상중하(上中下)의 방향이며, 사(四, 4)는 땅을 상징하는 숫자로서 사방(四方)의 전후좌우(前後左右) 또는 동서남북(東西南北)을 의미하고, 사람과 땅이 방향의 기준이 되어 땅이 일정하게 자전하고 공전하는 것이 되며, 오(五)와 칠(七)은 하늘을 상징하는 숫자로서 사람과 지구가 운행하여 완성된 하늘이 곧 우주의 모든 방향이 되는 일곱(7)방향의 칠(七)이 된다. 선기옥형(璇璣玉衡)의 기본원리이기도 하다.

여기에 지구의 자전축이 약 23.5도 기울어져 만들어지는 황도(黃道)를 더하면 동지점(冬至點)과 하지점(夏至點)을 지나는 점을 합하면

오(五, 5)가 되는 고리가 한(1)개 더 생겨 네(4)개의 고리가 되고, 구(球)는 완성된 하늘의 숫자 7에 동지점과 하지점의 2를 더하여 모두 아홉(9)개의 점을 가지게 되는 지금의 천체가 된다. 그래서 사람이 살고 있는 세상은 9가 완성된 숫자가 되는 것이다. 10(十)은 다시 하늘의 숫자로서 다시 시작하는 일(一, 1)이 된다.

서기전 27178년경에 이미 하루에서 1년까지의 달력이 완성되었다. 태양과 별의 움직임을 달력으로 나타낸 것이다. 후대에 이 달력은 배달나라의 칠회제신력(七回祭神曆)으로 정리된다. 지금 사용되고 있는 일월화수목금토(日月火水木金土)라는 1주일 7일 달력의 원류가 된다. 황궁씨(黃穹氏)는 이러한 하늘의 이치를 땅인 파미르고원에 적용하였다. 마고의 후손들은 계속 불어나 황궁씨, 백소씨, 청궁씨, 흑소씨에게서 각각 세(3) 아들들이 태어나 황궁, 백소, 청궁, 흑소는 씨족의 대표가 되어 씨(氏)의 시조가 되었다. 그리하여 황궁씨, 백소씨, 청궁씨, 흑소씨라 불리는 것이다.

황궁씨는 마고(麻姑)의 대리자이자 파미르고원의 최고 어른으로

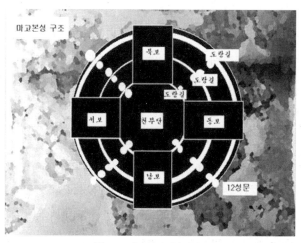

〈그림 4〉 마고성: 1천부단 4보

서 파미르고원을 다스렸다. 황궁씨는 파미르고원의 중앙에 있는 천부단(天符壇)을 중심으로 사방에 있는 보단(堡壇)을 이어 중앙에서 밖으로 세(3)개씩 성문(城門)을 설치하고 다시 외곽에 네(4)개씩 보단을 설치하여 모두 열두(12)개의 성문을 두었다.

열두(12)개의 성문에는 황궁씨, 백소씨, 청궁씨, 흑소씨의 각 세(3) 아들들이 지켰다. 외부인의 침입없이 마고의 가르침대로 살아가니 그야말로 지상낙원이었다. 마고가 정해 준 법으로 지상낙원이 실현되었던 것이다.

3. 마고성(麻姑城)의 기본구조

중앙에는 천부단(天符壇)을 축조하고 동서남북의 사방에 보(堡)를 설치하여 각각 동보, 서보, 남보, 북보라 하였으며, 각 보마다 세(3)개씩 성문(城門)이 있고 각 성문과 성문 사이에 물길이 해자와 같이 있으며, 보와 보 사이에도 물길이 연결되어 있다. 이 기본구조는 단군왕검(檀君王儉)이 조선(朝鮮) 영역(領域)의 기본구조로 삼은 것이다. 즉, 중앙에 해당하는 태백산(太白山, 백두산)에 천부단을 쌓고 동서남북에 각각 동보, 서보, 남보, 북보를 두었는데, 각 예(濊), 번한(番韓), 마한(馬韓), 진한(眞韓)이다. 사방에 각 세(3)개씩의 성문이 있어 모두 열두(12)개의 성문이 있는데, 이는 단군조선의 사보(四堡) 8군후국(君侯國), 삼한 9군후국(君侯國), 합 12봉국(封國)의 틀과 같은 것이 된다.

마고성의 기본구조는 영국의 스톤헨지 유적과 관련성이 많다. 스톤헨지 유적이 한겨레의 역사라면 반드시 그곳에는 물길(도랑)이 둘레에 있었던 것이 된다. 즉, 스톤헨지를 성(城)으로 보면 그 둘레에는 해자와 같은 물길이 있어야 하는 것이다. 스톤헨지 유적지를 세밀히 관찰할 필요가 있다.

동보지역과 북보지역에는 궁(穹)이라는 축조물이 많이 만들어진 것이 된다. 궁은 수메르의 지구랏이나 이집트와 몽골 등지의 피라미드와 같은 형태의 제단이나 탑이 된다. 그리고 남보지역과 서보지역에는 소(巢)라는 축조물이 많이 만들어진 것이 되는데, 이 소(巢)는 인도의 탑과 같이 돌로 쌓은 망루가 된다.

궁(穹)에서 이(夷)라는 글자가 나왔다. 단군조선시대의 대표적 피라미드형 제단은 마한 땅이던 지금의 강화도 마리산에 만들어진 참성단이 된다. 후대의 고구려의 임금들의 무덤들은 피라미드형 제단이기도 한 것이 된다.

4. 오미(五味)의 난(亂)과 실낙원(失樂園)
(서기전 8000년경~서기전 7197년경)

파미르고원의 낙원지역에서 사람들은 젖이 흐르는 샘에서 그 젖을 마시며 아무 걱정없이 마고가 알려 준 율법(律法)에 따라 살면서 모두들 행복하게 살아가고 있었다.

시간이 많이 흘러 지금으로부터 약 1만 년 전의 시기에 파미르고원의 낙원시대에 한 사건이 발생하였다. 당시 파미르고원의 동서남북에 자리 잡아 각각 그 땅을 다스렸는데, 황궁씨(黃穹氏) 무리는 북보(北堡)를 중심으로 북쪽 지역을 맡고, 백소씨(白巢氏) 무리는 서보(西堡)를 중심으로 서쪽 지역을 맡고, 청궁씨(靑穹氏) 무리는 동보(東堡)를 중심으로 동쪽 지역을 맡고, 흑소씨(黑巢氏) 무리는 남보(南堡)

를 중심으로 남쪽 지역을 맡고 있었다.

그러다가 서기전 8000년경에 이르러 사람의 수가 많이 불어났다. 마고성(麻姑城)의 열두(12)개의 각 성문을 맡은 곳의 사람 수가 각각 3,000명씩 되어 모두 36,000명이 되었다. 이는 남자들만의 숫자이므로 여자까지 합하면 모두 72,000명에 이르는 수였다. 그래서 마고성 안에 항상 솟아나던 샘의 젖의 양이 어느 순간부터 모자라기 시작하였다.

1) 오미의 난

이때 백소씨(白巢氏)의 무리 중에 지소씨(支巢氏)라는 자가 있었다. 어느 날 그는 여느 때처럼 망루에 올라 경계를 서고 있었다. 그런데 갑자기 배가 고파졌다. 그는 그때까지 젖을 마시지 못한 때가 많았다. 갑자기 허기가 몰려왔던 것이다. 그는 곧바로 젖이 흐르는 샘으로 달려갔다.

그러나 그곳에는 많은 사람들이 줄을 서서 젖을 마시려고 기다리고 있었다. 그는 줄을 섰다. 그런데 그 뒤에 계속 사람들이 줄을 서고 있었다. 이때 허약하게 보이는 사람이 줄을 서면서 넘어졌다. 이에 지소씨는 그자를 일으켜 세워 자신이 서 있던 그곳에 그를 세웠다. 그리고 그는 뒤로 물러나 줄을 섰다. 이리하기를 수차례 하다가 지소씨는 젖을 마실 차례가 돌아오지 아니할 것 같아 망루로 되돌아 왔다. 그러면서 그는 피로감에 이내 곯아 떨어졌다.

한참을 지나고 눈을 부시시 떴다. 지소씨는 꿈을 꾸고 있는 것인지, 눈을 뜬 것인지 비몽사몽간이었다. 그는 눈앞에 어른거리는 뭔가를 바라보았다. 동그란 작은 물체가 얽혀서 주먹보다 크게 공중에 달려 있었다. 달려 있는 곳을 따라가보니 잎사귀가 달려 있고 덩굴이 뻗쳐서 길게 드리우고 있었다. 갑자기 그는 침을 삼켰다. 이 내 그는 벌떡 일어났다. 아직도 비몽사몽간이었다.

그는 온 힘을 쏟아 손을 들어올려 덩굴에 달려 있는 그것을 움켜 쥐고 당겼다. 바로 포도열매였다. 그는 숨도 쉬지 않고 그 열매를 마구 삼켰다. 맛이 달기도 하고 시기도 하고 맵기도 하고 짜기도 하며 쓰기도 하였다. 즉, 다섯 가지 맛이 한꺼번에 나는 것이었다. 한 움큼을 먹고 나니 배가 불러왔다. 아니, 먹자마자 기운이 막 솟았 다. 이내 그는 배도 부르고 기운이 나서 시를 읊었다.

…힘이 솟는다 힘이 솟는다 과연 포도의 힘이로다…

그런데 이내 지소씨는 다시 자리에 누워 다시 골아 떨어졌다. 포 도열매의 즙이 갑자기 그의 몸속에서 온몸으로 퍼지면서 그는 감당 을 할 수 없었다. 즉 포도의 독기(毒氣)가 그의 온 몸을 감쌌던 것이 다. 그는 한참을 자고 일어났다. 젖을 먹을 때처럼 정신이 맑지는 아니하였지만 그런대로 지낼 만하였다.

그런데 문제는 그 다음에 일어났다. 지소씨가 즐겁게 시를 읊는 사이 그 노래를 듣고 있던 많은 사람들이 한꺼번에 몰려 포도열매 를 따서 먹기 시작하였다. 이때부터 많은 사람들이 계속하여 포도 열매를 먹어치웠다. 심지어 포도열매를 먼저 따먹기 위하여 포도덩 굴을 잡아당겨 끊어버리거나 뿌리까지 잡아당겨 뽑아 버리곤 하였 다. 파미르고원의 정원에는 서서히 포도덩굴이 시들기 시작하였다.

포도열매를 먹은 사람들은 갑자기 힘이 생기고 눈이 밝아졌다. 그러나 시간이 흐르면서 모두들 정신이 멍해졌다. 정신이 맑지 아니하고 비몽사몽간처럼 물체들이 희미하게 보이고 서서히 힘이 빠져갔다. 그러나 다시 허기가 돌면 또다시 포도열매를 찾아 따서 먹었다.

포도열매를 먹은 사람들은 갑자기 이가 단단해 졌다. 이는 젖을 먹다가 다른 생명체를 먹으면서 독기가 벋친 때문이었다. 입안에 흐르는 침도 독기가 가득 차게 되었다. 침에 독기가 생기고 이빨이 단단하게 된 것은 다른 생명체를 소화시키기 위하여 필요악으로 변한 것이었다.

2) 실락원(失樂園)

포도열매를 먹은 사람들은 눈이 밝아져 마고가 엄히 금지시킨 율법을 어기기 시작하였다. 즉, 자신들도 마고처럼 자연의 법을 다스릴 수 있다고 오만(傲慢)에 빠진 것이었다. 그때까지는 사람들이 각각 맡은 역할을 하면서 지상의 낙원으로 파미르고원에서 행복하게 살고 있었는데, 사람들의 수가 많아져 먹을 것이 모자라자 포도열매가 그 희생양이 되었다.

사람들은 그때까지 스스로 알아서 법을 지켜왔는데, 이제는 달라졌다. 즉 사람들이 다른 사람들을 감시하는 제도가 생겨버렸다. 이는 마고의 율법을 어긴 결과가 되었다.

자재율(自在律)과 수찰법(守察法)은 서로 감시하는 수찰금지법(守察禁止法)으로 변하였다. 포도열매를 먹은 사람들은 순간적으로 눈이 너무 밝아져 다른 것을 보지 못하고 눈에 보이는 것만 존재하는 것으로 알게 되었다. 이리하여 이기심이 발생하였다. 천성(天性)인 본성을 잃게 되고, 숨소리가 고르지 못하게 되고, 육체가 균형잡히지 않게 변하였다. 이리하여 사람들의 수명이 줄어들었다. 영양균형이 맞지 않아 정신과 육체의 균형이 맞지 않게 되었던 것이다. 이에 다른 사람들로부터 원성이 높아졌다.

3) 지소씨(支巢氏)의 출성(出城)과 배리강 유역 정착

이후 사람들은 점점 사나워져 가면서 포도열매를 모두 먹어치우므로 포도덩굴이 점점 사라져 갔다. 이에 지소씨는 스스로 죄책감에 사로잡혔다. 그는 고민에 고민을 거듭하다가 많은 사람들의 원성(怨聲)이 높아지자 부끄러움을 견디지 못하고 자신의 무리를 이끌고 마고성(麻姑城)을 나가기로 결심하였다.

곧 그는 무리를 이끌고 동쪽으로 몰래 나갔다. 그는 동쪽으로 무리를 이끌고 가서 살기로 하였던 것인데, 일부의 무리들은 적응하지 못하고 마고성으로 되돌아오곤 하였다. 지소씨는 무리를 이끌고 배리강 지역에서 정착하였다. 이후 지소씨의 무리는 수가 불어났으나 모두에게 이기심이 자리 잡고 있었다.

그런데 마고성으로 되돌아온 일부의 무리들이 배가 고파 성 밖에서 포도열매를 따먹기 위하여 포도덩굴을 당겼다. 심지어 뿌리를 잡아당겨 성벽에 이상이 생기기 시작하였다. 결국 성벽이 무너지기 시작하였다. 이러하자 성 밖으로 젖이 흘러내리면서 말라버렸다. 이에 성안에 있던 젖샘이 마르기 시작하여 점점 양이 줄어들기 시작하였다.

지소씨는 무리들과 함께 배리강 유역에 최종적으로 자리 잡았다. 서기전 7000년경 이전이 된다.

4) 동서남북 사방분거와 천부인(天符印)

천부단에서 하늘에 제(祭)를 올리면서 수련을 하던 마고는 황궁씨로부터 사건의 진상을 알고는 심히 노하였다. 처음으로 율법을 어기면서 엄청난 사건이 일어났던 것이다. 이에 황궁씨는 책임지고 수습하겠다고 다짐하였다.

이후 황궁씨는 지소씨가 죄책감을 느끼고 성을 나가버렸다는 소식을 듣고 회의를 소집하였다. 이에 황궁씨, 백소씨, 청궁씨, 흑소씨와 각 씨족의 중요 인사들이 한 곳에 모였다. 이때 황궁씨는 무리들에게 의견을 물었다.

의견에 의견을 거듭한 끝에, 이미 마고성은 파괴되어 젖이 흐르지 않게 되고, 먹을 것이 모자라 사람들이 계속 이곳에 살 수 없다는 결론에 도달하였다. 이에 황궁씨는 마고성(麻姑城)을 나가서 각각 흩어져 살기로 의견을 모았다.

이리하여 황궁씨는 목욕재계(沐浴齋戒)를 하고 천부단(天符壇)으로 마고 앞에 나아가 무릎을 꿇고 제(祭)를 올리면서 사죄(謝罪)를 청하고, 반드시 파미르고원을 예전처럼 되돌리고 마고성을 나가 지상낙원을 건설하겠다고 맹세를 하였다.

이에 황궁씨는 사람을 동서남북으로 내 보내 사람이 살 수 있는 곳을 답사하도록 하였다. 물론 그때까지 수시로 성을 나가 성밖의 사람들이 어떻게 사는지, 잘사는지, 자연의 법을 따르면서 살고 있는지 살피곤 하였다. 이제 마고성에 문제가 생겨 많은 무리의 사람들이 성밖으로 나가 정착하여 살려면 미리 살 곳을 알아보는 것이 급선무였던 것이다.

그런데 다행히 살만한 곳이 있었다. 동쪽에는 황하라는 강과 양자강이라는 강이 길게 늘어져 있어 평야를 이루어 먹을 것이 풍부하였는데 높은 산들이 바다처럼 널려 안개가 드리워 운해주(雲海洲)라 불리었다.

또, 남쪽에도 인더스강과 갠지즈강이 있어 먹을 것을 마련하는데 부족함이 없었는데 별이 솟는 곳이라 하여 성생주(星生洲)라 불리었다. 또 서쪽에도 네개의 강이 흐르는 곳과 육지안에 큰 바다가 있어 살 만하고 먹을 것을 마련하는 데 아무 지장이 없었는데, 이곳이 바로 메소포타미아 지역과 카스피해 지역이다.

황궁씨가 살 땅을 알아보고 돌아온 사람들의 보고를 듣고 4씨족의 무리들에게 의견을 물었다. 어느 지역으로 가서 살 것인지를 물었다. 사람들은 결론을 못내리고 있었다. 이에 황궁씨는 파미르고원에서 살고 있던 대로 각각 그 방향을 택하여 떠나기로 의견을 제시하였다. 이에 모두들 수긍하였다.

그리하여 백소씨의 무리는 서쪽으로, 청궁씨의 무리는 동쪽으로, 흑소씨는 남쪽으로 각각 이동하기로 하였다. 황궁씨는 북쪽의 대황원 지역을 택하였다. 그는 다른 족속들이 먹을 것이 풍부하고 계절이 온화한 곳으로 가게 하여 사는 데 지장이 없도록 하고, 스스로 혹독한 겨울을 지내야 하는 대황원(大荒原) 지역을 택하였는데, 이는 마고 앞에서 했던 복본(復本)의 맹세를 지키기 위함이었던 것이다.

이에 황궁씨는 태양문양과 태극모양의 천부인(天符印)을 백소씨, 청궁씨, 흑소씨에게 나누어 주었다. 이 천부인은 곧 모두가 하나임을 증명하는 신부(信符), 바로 증거였다. 즉, 모두 마고의 후손들로서 헤어져 살더라도 서로 형제임을 잊지 말도록 증거로 나누어 주었던 것이다.

―始無始―……―妙衍 萬往萬來……―終無終―
일시무시일…일묘연 만왕만래…일종무종일〈천부경 참조〉

황궁씨는 거울(鏡)과 방울(鈴)을 각각 나누어 주었다. 거울은 천성, 본성을 잊지말라는 징표이며, 방울은 자연의 소리, 하늘의 법에 응하여 살라는 징표였다. 모두들 그리하리라 맹세하였다. 거울과 방울은 모두 오금(烏金)으로 만들었다. 그리고 달력도 나누어 주었다. 바로 윷놀이판과 같은 모양이었다.

이리하여, 서기전 7197년경 백소씨는 18,000명의 무리를 이끌고 서쪽 성문을 나가 메소포타미아지역을 향하여 이동하였다. 이때 청궁씨도 18,000명의 무리를 이끌고 동쪽 성문을 나가 사막을 지나고 산을 지나 양자강 강변을 따라 향해 갔다. 또 흑소씨도 18,000명의 무리를 이끌고 남쪽 성문을 나가 남쪽으로 나아갔다. 마지막으로 황궁씨는 마고성을 둘러보고 다시 한번 천부단에서 마고 앞에 제(祭)를 올리고 18,000명의 무리를 이끌고 북쪽 성문을 나섰다.

이후 각 사방으로 흩어진 마고할미의 후손 족속들은 세계 4대 인종의 조상이 되었던 것이다. 파미르고원의 북, 동북으로 분거한 황궁씨족은 황인종이 되었고, 서쪽으로 분거한 백소씨족은 백인종이 되어 원시 아리안족이 되었으며, 동쪽으로 분거한 청궁씨족은 홍인종과 청인종이 되었고, 남쪽으로 분거한 흑소씨족은 아시아 흑인종이 되었다.

또 후대에는 서기전 2220년경 단군조선의 천자국인 중원 땅에서 하우(夏禹)의 폭정을 피하여 도망나온, 백소씨족의 일파로서 지소씨(支巢氏)의 후예가 되는 백족(白夷)과, 이들과 섞여 살던 황족(黃夷)의 일부가 서방으로 이동하여 세계역사에서 서기전 2000년경에 활동한 아리안족이 되었던 것이다.

이 아리안족은 원시 한국어와 원시 중국어를 쓰고 있었던 족속이 되어 인도유럽어족의 언어를 쓴 족속이 되는데, 이는 영어가 지금 까지도 한국어와 단어상에서 유사성을 보이는 것에서도 알 수 있는 바, 문장구조는 고립어의 특징인 중국어의 문법을 기조로 하고 단어상으로는 한국어의 특징을 가미한 언어로 된 것이다. 단적으로 한국어는 생각나는 대로 말하는 자연어이고, 중국어는 순서를 바꾼 문법언어이며, 영어는 이 둘이 혼합된 인공언어가 되는 것이다.

5. 사방분거-파미르고원의 동서남북 4대문명 지역 정착 시기(서기전 7200년경~서기전 6200년경)

서기전 7197년경 황궁씨(黃穹氏)는 모든 무리들이 성을 나간 것을 확인하고 마지막으로 파미르고원의 마고성(麻姑城)을 나섰다. 그는 성을 나서기 전에 추운 지방으로 가는 무리들에게 겨울에 먹을 것을 대비하여 칡(葛)을 채취하는 방법과 먹는 방법을 가르쳐 주었다.

그런데 황궁씨가 무리를 이끌고 성을 나가다가 일부의 무리를 만났다. 그들은 흑소씨(黑巢氏)에 속하던 사람들이었다. 족장으로 있는 사람이 황궁씨 앞에 무릎을 꿇고 호소하였다. 함께 데려가 주십시오였다. 이에 황궁씨는 뜻을 가상히 여기고 뒤를 따르게 하였다. 이 흑소씨족의 일파가 파미르고원의 동쪽에 형성된 아시아흑인종 계통으로 흑룡강 유역에 살게 된 현이(玄夷)인 것이다.

황궁씨는 무리를 이끌고 북으로 이동하다가 동쪽으로 방향을 바꾸었다. 바로 천산(天山)지역이었다. 황궁씨는 이 천산이 제천단(祭

天壇)을 만들기에 적합하다 생각하고 무리들을 쉬게 하였다. 곧 황궁씨는 천산의 높은 곳을 택하여 돌로 제단을 만들었다. 황궁씨는 이 제단을 천부단(天符壇)이라 불렀다.

황궁씨는 자리 잡을 곳을 둘러보았다. 천산 자락에 한 곳을 골랐다. 이리하여 황궁씨는 천산에 자리 잡고 다른 무리들로 하여금 계속 동쪽으로 나누어 살게 하였다. 이때 흑소씨 무리에 속했던 일부의 사람들은 계속 동쪽으로 이동하여 최종적으로 흑룡강에 도착하였다.

천산에 자리 잡은 황궁씨는 장자인 유인씨(有因氏)로 하여금 정사를 돌보게 하고, 둘째아들과 셋째 아들로 하여금 각 사방을 순행하게 하였다. 차자(次子)와 삼자(三子)는 일부의 무리를 이끌고 동쪽 끝과 서쪽 끝과 남쪽 끝과 북쪽 끝까지 돌아다니며, 사람들이 사는 모습을 관찰하고 가르침을 전해 주었다.

이리하여 황궁씨의 무리들이 자리 잡은 곳은 천산, 몽골, 발해만 유역, 만주, 한반도, 흑룡강까지 걸치는 지역이었다. 강 유역에 자리 잡은 사람들은 먹을 것을 잘 마련하여 이내 여가시간이 많이 생겼다. 그리하여 각종 놀이가 생기고 파미르고원에서 살던 생각이 나서 마고성에서의 유습을 이어 제단도 만들고, 상곽도 만들고, 성곽 주위에 물길도 트고 하였으며, 특히 제단에는 마고할미를 모셨다. 아침저녁으로 시간을 정하여 단체로 제사를 올리고 기도하는 시간을 가졌다. 주관은 연장자가 맡았다.

마고성을 떠난 지 약 1000년이 흐르면서 거의 모두가 자리를 잡고 정착하였다. 이리하여 서기전 6200년경부터 사람들이 정착한 곳에 인간문명이 일어나기 시작하였던 것이다. 마고성에서의 문화의 부활과 진전이었다. 황하이북의 대황원에 자리 잡은 황궁씨의 무리들은 사시사철에 잘 적응하면서 동서남으로 이동하였던 백소씨, 청궁씨, 흑소씨의 무리들보다 앞서 나가면서 지도하였다. 즉, 황궁씨의 차자와 삼자가 곳곳을 순행하면서 홍익인간에 필요한 제도와 법과 과학과 생활수단을 전수하였다.

황궁씨의 무리들이 자리 잡은 곳으로서 특히 문명이 발달한 곳이, 지금의 요하(遼河)지역, 발해만 지역이 되었다. 당시에 기온도 적절하고 물도 풍부하고 땅도 풍족하였다. 그리하여 사람들은 마고에게 제사를 지내는 큰 제단을 만들고 성곽도 만들고 마고여신상(麻姑女神像)을 만들어 모셔놓고 시간을 정하여 제(祭)를 올렸다. 제를 올리는 목적은 지상낙원이었던 마고성에서 빚어진 일을 사죄하고 앞으로 모두 함께 한 핏줄로서 골고루 잘사는 마고성과 같은 지상낙원을 만들 것을 맹세하는 것이었다.

황궁씨는 천산의 동쪽으로 이동한 무리들은 물론, 일부의 무리들이 남쪽의 황하(黃河) 유역으로 이동한 무리들까지 모두 다스렸다. 그리고 동쪽으로 이동한 청궁씨의 무리들도 함께 다스렸다.

파미르고원에서 서쪽으로 이동하였던 백소씨(白巢氏)의 무리들은 천천히 이동하면서 강 유역을 찾아 나섰다. 남쪽으로 방향을 틀어 드디어 도착한 곳에 강이 있었고 언덕이 있었다. 그들은 그곳에 자리 잡았다. 수메르문명이 꽃핀 바로 그곳이었다. 백소씨의 일부 무리는 계속 서쪽으로 이동하여 흑해 부근에 자리 잡았다. 그리고 그 후손들은 다시 유럽지역으로 길을 따라갔다.

백소씨의 무리들은 메소포타미아 지역에 자리 잡고 살면서 동쪽에서 온, 황궁씨와 그 후손들이 보낸 사자(使者)들로부터 지속적으로 가르침을 받고 의사소통을 하였다. 그들은 후대에 계속하여 황궁씨족의 법제도와 역법과 과학 등의 문명과 접하였다.

그들은 이러한 것들을 모두 신(神)으로부터 전수받았다라고 기록하였다. 그들은 마고(麻姑)의 장손족(長孫族)의 사자들로부터 가르침을 전수받고 같은 형제임을 잊지 않고 결속을 다져 나갔다. 파미르고원에서 사방으로 분거할 당시에 황궁씨로부터 받았던 거울과 방울을 천부인(天符印)으로서 대대로 간직하였다.

메소포타미아지역의 문명은 아무리 늦어도 서기전 5000년경부터 나타난다. 아마도 이 이전이 되는 서기전 6000년경부터라고 하는 것이 맞을 것이다. 왜냐하면 이미 1000년이 흐르면서 정착하였기 때문이다.

파미르고원에서 동쪽으로 이동한 청궁씨(靑穹氏)의 무리들은 산을 타고 티벳고원을 따라 동쪽으로 계속 이동하였다. 드디어 양자강의 상류를 찾았고 계속하여 그들은 강을 따라 동쪽으로 이동하였다. 양자강 하류까지 이동한 청궁씨의 무리들은 남북으로 흩어져 살았다.

동쪽에는 강이 많아 땅들은 섬과 같았다. 섬에 흩어져 사는 족속을 남족(藍族)이라 부르고 양자강 남쪽의 해안까지 흩어져 사는 사람들은 적족(赤族)이라 불리게 되었다. 남족(藍族)은 북쪽의 황하 하류까지 퍼져 살면서 남쪽으로 내려온 황궁씨의 무리들과 섞여 살았다.

황하의 상중류에는 지소씨 무리들이 퍼져 살고 황하 중하류 지역에는 황궁씨 무리들이 퍼져 살았다. 대체적으로 황하의 서쪽 지역에는 백소씨족이 살고 동쪽 지역에는 황궁씨족이 산 것이 된다. 소위 중원지역의 서쪽에 백소씨가 살고 동쪽에 황궁씨족이 산 것이 된다.

파미르고원에서 남쪽으로 이동한 흑소씨(黑巢氏)의 무리들은 얼마가지 아니하여 강 유역에 도착하였다. 지금의 인더스강이었다.

그들은 곧 자리 잡았다. 남쪽은 날씨가 뜨거웠다. 그리하여 그들은 차츰 피부색이 더 검게 변하게 되었다. 아시아 흑인종이 된 것이다. 이들 흑소씨의 무리들도 지속적으로 동쪽에서 온 사자들로부터 기르침을 전수받았고 같은 형제임을 잊지 않고 결속을 다져 나갔다. 흑소씨족도 파미르고원에서 사방으로 분거할 당시에 황궁씨로부터 받았던 거울과 방울을 천부인(天符印)으로서 대대로 간직하였다.

그런데 서기전 8000년경에 먼저 마고성을 나가 동쪽으로 가서 정착한 지소씨의 무리들이 이기심이 발동하여, 이동해 오는 황궁씨의 일부 무리들을 배척하기 시작하였다. 심지어는 전쟁을 하다시피 하였다. 그들은 백소씨, 청궁씨, 흑소씨가 파미르고원에서 사방으로 분거할 당시에 나누어 받았던 천부인(天符印)이 없었다. 즉, 지소씨는 무리를 이끌고 마고성을 나오면서 가르침을 받지 않고 그냥 나왔던 것이다. 그래서 마고의 핏줄로서 한 형제임을 깨닫지 못한 상태였다.

황하 유역으로 이동하던 황궁씨의 무리를 웅족(熊族)이라 하고 먼저 정착하고 있던 지소씨의 무리는 호족(虎族)이라 불리게 된다. 지소씨의 무리는 사막에 퍼져 살면서 기후 탓으로 차츰 피부색이 희게 되고 눈동자는 노랗거나 파랗게 변해 갔다. 웅족은 눈동자의 색이 검은 색이고 호족은 노동자 색이 노랗거나 파랗다. 이리하여 호족은 웅족이 원래 같은 형제였던 것을 알지 못하였다. 그 역사를 모르기 때문에 호족은 웅족을 배척하였던 것이다. 아니면 아예 땅을 나누어 살기 싫었던 것이다.

즉, 홍익인간의 생각을 가진 것이 아니라 이기심으로 혼자살기에 급급하였던 것이다. 이리하여 호족은 웅족 사람들을 많이 죽였다. 웅족사람들이 더 이상 호족의 근거지로 가지 않고 흩어져 살았다.

이렇게 웅족과 호족은 서로 떨어져 약 3000년을 소통하지 않고 배척하며 살아가게 되었다.

지소씨의 무리들은 배리강 유역에 자리 잡고 퍼져 살았다. 서기전 7000년경부터 정착하여 살고 있었던 것이 된다. 황궁씨의 무리보다 약 1000년을 먼저 황하중상류 지역에 정착한 것이 된다.

수메르지역에 살던 백소씨의 후손들은 그 문명을 서쪽으로 전하였다. 즉, 지구랏을 축조하는 방법이 전해지고 실제로 수메르족들이 건너가 그 땅에 맞는 피라미드를 축조하였다. 여기가 바로 이집트인 것이다. 이집트의 파라오들은 자신들이 태양신이라 자부한다. 수메르에 정착한 사람들 일부 중에 권력욕에 사로잡힌 무리들이 건너가 이집트 땅에 나라를 건국한 것이다. 피라미드라는 말은 파라다이스와 관련이 있는 말로서 무덤이기도 하다.

파미르고원에 있던 천부단은 제단이기도 하고 마고가 거하던 곳이다. 이 천부단이 바로 지구랏과 피라미드의 원조가 된다. 마고성 시대에 무리들은 궁(穹)과 소(巢)를 많이 만들었다. 궁은 제단모양의 넓은 탑 모양이고, 소는 망루 모양의 높은 탑 모양이다. 궁과 소를 만드는 풍습이 이어져 동서남북에 남아 있는 것이다. 즉, 동쪽에도 피라미드 모양의 제단과 무덤이 많이 널린 채 남아 있으며, 서쪽에는 수메르지역에 지구랏과 이집트에 피라미드가 남아 있는 것이다. 또 인도지역에는 계속하여 수많은 탑이 만들어졌다.

파미르고원의 마고(麻姑)시대 연대기 대강

• 서기전 70378년경 파미르고원의 마고시대 시작-전한국(前桓國)시대(63182년간)

• 서기전 27178년경 북보(北堡) 황궁씨 시대 시작. 윷놀이판 모양의 천부단(天符壇), 사보(四堡) 제도. 북극과 북두칠성의 움직임으로 정리한 태극(一) 4방(方) 7성(星) 28수(宿)의 역법(曆法) 시작.

• 서기전 8000년경 백소씨(白巢氏) 일파 지소씨(支巢氏)의 포도의 오미(五味)의 난 발생

• 서기전 7500년경 지소씨가 오미의 난에 대한 죄책감으로 파미르고원의 동쪽으로 성문을 나가서 황하와 양자강 상류 지역에 선착하고, 배리강(裴李崗) 문화 이룬 것으로 추정됨.

• 서기전 7197년경 실락원(失樂園)으로 사방분거 시작으로 마고시대 마감. 천산주(天山洲: 천산, 몽골, 만주, 한반도 등의 대황원), 월식주(月息洲: 수메르지역, 카스피해지역, 유럽지역), 운해주(雲海洲: 티벳, 양자강 유역), 성생주(星生洲: 인도지역)

• 서기전 7000년경 한국초기의 요하문명 시작

제3편 천부삼인(天符三印)과 지상낙원 실현시대 1

(한국(桓國)의 홍익인간(弘益人間)시대)

동서남북의 각 사방에 정착한 각 무리들은 황궁씨(黃穹氏)가 신표 (信標)로 나누어 준 오금(烏金)으로 주조된 거울과 방울의 천부인(天 符印)을 간직하고 대대로 전하면서 모두들 마고할미의 후손들임을 잊지 않고 살았다.

　　파미르고원의 마고성에서 사방으로 분거한 지 약 1000년이 흘렀 다. 각각 강 유역에 자리 잡고 그 나름대로의 문화를 일으키고 대대 로 순행하던 마고 종손족인 황궁씨족의 사자(使者)들로부터 종교, 역사, 법제도, 과학, 경제제도 등 모든 분야에서 전수받으면서 소통 하였고 결속을 다졌다.

　　천산에 자리 잡은 황궁씨는 장자 유인씨(有因氏)에게 정사(政事)를 맡기고 천산에 축조한 천부단에 날마다 제(祭)를 올렸다. 황궁씨는 제를 올리면서 마고를 떠나기 전에 복락원을 맹세하였던 것을 반드 시 지킬 것을 또 맹세하고 맹세하였다.

　　황궁씨는 웅족의 무리가 호족의 무리가 사는 곳으로 갔다가 해

(害)를 당한 것을 알고는 악(惡)을 제거하기 위하여 목숨을 앗는 칼을 만들었다. 그리하여 이 칼을 유인씨에게 전수하였다. 그리하여 천부인 삼개가 모두 이루어졌다.

〈그림 5〉 천부삼인: 거울, 방울(북), 칼(창)

거울은 천성을 상징하며 모두가 하늘이 주신 본성을 지켜 선하게 살도록 알려주는 것이고, 방울은 하늘의 소리대로 즉, 하늘의 법대로 살도록 알려주는 것이며, 칼은 악을 제거하도록 하는 하늘의 권세를 나타내는 징표였다.

파미르고원에서 사방으로 분거하여 황궁씨, 백소씨, 청궁씨, 흑소씨의 각 세(3) 아들로 이루어진 합 12족이 각각 땅에 자리 잡으니 이들이 파미르고원의 마고성이라는 하늘에서 땅으로 내려온 사람들의 시조였다. 이 중 황궁씨의 장자가 되는 유인씨가 땅 세계의 첫 시조가 되어 나반이라 불리는 것이다.

12라는 숫자는 사람의 숫자로서 사람이 완성된 9라는 숫자에서 다시 10이 되어 다시 시작하는 하늘, 11이 되어 다시 시작하는 땅이 되었다가, 12라는 사람의 숫자로서 마고성이라는 하늘에서 동서남북의 땅으로 다시 내려와 인간세상이 완성된 것을 나타낸다. 파미르고원에서 12개의 성문을 지키던 사람들이 곧 이들이다. 윷놀이판에서 4방에 12개의 점은 바로 4방 12성문으로서 12족을 나타내며 역법으로는 12개월을 나타내는 것이다.

한국(桓國)시대: 천산(天山)의 하늘나라시대 3300년

1) 황궁씨(黃穹氏) 시대 약 1000년

황궁씨는 천산(天山)에 수도를 정하고 동서남북의 모든 마고 후손들의 땅을 다스렸다. 동쪽의 흑룡강에서 서쪽의 수메르지역과 흑해지역까지 이르렀으며 남쪽으로 인도대륙에 이르렀다. 황궁씨는 마고의 장손으로서 책임을 지고 마고할미에게 맹세하였던 바를 반드시 지키려고 노력하였다. 이리하여 파미르고원을 떠난 지 약 1000년이 흘렀다. 각 사방에 모두들 정착하여 나름대로 마고시대의 유습을 이으면서 살아갔다.

사방분거 이후 약 1000년이 지났을 때 마고(麻姑)는 두 딸 궁희와 소희와 함께 마고성을 보수하고 물로 대청소를 하였는데, 이때 청소 한 물이 동서로 크게 흘러 동쪽에서는 땅을 크게 부수었고, 서쪽에서는 사람들이 많이 죽었다. 이것이 인간문명 역사상 제1차 세계대홍수가 된다. 이때가 서기전 6100년경이다. 이 홍수는 서기전 3500년경 여와홍수와 서기전 3000년경의 수메르지역의 홍수 이전의 홍수가 된다.

황궁씨는 날마다 천산(天山)의 천부단(天符壇)에서 마고에게 제를 올렸다. 황궁씨의 장자 유인씨는 섭정을 하면서 마고의 유습을 계승하였다. 황궁씨가 나이가 들어 마지막으로 유인씨에게 천부인(天符印) 3개를 전수한 후 모든 것을 맡기고 천산의 천부단으로 들어갔다. 이후 유인씨가 세상을 다스렸다.

2) 유인씨(有因氏) 시대 약 1000년

서기전 6100년경 황궁씨로부터 천부인 3개를 전수받은 유인씨는 곧 장자로 하여금 세상일을 맡아보게 하고 차자와 삼자로 하여금 각 사방을 돌아다니며 가르침을 전수하도록 하였다. 유인씨는 천산의 천부단에서 날마다 마고와 황궁씨에게 제를 올리며 원시복본의 맹세를 더하였다. 이미 각 지역에는 사방분거 이후로 약 1000년이 넘게 흘러 각 지역에는 사람들이 많이 불어나 살고 있었다.

유인씨의 아들 중에 한인씨(桓因氏)가 있었다. 유인씨의 대가 이어지고 약 1000년이 흘렀다. 이에 한인씨가 세상에 큰 뜻을 두어 유인씨가 한인씨에게 자리를 물려주었다. 즉, 천부인 3개를 한인씨에게 전수한 것이다. 그리고서 유인씨는 황궁씨처럼 마지막을 고하고 천산의 천부단으로 들어갔다.

3) 한인씨(桓因氏) 시대 약 1000년-7대 한인

서기전 5000년경 유인씨가 천부인 3개를 한인씨에게 전수하고서 천산의 천부단으로 들어가자 한인씨가 세상일을 다스렸다. 한인씨도 곧 장자로 하여금 세상일을 살피게 하고 차자와 삼자로 하여금 각 사방을 순행하게 하여 그동안의 역사와 다시 만든 법제도와 역법과 과학과 경제제도를 각 제족들에게 전수하여 주었다.

이때 정착한지 1000년이 지나 각 지역에 사람들이 각각 특색을 지닌 족속으로 정립되었다. 이리하여 서쪽의 백소씨족은 서서히 백인종이 되어갔고, 남쪽의 흑소씨족은 아시아흑인종이 되어 갔으며, 동쪽의 청궁씨족은 양자강 남쪽에서는 구리빛의 적족(赤族)이 되었고, 북쪽의 황하까지 걸친 지역에 사는 사람들은 남족(藍族)이 되었다.

그리고, 저 동북쪽 끝의 흑룡강 유역에 정착한 흑소씨의 무리들은 인도지역의 흑소씨족들과 마찬가지로 흑인종과 비슷한 현족(玄族)이 되었다. 또 파미르고원을 먼저 나와 황하상류의 사막지역에 정착하였던 지소씨족은 백족(白族. 백인종)이 되어 갔다.

황궁씨의 후손들은 천산에서 몽골, 발해만, 만주, 한반도로 퍼져 살았는데, 천산아래의 삼위산에서 황하중류의 태백산까지 퍼져 산 사람들은 견족(畎族)이 되고, 한반도에 사는 사람들은 양족(陽族)이 되고, 두만강 유역에 퍼져 사는 사람들은 우족(于族)이 되고 송화강 북쪽에 퍼져 사는 사람들은 방족(方族)이 되었으며, 나머지는 그냥 황족(黃族)으로 불렸다.

이상으로 파미르고원의 동쪽에는 9족이 살게 되었다. 황족, 백족, 적족, 남족, 견족, 양족, 우족, 방족, 현족이다. 이들이 고대 중국에서 9이(夷)라 부르는 사람들이다.

9족이 이미 형성된 때 한인씨가 유인씨를 이어 세상을 다스리게 된 것이다. 한인씨는 이들 9족이 각각 자치를 하게 하고 통할하였다. 그에 더하여 3개의 나라를 더 봉하여 모두 12개국으로 나누어 다스렸다. 이것이 12한국(桓國)이다. 12한국의 백성들은 다시 팽창하여 이동하기도 하였다.

12한국 중에는 단군조선시대까지 존속한 나라가 있다. 선비국, 양운국, 일군국, 우루국 등이다. 선비국은 몽골 남쪽에 자리 잡았으며, 단군조선시대에도 선비의 남쪽에 남선비를 특히 봉한 바 있다. 양운국과 일군국은 단군조선에 조공을 한 나라이다. 우루국은 서기전 1652년에 20가(家)의 사람들 약 2,000명이 단군조선에 망명하였다. 아마도 이 우루국 사람들은 수메르지역에 살던 사람들로서 서기전 2000년경에 수메르의 나라가 망하고 바빌론시대가 되면서 떠돌다가 동쪽으로 이동한 수메르의 후손으로 보인다.

우루국은 수메르지역에 있던 나라가 되고, 서남아국은 인도지역에 있던 나라가 되며, 일군국은 지금의 영국에 가까운 지역에 있던 나라로 보인다. 양운국은 일군국의 동남쪽에 있고 천산의 북쪽 지역에 있던 나라가 된다. 파미르고원의 동쪽에 9족의 나라에다 이들 우루, 서남아, 일군국이 더하여 12국이 된 것으로 된다. 실제로 영국에는 스톤헤지라는 유적이 있어 한국의 고대문명과 밀접한 관련이 있다. 이 스톤헨지 문명은 서기전 2000년 이전에 형성되기 시작한 것이 된다.

한인씨는 제도를 보완하여 삼사오가(三師五加)를 두었다. 삼사는 풍백(風伯), 우사(雨師), 운사(雲師)이고 오가는 저가(猪加), 구가(狗加), 양가(羊加), 우가(牛加), 마가(馬加)이다.

한인씨는 7대를 이었다. 7분의 한인이 평균적으로 각각 약 160년씩 다스린 것이 된다. 서기전 5000년경부터 서기전 3897년경까지 약 1100년간이다. 한인씨는 천산의 천부단에서 마고, 황궁씨, 유인씨에게 제를 올리며 홍익인간, 이화세계, 원시복본의 맹세를 되새겼다. 장자에게는 정사를 살펴보게 하고 차자와 삼자에게는 각 지역을 순행하며 가르침을 전수하게 하였다.

4) 한웅(桓雄)의 등장

바야흐로 서기전 3900년경에 이르렀다. 한인씨의 아들 중에 한웅 (桓雄)이 있었다. 그는 서자부(庶子部)에 근무하고 있었다. 어릴 때부터 천왕랑으로 수련을 하였고 자라면서 큰 뜻을 품고 있었다.

이때쯤에 웅족(熊族)이 물이 흐르는 황하지역으로 남하를 하면서 황하 중류의 태백산 부근으로 이동하게 되었다. 이미 이 지역에는 지소씨(支巢氏)의 족속들이 정착하여 살고 있었다. 지소씨족들은 웅족들이 땅을 나누어 살기 위하여 들어오는 것을 배척하였다. 심지어 달아나는 웅족의 무리를 쫓아가서 죽이곤 하였다. 그야말로 이전에 없던 혼란기가 되었다.

이 소식을 듣고 있던 한웅은 마음속으로 호족(虎族)들을 소탕하기로 결심을 하였다. 지소씨족의 후손들이 전쟁을 좋아하는 사나운 호족(虎族)인 것이다. 세상이 다시 어지러워 졌으니 이를 빨리 진압하고 홍익세상을 만들기로, 한웅은 날마다 제단에서 기도를 하며 뜻을 굳혀갔다.

이리하여 한인씨가 드디어 한웅의 뜻을 알게 되었다. 심지어 지위리 한인의 꿈에 천신이 나타나, 아버지는 마땅히 아들의 뜻을 알아야 할 것인바, 한웅에게 천부삼인을 전수하여 세상을 다스리게 하라고 계시를 주시기까지 하였다. 이에 한인씨는 삼사오가들을 소집하여 회의를 열었다.

한인씨는 무리들에게 웅족과 호족의 전쟁에 관하여 알려주고, 이 사건을 다스릴 인물이 누군지 천거하라고 하였다. 이에 삼사오가들 모두가 한웅을 천거하였다. 이리하여 한인씨는 한웅에게 교지를 내렸다. 어서 가서 세상을 안정시키고 골고루 잘사는 세상을 만들라 하였다.

한웅은 한인씨의 명을 받고 곧 바로 무리를 소집하였다. 천왕랑의 무리 3,000명이었다. 그리고 한웅은 세상일을 담당할 관리를 임명하였다. 바로 한인씨가 두었던 삼사오가제도였다. 모든 것을 준비하자, 한인씨는 아들 한웅에게 하늘의 뜻을 저 땅에 가서 펼쳐라 하며 천부삼인을 전수하였다. 거울은 하늘의 본성을, 방울은 하늘의 법을, 칼은 하늘의 권세를 상징한다.

이에 한웅은 맹세하기를 반드시 홍익인간, 이화세계를 실현하겠습니다 하였다. 천부삼인을 받잡고 한웅은 물러나왔다. 이에 삼사오가와 무리 3,000명을 이끌고서 남쪽으로 향하였다.

한웅은 무리를 이끌고 장장 2만리 이상 여행하여 드디어 태백산 북쪽에 도착하였다. 이곳은 황하 중류로서 그 서쪽은 사막지역이 되고 그 동쪽은 황하가 흘러 비옥한 곳이다. 태백산은 지금의 서안(西安)에 있다. 한웅은 무리들을 태백산 북쪽에 머물게 하고, 웅족과 호족의 우두머리를 불렀다.

웅족과 호족들이 한웅이 무리들을 거느리고 오고 있다는 소리를 듣고 미리 겁먹고 있던 차에 한웅이 자신들의 왕을 호출한 것이다. 이에 웅족과 호족의 우두머리는 예를 갖추고 한웅에게 나아가 엎드렸다.

한웅은 먼저 무력으로 치기 전에 기회를 주었다. 즉, 천산에서 한인씨로부터 배웠던 천부경과 삼일신고와 참전계경의 가르침을 주었다. 모두다 마고의 후손들로서 한 핏줄이며 다같이 행복하게 살자는 가르침이었다.

웅족의 왕은 여자였는데 한웅의 말씀을 듣고 바로 수긍하였다. 웅족의 왕을 웅녀(熊女)라 부른다. 그런데 호족의 왕은 꺼리는 눈치였다. 한웅은 계(戒)를 내렸다. 즉, 100일간 쑥과 마늘을 먹으면서 악귀를 물리치고 피를 맑게 하여 정신을 닦고 수련하라 일렀다. 수련을 하면서 천부경과 삼일신고와 참전계경을 익히라 하였다.

한웅은 웅족의 왕과 호족의 왕이 수련할 동굴을 마련해 주었다. 이리하여 웅녀는 한웅이 가르쳐 준 대로 천부경과 삼일신고와 참전계경을 열심히 익히고 수련을 하였으며, 21일 째 되는 날 하늘의 도(道)를 터득하고 완전한 인간성을 가진 여자로 다시 태어났다.

그러나 호족의 왕은 거만하고 자만심이 많고 사나워서 굴속에서 수련을 시도하다가 참지 못하고 뛰쳐나와 버렸다. 즉, 한웅의 가르침을 수용하지 못하고 예전처럼 전쟁을 하면서 살겠다는 것이었다.

그리하여, 한웅은 더 이상 호족의 폭돌한 행동을 그냥 두고 볼 수는 없었으며, 가르침을 따르지 않고 자기들 멋대로 이기심에 찌들어 남을 무시하는 태도로 일관하므로 결국 호족들을 추방하게 되었다. 서안의 태백산 부근에 살던 호족들은 일단 사방으로 물러났다. 일부는 서쪽의 사막지대로 물러나고, 일부는 황하의 중류에 위치하는 황토언덕으로 물러났다. 이후 다시는 웅족을 괴롭히지 않게 되었다.

이리하여 평화시대를 만든 한웅은 삼사오가와 무리들에게 명하여 정식으로 나라를 세우고 동서남북으로 적절히 배치하여 12제후국을 두었다. 크게 땅을 동서남북중으로 나누어 각각 제후를 봉하였는데, 동쪽의 제후는 청제(靑帝)라 하고, 서쪽의 제후는 백제(白帝)라 하고, 남쪽의 제후는 적제(赤帝)라 하고 북쪽의 제후는 흑제(黑帝)라 하고 중앙의 제후는 황제(黃帝)라 하였으며, 한웅은 천왕(天王)이 되어 이들을 통할하였다.

제(帝)는 제후격으로 천왕이 봉한 천자(天子)에 해당하는 지방이 되는 천하의 왕이었다. 청제는 황하하류를 포함하는 지역으로서 지금의 산동, 발해만, 한반도, 만주 등을 다스리고, 백제는 서안 서쪽 지역을 다스리고, 적제는 양자강 남쪽 지역을 다스리고, 흑제는 황하 북쪽 지역을 다스리고, 황제는 서안에서 태원과 남쪽으로 양자강 북쪽을 다스렸다. 한웅은 서안의 태백산 신시에 머물면서 정사를 보고 각 지역을 순행하였다.

한국시대 연대기 대강

• 서기전 7197년 황궁씨(黃穹氏)가 천산(天山)을 중심으로 다스림. 한국(桓國)시대 시작. 황궁씨의 한국시대 약 1000년간

• 서기전 7000년경 자산(磁山)문화, 大地灣 1기 문화

• 서기전 6200년경 한국중기의 요하(遼河)문명 시작

• 서기전 6100년경 유인씨(有因氏)가 천산(天山)을 중심으로 다스림. 유인씨의 한국시대 약 1000년간

• 서기전 6000년경 하모도(河姆渡)문화

• 서기전 5000년경 한인씨(桓因氏)가 천산(天山)을 중심으로 다스림. 한인씨의 한국시대 약 1000년간. 7대 한인씨가 평균 각각 약 143년씩 다스림.

• 서기전 5000년경 仰韶文化(半坡유형)

- 서기전 3900년경 웅족의 이동으로 호족(虎族)과 웅족(熊族)의 전쟁 발발

- 서기전 3897년 한웅이 지위리 한인의 명을 받아 웅족과 호족의 난을 평정하고, 태백산(太白山) 아래 신시(神市)를 열고 개천(開天)하여 배달(박달)나라[檀國]를 세움.

제4편 천부삼인(天符三印)과 지상낙원 실현시대 2

(배달나라 홍익인간(弘益人間)시대)

단국(檀國)시대: 태백산(太白山)의 배달나라시대 1,565년

한웅이 하늘나라인 한국(桓國)의 천산(天山)에서 지위리 한인의 명을 받고 웅족과 호족의 난을 다스리고 자리 잡은 곳이 지금의 저 서안(西安)에 있는 태백산(太白山)이다. 천산에서 남쪽을 내려다보면 태백산은 지방에 있는 산이 된다. 태백(太白)이니 아주 밝은 땅이 된다. 그래서 박달나라, 배달나라인 것이다.

1) 신시(神市)시대 약 1,191년

나라를 정비한 한웅은 웅족을 환대하여 황비족으로 삼았다. 그리하여 한웅의 배필은 웅녀가 되었다. 웅족은 성씨를 고씨(高氏)라 하였다. 대대로 웅족이 번성하게 되었다. 이 웅족의 후손들에 바로 고대 중국의 왕들이 있다. 그러나 서기전 2698년 이후 고대 중국의 왕이 된 웅족은 하늘의 도를 어기는 경우가 많았다. 그것은 호족(虎族)들을 백성으로 두어 호전적으로 변하였기 때문이다.

한웅은 천부삼인(天符三印)을 구리합금(청동, 황동)으로 만들어 제후들을 봉할 때 나누어 주었다. 각 제후들은 천부삼인을 대대로 간직하였다. 그러나 천부삼인이 뜻하는 바를 차차 잊게 되고 함부로 전쟁을 하게 되는 상태에까지 이르게 되었다. 그것은 권력욕에 집착하여 천부삼인이 홍익인간을 실현하는 징표임을 잊은 것이었다.

태백산 신시를 중심으로 오방(五方)을 나누고 신시를 포함하는 중앙 지역을 황부(黃部)라 하고, 북쪽을 현부(玄部), 동쪽을 청부(靑部), 남쪽을 적부(赤部), 서쪽을 백부(白部)라 하고 각각 도가, 구가, 양가, 우가, 마가를 선발하여 중앙관직을 주어 보건, 치안, 교육, 농사, 군사를 맡아 보게 하였다.

특히 중앙의 황부는 황하와 양자강 사이에 위치하고 있어 홍수가 범람하는 일이 다반사여서 일찍이 치수법이 발전하였는데, 치수에 관한 기록을 포함하고 있는 황부중경(黃部中經)이라는 책이 서기전 2267년경 단군조선시대 초기에 요순 9년 대홍수의 치수에 결정적인 비법(秘法)이 되었다.

후대에 치우천왕은 수도를 동쪽 지역의 청구로 옮겨 쇠퇴하던 염제신농국을 병합하고 황제헌원의 발호를 진압하여 특히 태산에서 회수에 걸치는 회대(淮垈)지역을 발전시켰으며, 이 회대지역은 서기전 2357년 요가 반란을 일으킨 이후에도 주나라 말기까지 동이세력의 근거지로 남았다.

배달나라시대에 특히 문자가 발전하였다. 마고성시대부터 쓰여져 오던 별자리 그림이나 윷놀이판과 같이 점으로 그린 그림이 있었으나, 서기전 3897년경에 이르러 본격적으로 글자로써 기록하는 시기가 되었다. 이전의 한국시대에도 기본적인 숫자를 나타내는 부호나 대표적인 사물을 나타내는 부호가 쓰여지고 있었으나 더 자세한 기록을 하는 방법을 고안해 낸 것이다.

신지(神誌) 혁덕(赫德)은 사슴이 지나간 흔적에서 그 사슴을 아는 방법으로 글자를 창안하게 되었다. 별자리 그림과 숫자를 나타내는 부호와는 다른 차원이었다. 즉, 사슴의 뿔과 몸을 그림으로 그려 사슴임을 알게 하는 방법이었다. 이것이 상형문자이다. 이로써 많은 사물이 상형문자로 탄생하였다. 거의 모든 사물에 해당하는 상형문자가 만들어졌다.

그런데 상형문자 중에서 같은 소리로 읽는 것이 있었다. 그리하여 급하게 적을 때는 같은 소리로 나는 글자를 섞어 쓰게 되었는데, 이러한 글자는 가차(假借)에 해당하는 것이다. 마고시대와 한국시대부터 있어온 그림이나 숫자를 나타낸 부호는 지사(指事)문자가 되었다. 상형(象形)문자에 상형문자를 더하여 새로운 뜻을 가지는 글자도 만들어졌는데 이것이 회의(會意)문자이다.

또, 상형문자에다 소리 나는 글자를 붙여서 다른 사물이나 뜻을 나타내는 글자를 만들었는데 이러한 글자가 형성(形聲)문자이다. 또 한 글자의 뜻이 확장되어 새로운 뜻을 가지는 글자로 사용하였는데 이러한 글자가 전주(轉注)이다. 이렇게 하여 소위 6서법이 정립되었다.

이후 배달나라에는 문자가 널리 쓰이면서 글자를 배우고 학문을 닦는 풍토가 조성되었으며, 서기전 3500년경 태호복희와 발귀리 선인(仙人)에 이르러 학문이 더욱 융성하였으며, 서기전 2700년경 자부선인에 이르러 그 절정에 달하였다. 배달나라 초기에 만들어진 사슴문자인 녹서(鹿書)가 창안된 이후 태호복희는 용서(龍書)를 만들었고, 자부선인은 우서(雨書)를 만들었으며, 자부선인이 활동하던 치우천왕시대에 화서(花書)가 사용되었고, 그 외에도 창힐은 새발자국 문자인 조족문(鳥足文)과 올챙이 문자라는 과두문을 만들었는데, 황제헌원이 이를 도입하여 유웅국 내에 통용하게 하였다. 중국어의 원류가 되는 고립어인 문장 언어가 이때부터 시작된 것이다.

한웅은 시대에 맞는 율법을 만들었다. 좋지 못한 것을 남김이 없도록 하는 무여율법(無餘律法) 4조이다. 이 무여율법 4조는 환부(鰥夫)가 조절(調節)하도록 하였다. 환부라는 글자에는 특히 세상일을 근심하여 잠을 자지 못하고 항상 눈을 뜨고 세상을 돌보는 뜻에서 물고기 환(鰥)자를 썼다. 물고기는 눈을 뜨고 잠을 잔다. 즉, 환부는 눈을 뜨고 자면서까지 세상일을 걱정하며 홍익인간 세상이 되도록 역할을 맡은 사람이 된다. 환부는 암행어사와도 같은 역할을 수행하였다. 즉, 어명을 받고 세상일을 조사하고 판단하고 처리하였던 직책이 된다.

이 환부는 물고기로 상징된 직책으로서 목욕재계와도 상통하며, 세례(洗禮)와도 상통하는 글자가 된다. 그리하여 환부제도는 단군조선에까지 이어지며 후대에는 저 수메르지역과 인도지역까지 전파되어 쌍어문(雙魚紋)이라는 문양을 남겼고, 후대의 가야지역에 그 전통이 이어졌다.

무여율법 4조는 이렇다.

제1조. 사람의 행적(行積)은 수시로 깨끗하게 하여 모르는 사이에 생귀(生鬼)가 되지 않게 하고, 번거롭게 막혀 마귀(魔鬼)가 되지 않게 하여, 인간세상으로 하여금 밝게 통하여 막힘이 남지 않게 하라.

제2조. 사람의 취적(聚積)은 죽은 후 공(功)을 제시하여 생귀의 더러움을

말하지 않게 하고, 함부로 허비하여 마귀가 되지 않게 하여, 인간 세상으로 하여금 널리 흡족하도록 유감이 남지 않도록 하라.

제3조. 고집이 세고 사악하고 미혹한 자는 광야(曠野)에 귀양을 보내어 수시로 그 행위를 돌아보게 하여, 사악한 기운으로 하여금 세상에 남지 않도록 하라.

제4조. 큰 죄를 범한 자는 해가 뜨는 섬도(暹島)에 유배(流配)를 보내어, 그 죽은 뒤에 시체를 불살라 죄의 덩어리(罪集)가 지상에 남지 않도록 하라.

위 무여율법 4조의 내용에서 보는 바와 같이 이미 배달나라시대에 귀양 보내는 법과 유배시키는 법이 구분되어 있었다. 광야에는 귀양을 보내고 섬으로는 유배를 보내는 것이 된다.

특히 유배를 간 대죄를 지은 자는 죽으면 화장을 시켜 죄의 덩어리가 일체 지구상에 남지 않도록 육신을 해탈시키는 것이다. 이는 불교의 화장과 지향하는 방향이 거의 일치하고 있다. 그래서 아마도 배달나라의 화장제도는 저 인도지역으로 전파되었으며, 큰 죄를 지은 자들이 아마도 인도 부근으로 유배를 많이 간 것으로 추정되며 이러한 유습의 영향을 받아 불교에서 해탈을 하는 의식으로 행하는 것이 된다. 유배를 보낸 섬도(暹島)라는 지역이 지금의 태국이라 하기도 한다.

한웅은 배와 차도 만들어 각 지역을 순행하였고 무역에 사용하도록 하였다. 한웅은 마차를 타고 산천을 순행하였다. 심지어 마차를 타고 동쪽으로 멀리 한반도 남해까지 사냥을 나와 하늘에 제사를 지내고 다시 먼길을 돌아 태백산 신시로 돌아가기도 하였다. 산동지역에서 배를 띄어 타고 남으로 동으로 한반도 남해를 돌거나, 서쪽으로 저 멀리 인도지역까지 다녀오기도 하였다.

또 8개의 언어를 익히고 2개의 문자까지 습득하였다. 8개 언어는 한웅이 나고 자란 언어 외의 언어로서 9족 중 8족의 언어가 된다. 한웅은 황족에 속하였고, 그 외 양족, 우족, 방족, 견족, 백족, 적족, 남족, 현족이 있었던 것이다. 그런데 양족, 우족, 방족, 견족은 원래 황족의 갈래였다. 그러나 거리상으로 떨어져 생활하다 보니 말이 달라지게 되었던 것이다. 2개의 문자는 상형문자와 상형문자의 아류가 되는 간단한 표음문자였다.

특히 표음문자는 각 상형문자에 포함된 낱글자로서 그 글자의 특성을 나타내는 소리였다. 이러한 표음문자가 나중에 단군조선 초기가 되는 서기전 2181년에 가림토 38자라는 표음문자로 정립되었던 것이다.

배달나라가 시작된 때에 이미 굽었다는 것을 나타내는 상형문자와 같은 ㄱ이라는 글자가 쓰여지고 있었다. 굽은 모양의 사물에는 모두 ㄱ이라는 낱글자를 가지고 있었다. 즉, 굽은 모양을 나타내는 글자에는 반드시 ㄱ이라는 소리를 내는 글자들이 있었던 것이다.

ㄴ, ㄷ, ㄹ, ㅁ, ㅂ, ㅅ, ㅇ, ㅈ, ㅊ, ㅋ, ㅌ, ㅍ, ㅎ 등도 그 나름대로의 뜻을 가진 글자들이었다. 즉, ㄴ은 한쪽과 한쪽을 니은(잇는) 모양에서 나와 잇는 뜻을 가지고, ㄷ은 세 방향이 닿아 있고 한쪽이 떨어져 있는 모양에서 나와 닿아 있으면서 떨어져 있는 상태의 뜻을 가지며, ㄹ은 글자 모양대로 구불구불한 모양으로서 물이 흐르거나 새가 날으거나 돌이 구르거나 하는 뜻을 나타내며, ㅁ은 사물이 뭉쳐져 닫혀 있는 모양이 되고, ㅂ은 뭉친 것에서 한쪽으로 벌어진 모양이 되고, ㅅ은 원래 세모에서 나온 글자로서 세워진 모양이며, ㅇ은 하늘이나 태양과 같이 둥근 모양을 나타내며, ㅈ은 세워진 사물위에

지붕을 덮은 것처럼 사물을 저장하는 창고기능을 하는 사물을 나타 내고, 나머지 ㅊ, ㅋ, ㅌ, ㅍ은 각 ㅈ, ㄱ, ㄷ, ㅂ의 원래의 뜻보다 거센 정도를 나타내며, ㆆ은 ㄲ, ㄸ, ㅃ, ㅆ, ㅉ 처럼 ㅇ의 겹친 형태를 나타 내며 단단하다는 뜻의 된발음을 나타내는 것이 된다.

각 상형문자를 읽는 방법도 표음부분을 택하여 소리를 내어 읽었 다. 모음부분은 기본적으로 ㅇ, ㅁ, △이 간략히 상징화된 ㆍ, ㅡ, ㅣ를 사용하여 발음하였다. 모음도 차차 세분화되어 복잡한 발음이 만들어져 갔다. 이러한 소리는 서기전 2181년에 가림토 38자라는 글자로 정선하여 정립되었던 것이다. 물론 실제 글자를 사용할 때 는 그 이전부터 쓰여 오던 방법을 따라 가림토 38자 외의 글자를 계속적으로 많이 사용하였다. 이러한 용례는 소위 첨수도, 침수도, 명도전, 아라가야(함안을 중심으로 한 소가야) 토기상에 새겨진 글자 에서 나타난다.

서기전 3500년경에 세계적인 대홍수가 일어났다. 인간문명시대 의 제2차 세계 대홍수가 된다. 서기전 6000년경에 있었던 대홍수가 마고성에서 마고가 궁희와 소희가 마고성 안을 청소하면서 사용한 물이 동서로 흘러 동쪽의 땅을 크게 부수고 서쪽으로는 사람들이 많이 죽은 그러한 홍수와 비슷한 양상을 보였다.

서기전 3500년경에 한웅의 작은 아들이던 태호복희가 처음에는 우사(雨師)의 직을 수행하였는데, 우사의 직을 내놓고 동방으로 이 동하여 지금의 산동반도 서쪽의 진(陳)이라는 땅에 자리를 잡고 나 라를 세우니 이를 진제국(震帝國)이라 한다.

진(震)이라는 글자는 주나라 역인 주역(周易)으로는 동쪽이라는 방 향을 가리키는 글자이며, 제(帝)는 배달나라 천왕의 제후에 해당하 는 천자(天子)격의 임금을 가리키는 글자인데, 실제로는 태호복희는 배달나라 천왕의 아들이므로 천군(天君)이 된다. 그래서 태호복희는 일반천자가 아니라 천군이 되는 것이다.

즉, 태호복희는 염제신농이나 황제헌원 등의 제(帝)라는 글자는 같으나 이들 천자(天子)보다 한단계 윗자리가 되는 천군(天君)으로서의 제(帝)였다. 태호복희는 동방에 나라를 세우고 여동생 여와로 하여금 보좌하게 하였다. 태호복희는 어려서 학문을 하면서 도를 일찍 깨달았다. 그리하여 역을 만들었다. 이를 복희역이라 하며 팔괘역이라고도 하는데 이후 8괘의 원류가 된다.

여와도 어려서부터 신통(神通)하였다. 태호복희가 나라를 다스리고 여와가 뒤를 이어 다스렀는데, 서기전 3400년경 대홍수가 발생하였다. 하늘이 노한 듯이 비가 땅으로 쏟아져 내렸다. 이에 부주산의 흙이 내려앉아 하늘에 구멍이 뚫린 것 같았다. 이에 여와는 부주산을 돌로 받치고 하늘의 구멍을 메웠다고 한다.

즉, 이때 홍수로 중국 내륙의 땅이 크게 부수어진 것이다. 이후 얼마 지나지 않아 거의 동시대에 백소씨족이 사는 수메르지역에도 대대적인 홍수가 발생하여 또다시 사람이 많이 죽는 사건이 발생하였다. 이때 지우수드라라는 의인이 나타나 배를 만들어 사람들을 많이 구조하였다고 한다.

이후 여와는 황토인들이 홍수에 많이 죽은 것을 안타깝게 여기고 황토흙을 빚어서 사람모양을 만들어 7일 만에 기를 불어넣고 살렸다. 이리하여 사람들이 많이 생겼는데, 여와는 여기서 나아가 넝쿨로 새끼를 꼬아 황토흙을 튀기는 방법으로 황토인을 만들었다 한다. 즉 새끼줄을 황토진흙탕에 줄넘기 줄 돌리듯 돌리니 진흙이 튀어 하늘로 올라가 땅으로 내려와 떨어지면서 사람으로 변하였던 것이다.

이는 아마도 여와가 황토인들에게 혼인하는 제도를 만들어 자녀를 많이 낳게 한 것을 비유적으로 나타낸 것이 된다. 즉 여와는 혼인제도를 만들어 황토인들이 번성하게 하였던 것이다.

황토인은 지금의 황하 유역의 언덕에 흩어져 사는 사람들이다. 후대에 황제헌원이 살던 헌구(軒邱)라는 곳이 있다. 헌구도 황토언덕의 하나였다. 이 헌구에 원래 백족 즉 지소씨의 후손들이 추방당하여 살고 있었다. 시대가 많이 흘러 모두들 황족과 비슷한 모양으로 변해갔다. 겉으로 보면 황족과 다름없었다. 그래서 모두들 황토인이라 불리었다. 즉 황토인은 고대 중국인을 가리키는 말이 되었다. 여와는 이렇게 황토인들을 살렸다. 그래서 태호복희와 여와는 고대 중국인들의 조상이나 다름없는 존재가 되었다.

배달나라 신시(神市)시대는 제1대 한웅천황이 태백산 신시(神市)에서 개천(開天)한 서기전 3897년 갑자년부터 제14대 치우천황이 청구(靑邱)로 수도를 옮긴 서기전 2706년까지 약 1191년간에 해당한다.

2) 청구(靑邱)시대 약 374년

서기전 2700년경에 이르러 전운(戰雲)이 감돌았다. 세상이 다시 어지러워지기 시작한 것이다. 서기전 3242년 기미년(己未年)경에 한웅의 종실(宗室)이던 소전씨(少典氏)가 강수(姜水)에 봉해졌다. 소전씨는 지금의 서안 부근을 흐르던 강수라는 지역에 천자(天子)로 봉해진 것이다. 그는 감병(監兵)을 맡았다. 감병이란 군대를 훈련시키고 관리하는 직책이다. 태백산 신시 부근의 강수에서 감병을 맡아 군대를 훈련시켜 중앙의 호위병들을 생산하였다.

소전씨는 유웅국(有熊國)의 왕이다. 즉 강수의 땅에 유웅국이 있었던 것이다. 유웅국에서 군사를 길러 태백산 신시의 호위병이나 한웅의 최측근 군사로 쓴 것이 된다. 유웅국이라는 글자에서 보듯이 곰족의 나라가 된다.

소전씨의 아들에 신농(神農)이 있고 신농의 이복형제의 후손에 공손씨(公孫氏)가 있었다. 신농은 먼저 배달나라의 우가(牛加)를 지냈다. 우가는 지금의 농산부장관격이 된다. 이후 신농은 서기전 3218년에 동쪽으로 가서 태호복희의 나라를 접수하고 그 땅에서 염제국(炎帝國)을 세웠다. 즉 배달나라의 천자(天子)가 된 것이다. 그리고 그는 다시 곡부로 수도를 옮겼다. 곡부는 공자(孔子)가 출생한 땅이다. 주나라 때에는 노(魯)나라 땅이다.

그리고 서기전 2697년에 자오지한웅인 치우천왕이 염제국의 8대 왕 유망(楡罔)을 항복시키고 그 아들 괴(魁)를 공상(空桑)에 다시 봉하여 염제국의 명맥을 잇게 하였다. 이 나라를 특히 단웅국(檀熊國)이라고 한다. 이후 단웅국의 5대 왕인 홍제(洪帝)는 거불단한웅의 아들이 되는 외손자인 단군왕검을 섭정왕으로 봉하여 정사를 맡겼다. 여기 단군왕검이 곧 단군조선을 건국한 한검(桓儉)이다.

소전씨의 뒤에 공손씨(公孫氏)라는 자가 있었는데, 유웅국의 왕이 되어 감병을 맡았다가 감병을 게을리 하면서 발각되어 유배를 가게 되었다. 한웅은 공손씨를 헌구(軒邱)로 유배시켰다. 이때가 서기전 2770년경이다. 시대가 흘러 공손씨의 아들이 되는 헌원(軒轅)이 헌구에서 태어났다. 헌구를 헌원의 언덕이라 하는데, 실제로는 헌구에서 태어났으므로 헌원이라 하는 것이다. 헌원은 서기전 2698년 계해년에 공손씨를 이어 유웅국의 왕이 되었다.

서기전 3218년에 건국된 염제국이 점차 번성하였다가 서기전 2800년경에 가장 번성하였으며, 이후 점차 쇠퇴하기 시작하여 서기전 2700년에 이르러 제후들이 군사를 일으켜 서로 욕심을 내어 염제국을 병합하려 하였는데, 이때 자오지한웅인 치우천왕이 먼저 군사를 일으켜 서안 부근에 있던 소호국(少昊國)을 병합하고 항복한 소호를 앞세워 동쪽으로 진격하였다. 산동반도 서쪽에서 염제국을 쳤으며 서기전 2697년 갑자년에 유망을 항복시켰다.

이에 치우천왕은 유망의 아들인 괴를 다시 세워 공상에 왕으로 봉하였다. 치우천왕은 산동반도에 자리를 잡고 수도로 삼았다. 이를 청구(靑邱)라 한다. 그런데 서기전 2698년에 유웅국의 왕이 된 헌원이 염제국을 차지하려고 욕심을 내다가 치우천왕이 먼저 선점해 버리자 뒤늦게 군사를 이끌고 치우천왕에게 도전하였다. 이기심이나 시기심이 발동하였던 것이다. 헌원은 유웅국 백성이 되는 호족(虎族)의 후손들을 이끌고 돌로 된 무기로 치우천왕의 군사들과 맞섰다.

헌원은 유웅국 왕이 되기 전에 먼저 배달나라의 운사(雲師)로 있었던 적이 있었다. 헌원은 운사로 있을 때 염제신농국이 점점 약해 가는 것을 감지하고 욕심을 내기 시작하였다. 자기가 물려받을 헌구의 유웅국에 만족하지 못하고 산동반도의 염제국까지 욕심을 낸 것이다. 그리하여 헌원은 운사 자리를 내놓고 유웅국으로 돌아와 군사를 길렀다.

이리하여 치우천왕이 14대 한웅이 되어 먼저 염제국을 선점하니 헌원이 염제국을 뺏겼다고 여기고 치우천왕에게 도전한 것이다. 이때 배달나라에는 풍백, 우사가 있었고 운사자리는 비어 있었다. 치우천왕은 풍백과 우사에게 헌원을 치도록 명하였다. 이에 풍백과 우사는 돌풍과 폭풍우로 헌원을 혼줄 내어 주기도 하였다. 헌원이 유웅국에서 군사를 일으켜 동으로 진격하여 탁록에 거점을 두자,

치우천왕도 81명의 장수들을 앞세우고 군사를 이끌고 탁록으로 나아가 헌원의 군사들을 유린하였다. 그런데도 욕심 많은 헌원은 굽히지 않고 계속 도전해 왔다. 그러나 치우천왕의 군사들이 지난 자리에는 100리에 걸쳐 피가 흘렀다. 이는 헌원이 자신의 잘못을 깨닫지 못하고 욕심 때문에 벌어진 일이었다.

치우천왕과 헌원의 전쟁 중 한번은 81명의 장수 가운데 치우비(蚩尤飛)라는 자가 공을 세우기에 급급하여 서두르다가 헌원의 군사들에게 죽임을 당하게 되었는데, 이 치우비를 치우라 유언비어를 퍼뜨려 군사들의 사기를 도모하려 하였다. 그러나 곧 들통나자 다시 전세가 바뀌었고 헌원은 허덕이게 되었다.

이렇게 약 10년이 전쟁 속에 흘렀다. 헌원은 차츰 치우천왕의 군사력을 모방하기 시작하였다. 무기들을 청동기로 바꾸고 지남차(指南車)도 만들었다. 지남차는 자석을 붙여 자침이 항상 남쪽을 향하게 만든 병차(兵車)로서 여차하면 남쪽으로 달아나려고 고안된 차였다. 이렇게 헌원은 지남차로 목숨을 여러 차례 구했다.

치우천왕은 자부선인(紫府仙人)에게 헌원을 어떻게 하면 사람으로 만들지를 의논하였다. 이에 자부선인은 한 방법을 골라 치우천왕에게 고하니 치우천왕은 좋아라 하였다. 자부선인은 광명왕(光明王)으로 봉해지기도 하였다. 이에 소문을 내어 헌원의 귀에 자부선인에 관한 이야기가 흘러 들어가게 하였다. 헌원은 자부선인에 관한 이야기를 듣고 세상을 차지할 방법을 물으려 자부선인을 방문하였다.

삼황내문경(三皇內文經)!

삼황내문경은 삼황(三皇)과 관련된 내용을 싣고 있는 말씀이 된다. 삼황은 세 분의 황제를 의미한다. 천황(天皇), 지황(地皇), 인황(人皇)이다. 중국의 역사기록인 십팔사략에도 천황, 지황, 인황이 나온다. 태호복희 이전의 유소씨(有巢氏) 이전의 임금으로 기록되고 있다. 천지인 삼태극을 염두엔 둔 칭호가 된다. 한편, 십팔사략에서는 천지인 삼황 이전에 반고(盤固)를 먼저 두고 있다.

그러고 보면 천황, 지황, 인황은 인간세계의 임금을 가리키는 것이 된다. 우리는 삼황보다 삼신(三神)을 높이 모신다. 삼신은 천신, 지신, 인신이다. 삼신(三神)은 만물의 원천이다. 그래서 삼황은 삼신의 후신(後身)이 된다. 중국의 역사기록을 기준으로 하면 반고 이전에 삼신이 자리한다. 우리기록에서는 삼신의 대표로 천신(天神)을 모시고, 천신의 대리자나 화신(化身)을 천제(天帝)라 한다. 즉 천신을 천제라고도 한다. 천제의 아들이 천황이다. 천황(天皇)은 곧 천왕(天王)이다. 그리하여 천황은 천제의 아들격으로서 천신의 대리자로서 인간세계를 다스리는 임금이 된다. 한웅을 천왕이라 한다. 즉 한웅이 천황이다. 한웅의 아버지 한인은 곧 천제가 된다. 그래서 한인천제, 한웅천왕이라 하는 것이다. 한웅의 아들 단군은 천군(天君)이다.

그런데 한인 이전에 유인씨라는 임금이 다스렸고 유인씨 이전에는 황궁씨가 다스렸다. 즉, 마고 이후 황궁, 유인, 한인이 천산에서 백성들을 다스렸다. 천산을 수도로 삼은 나라는 곧 하늘나라이다. 태백산은 천산 아래 밝은 땅의 산이다. 그래서 박달이 된다.

우리 역사에서 한인은 인간세계의 임금으로 설정하면, 황궁, 유인, 한인이 곧 천황, 지황, 인황으로 대입된다. 이후 고대 중국의 유소씨 시대는 배달나라시대가 된다. 그리하여 십팔사략에서 적고 있는 천황, 지황, 인황의 삼황시대는 곧 황궁, 유인, 한인의 한국(桓國) 시대가 된다.

삼신(三神)은 곧 일신(一神)이다. 삼황을 천지인 삼신의 대리자라 하면, 삼황은 곧 배달나라의 천왕이 된다. 서기전 2700년경 삼신의 대리자로서 하늘아래 나라를 다스리던 임금은 곧 자오지한웅인 치우천왕이었다.

당시 헌원은 유웅국 왕이었다. 삼황이 아니다. 천지인 삼신의 화신(化身)인 삼황은 치우천왕이다. 헌원은 유웅국 천자(天子)로서 제후였다. 그러한 제후가 욕심에 눈이 어두워 전쟁을 일삼았던 것이다. 하늘의 질서를 어기는 반역이나 다름없다.

자부선인은 천지인의 도리에 밝은 신선(神仙)이었다. 미리 삼황내문경을 지어놓고 기다렸다. 서기전 2698년경부터 약 10여 년 동안 치우천왕과 헌원은 73회를 싸웠고 이후에도 수십 차례 전쟁을 치뤘다. 100여 회를 싸운 후 헌원은 곰곰이 생각했다. 이것이 과연 누구를 위한 전쟁인가를, 그는 문득 자부선인이 도를 얻은 어른으로 소문을 들은 바 있었다.

그래서 그는 도를 구하기 위하여 자부선인을 찾아 나섰다. 드디어 헌원은 자부선인을 찾아 인사를 올렸다. 자부선인은 헌원의 소행을 지금까지 지켜봐 왔었다. 자부선인은 아무 말 없이 책 한권을 헌원에게 내밀었다. 순간 헌원은 그 책이 무엇인가를 느끼는 바가 있었다. 그 책은 바로 삼황내문경이었다. 우주만물의 원천이 천지인 삼신이라면, 인간세계를 다스리는 천지인 삼황은 과연 누구인가? 홍익인간을 실현하는 자인가 아니면 전쟁을 일삼고 백성들을 도탄에 빠지게 하는 자인가?

헌원은 삼황내문경의 글을 읽으면서 자신의 과거를 반성하였다. 아, "내가 왜 욕심에 눈이 멀어 전쟁을 일삼았는가? 백성들이 무슨 죄가 있기에…"라며 헌원은 반성의 눈물을 흘렸다. 그때부터 헌원의 언행이 완전히 달라졌다. 그는 이렇게 도를 얻었다. 하늘의 도리를 터득한 것이다. 이에 헌원은 치우천왕을 알현하였다. 그는 진심으로 무릎을 꿇고 죄를 청하였다.

그러나 치우천황은 헌원을 바라보며, 그대와 나 또한 형제나 다름없는데, 자신의 과오를 깨닫고 도를 알았으니 내가 더 무엇을 나무라리오! 내 그대를 황제(黃帝)로 임명하노니 중원의 땅을 그대가 책임지고 다스리시오라며 정식으로 천자(天子)로서 봉하였다. 이리하여 헌원은 정식으로 인정받은 황제(黃帝)가 되었다. 처음 전쟁을 시작할 때 자만에 넘쳐 자신을 황제(黃帝)라 자칭하며 백성들을 전쟁으로 내몰았던 자신의 경솔함을 마음속 깊이 뉘우쳤다.

이때부터 황제헌원은 중원의 나라 유웅국을 다스리면서 벼슬이름에 운(雲)자를 많이 사용하였다.

그는 한때 치우천왕 이전과 치우천왕 초기에 배달나라의 운사(雲師)를 지냈다. 풍백과 우사와 충돌이 잦았다. 물론 자신의 욕심 때문이었다. 그는 결국 운사자리를 내놓고 고향인 유웅국으로 돌아가 공손씨의 뒤를 이어 왕이 되었다. 이때 염제신농국이 세를 잃고 약해져 가고 있었으므로 이전부터 헌원은 나라를 넓히고 천하를 차지할 마음을 먹고 있었던 것이다.

그리하여 그는 군사를 훈련시키고 만반의 준비를 하였던 것이다. 서기전 2698년에 유웅국 왕이 된 헌원은 서기전 2697년에 치우천왕이 염제신농국을 먼저 점령하고 유망을 폐하고 그 아들 괴를 세워 봉하자, 선수를 빼앗겼다는 생각에 화가 났다. 그래서 그는 곧바로 군사를 일으켜 치우천왕에게 도전하였던 것이다.

이에 치우천왕은 풍백과 우사에게 명하여 헌원을 토벌토록 하였다. 풍백과 우사는 협공으로 폭풍과 폭우를 대동하여 헌원을 혼줄

내었다. 이때 운사자리는 비어 있었다. 헌원이 운사자리를 떠난 지 얼마 안 되어 헌원이 군사를 일으켰던 것이다.

치우천왕은 서기전 2706년부터 서기전 2598년까지 109년간 다스렸다. 황제헌원은 서기전 2698년 계해년에 유웅국 왕이 되어 자칭 황제라 칭하면서 군사를 일으켜 반역하였다가 서기전 2685년경에 자부선인의 가르침으로 도를 얻어 진정한 신하로 돌아와 정식 천자로 봉함을 받아 황제가 되었다.

황제헌원은 서기전 2698년부터 서기전 2599년까지 100년간 유웅국을 다스렸다. 처음 유웅국은 서안 부근의 강수지역에 있었는데, 소전씨의 후손에 공손씨가 감병을 게을리 하여 헌구로 유배되었으며, 나중에 사면되어 이곳에 봉해지니 유웅국이 다시 이어진 것이다. 헌원은 공손씨의 후손으로서 그 뒤를 이어 왕이 되었다. 헌구는 원래 백족(백이)이 살던 근거지였다.

백족은 지소씨의 후손으로서 사막부근에 살면서 피부색이 백인종처럼 변하여 백족이라 불렀다. 주로 서안의 서쪽에 살았는데, 서기전 3897년경 웅족이 남쪽으로 이동해 오자 근거지를 잃을까 하여 웅족을 공격하여 배척하였고 심지어 죽이기까지 하였다.

이에 웅족과 호족 사이에 전쟁이 일어나 세상이 시끄러워 한웅이 이 전쟁을 평정한 것이다. 웅족은 한웅의 가르침을 그대로 따라 백성이 되었으나, 호족은 가르침을 받들지 않고 전쟁을 계속하니 한웅이 호족들을 사방으로 추방시켰다. 헌구가 그 추방지의 하나였다.

즉, 호족들이 헌구에 선착한 토착인들이었다. 공손씨가 유배를 가서 그들 호족들과 친하게 되었고 나중에 사면받아 그 땅에 봉해져 그들의 왕이 되었다. 이리하여 유웅국은 강수에서 헌구로 이동된 것이 된다. 헌원의 나라를 유웅국이라고도 하고 유(有)자를 빼고

웅국(熊國)이라고도 하는데, 곰족 즉, 웅족 출신임을 바로 알 수 있는 것이 된다. 헌원의 선조 공손씨(公孫氏)의 공손(公孫)이라는 말도 곰의 후손 즉 웅족의 후손임을 이두식으로 나타낸 글자가 된다.

황제헌원을 이은자는 소호금천씨이다. 소호금천은 원래 서쪽에 있는 소호국인 백제국(白帝國) 출신이다. 그는 치우천왕에게 먼저 항복하였다가 염제신농국을 병합할 때 선봉장이 되었던 소호의 직계 아들이다. 소호금천의 고향인 서쪽 서안 부근의 백제국은 소호의 동생이 다스리고 있었다. 즉 소호금천의 삼촌이 다스리고 있었던 것이다.

소호금천은 황제헌원이 유웅국을 다스린 후 그 뒤를 이어 유웅국을 다스렸다. 그는 제도를 바꾸어 새이름으로 벼슬을 두었다. 그중에 봉황이 총리가 되었다. 서기전 2599년부터 서기전 2514년까지 다스렸다가 전욱고양에게 자리를 넘겨주고 고향인 서쪽의 백제국으로 갔다. 백제국으로 간 소호금천은 삼촌의 뒤를 이어 백제국을 다스렸다. 이후 소호금천의 후손들이 백제국을 다스렸다.

서기전 2383년경 황제헌원의 먼 후손이 되는 요(堯)는 백제국으로 유학을 가서 도를 배웠다. 백제국의 백성은 지소씨의 후손들이 많았다. 그래서 요임금을 지소씨 후손들의 무리였다라고 기록되고 있다. 그러나 요가 배운 도는 배달나라 정통의 도가 아니라 이탈된 도였다.

그래서 요가 내세운 오행(五行)이나 배달나라 역법을 폐하고 만든 달력은 자연과 인간의 이치에 맞지 아니한 것이었다. 오행의 근본이 되는 음양과 사상의 이치를 몰랐다. 그냥 방위를 나타내는 오행에 맞추어 자신이 5 중(中)의 왕이라는 제왕의 도를 주창하였던 것이다.

이에 대하여 허유와 소부는 요에게 심한 욕을 하였다. 하늘의 도를 모르는 아이가 무슨 나라를 다스리냐고! 요가 한 말을 도로 물리기 위하여 귀를 강물에 씻었다. 그런데 소부가 소에게 물을 먹이러 왔다가 허유의 이야기를 듣고 그 물이 심히 더러워 소를 몰고 상류로 가서 다시 물을 먹였다. 그만큼 요의 망발은 천지인의 이치에 맞지 아니하는 독단이었던 것이다.

3) 요(堯)의 반역과 단군왕검의 등장

서기전 2401년에 태어난 요는 19세되던 해인 2383년에 제곡고신씨로부터 도(陶)라는 땅에 봉해졌다. 그는 서서히 욕심이 발동하여 수시로 전쟁을 일으켰다. 드디어 서기전 2357년에 제곡고신씨를 이어 유웅국을 다스리던 형 제지(帝摯)를 공격하여 멸하고 스스로 왕이 되었다.

그는 곧바로 배달나라의 질서에 반하여 스스로 제왕이라 참칭하며 함부로 땅을 9주로 나누었다. 그리고 배달나라의 태양태음력을 폐하고 순수한 음력으로 대체하였다. 요가 저지른 세 가지 잘못이 바로, 오행의 도를 함부로 주창한 것이고, 9주를 함부로 나누어 독단(獨壇)을 차려 제왕이라 참칭한 것이며, 배달나라의 역법을 폐하고 명협의 역을 사용한 것이었다.

요가 반역을 하자 유호씨(有戶氏)가 발끈하였다. 유호씨는 유인씨(有因氏)의 후손으로서 순의 아버지였으며, 요가 도를 어기자 단군왕검을 보좌하여 천하를 바르게 하였다. 유호씨는 천도(天道)를 제대로 알지 못하는 자가 백성들을 미혹하게 하여 함부로 제왕이라 참칭하며 전쟁을 일삼고 세상을 어지럽히냐고 죄를 묻기 시작한 것이다.

유호씨는 곧 바로 단군왕검이 섭정하던 단웅국(檀熊國)으로 달려 가 무리를 모아 순방을 하던 단군왕검을 찾아 갔다. 단웅국은 치우 천왕이 서기전 2697년 갑자년에 염제신농국을 평정하고 괴(魁)를 봉한 나라이다.

염제국은 서기전 3218년부터 서기전 2697년까지 8대 521년을 이었고, 8대 유망의 아들 괴가 왕으로 봉해 진 후 서기전 2357년에 단웅국의 왕이던 홍제(洪帝)는 단군왕검을 비왕을 봉하여 섭정을 맡겼다. 단군왕검은 바로 이 홍제의 딸을 어머니로 두었던 인물이다. 즉 거불단 한웅의 천황비가 홍제의 딸이었으며, 단군왕검은 홍제의 외손자로서 14세에 섭정왕이 되었던 것이다.

단군왕검은 서기전 2370년 5월 2일 탄생하셨다. 요보다 31살 적었다. 그런데 유호씨는 단군왕검보다 100살이나 더 많았다. 그래서 유호씨는 서기전 2470년경 생이 된다. 유호씨는 단군왕검을 모셨고 부루단군까지 모셨으며 서기전 2200년경까지 약 270세 이상을 살았다. 후대의 금관가야의 김수로왕은 서기 23년생으로 서기 42년에 금관가야왕이 되어 서기 199년까지 158년간 왕위에 있었고 177세를 살았다. 김수로왕의 비인 허황옥은 서기 33년생으로 150세 이상을 살았다고 기록되고 있다.

서기전 2334년까지 요는 군사를 일으켜 단군왕검이 섭정하던 단웅국을 기습하였다. 드디어 단군왕검이 무리를 이끌고 순방정치를 하는 틈에 요가 군사를 몰고 단웅국의 왕성을 기습 점령하였고 이에 더하여 단웅국왕이 붕어 하였다. 이 소식을 들은 단군왕검은 군사를 대동하지 않고 순방을 하던 차였으므로 왕성을 회복할 방법이 없어 유호씨가 이끌고 온 무리들과 함께, 순방을 하면서 길지로 미리 보아 두었던 동북쪽의 아사달로 이동하였다.

이때 수많은 백성들이 단군왕검이 동북의 아사달로 이동한다는 소문을 듣고 뒤를 따라와 산천을 메웠다. 단군왕검은 군사를 거의 가지지 못하였다. 그리하여 요의 포악한 소행을 피하여 800의 무리를 우선 이끌고 송화강으로 먼저 이동하여 나라를 정비하려 하였다.

그런데 뒤따르는 사람들이 너무 많아 지체되었다. 단군왕검은 뒤를 따르던 백성들에게 반드시 다시 돌아와서 그대들을 돌 볼 것이니 안심하고 각자 땅을 일구고 살고 있어라 달라 당부하였다. 그런데도, 백성들은 단군왕검이 지나간 길을 줄곧 따라갔다. 뒤를 따르다가 힘이 빠진 사람들은 노래를 부르며 스스로 달래었다.

아리랑, 아리랑, 아라리오, 아리랑 고개를 넘어간다.
나를 버리고 가시는 님은 십리도 못가서 발병난다.

백성들은 노래를 부르며 마음을 달래었다. 마음은 단군왕검과 함께 하나 몸이 따라주지 아니하여 그 먼 길을 따라갈 수가 없었던 것이다. 수많은 백성들이 이 노래를 따라 불렀다. 이 노래가 후손에 전해져 지금까지 남아 있는 아리랑이라는 민요가 되는 것이다. 이 노래에 녹아 있는 진정한 뜻은 요가 일으킨 전쟁으로 인하여 나라를 잃은 단군왕검이 배달나라의 정통을 이어 나라를 부흥시키려 동북의 아사달로 향하니 수많은 무리들이 뒤를 따라가다 힘이 달려 따라가지 못하고 마음만이라도 함께 간다는 내용이 된다.

단군왕검은 백성들에게 한 약속을 지키기 위하여 구족들의 의견을 받아들여 임금이 되었다. 서기전 2333년에 요를 제외한 모든 무리들로부터 추대를 받아 임금이 되었다. 즉 구족의 추대를 받았던 것이다. 구족(九族)을 중국기록에서는 구이(九夷)라 한다. 황족, 양족, 우족, 방족, 견족, 현족, 백족, 적족, 남족의 대표자들이 아사달로 달려와서 단군왕검을 배달나라의 임금으로 추대하였던 것이다.

이로써 단군왕검은 서기전 2333년 10월 3일 국호를 조선(朝鮮)이라 하였다. 천산의 한국에서 태백산의 단국(檀國)으로 다시 동쪽으로 아사달의 조선이 된 것이다. 조선은 아침 해가 뜨는 새로운 땅의 나라라는 뜻이다. 즉 밝은 땅 중에서도 동쪽의 새로운 아침 땅이다. 단군왕검은 배달나라의 신시가 있던 태백산을 아사달의 남쪽에 있는 백두산에다 이름을 남겼다. 그래서 단군조선의 태백산은 지금의 백두산이다.

4) 문자의 발전과 학문의 발전

배달나라 초기에 녹서가 만들어진 이후 청구시대에도 문자가 발전하였다. 치우천황의 청구시대에 화서(花書)를 쓰고 있었으며, 당시 자부선인은 우서(雨書)를 만들었다. 동쪽 지역을 다스리는 청제(靑帝) 창힐은 조족문과 과두문을 창안하였다. 황제헌원은 정식으로 유웅국의 왕이 되어 황제로 봉해 진 후 청제 창힐을 초빙하여 문자를 전수받아 자신의 나라 안에 통용시켰던 것이다.

그리하여 황제헌원은 조족문과 과두문을 사용하여 백성들에게 가르쳤다. 이후 황제헌원의 백성들은 조족문과 과두문을 배워 읽기 시작하였고 문장을 외우며 문장으로 의사를 전달하였다. 황제헌원의 백성들은 문장을 실생활에 적용하여 말처럼 사용하게 되었다. 이리하여 나중에는 문장 언어를 쓰게 되어 결국 고립어가 나라말이 되었다. 이것이 지금의 중국어의 원조가 된다.

서기전 3500년경 선인 발귀리와 태호복희의 학문이 있었다. 서기
전 2700년경의 자부선인은 선인 발귀리의 학문을 이었다. 자부선인
은 삼황내문경을 황제헌원에게 전수하여 도를 깨닫게 하였고, 창힐,
대요 등에게 학문을 가르쳤다 한다. 이러한 사실을 보면, 이미 상형
문자는 상당한 정도로 발전하여 상형(象形), 지사(指事), 회의(會意),
형성(形聲), 가차(假借), 전주(轉注) 등 소위 6서법(書法)이 이미 정립된
상태가 된다.

〈그림 6〉 배달조선 문자
1. 남해각자 2. 영변 법수교 녹서 3. 창힐조적서 4. 갑골문

〈그림 7〉 과두문의 일례

〈그림 8〉 조족문의 일례

배달나라 연대기 대강

- 서기전 3897년 배달나라 건국. 상형문자로서 녹도문(鹿圖文. 鹿書) 사용.
- 서기전 3528년 우사(雨師) 출신 태호복희가 산동지역의 진(陳) 땅에 진제국(震帝國) 세움. 상형표의문자 용서(龍書)
- 서기전 3500년경 大汶口문화
- 서기전 3242년경 소전씨(少典氏)가 강수(姜水) 지역의 유웅국(有熊國)에 봉해짐.
- 서기전 3218년 우가(牛加) 출신 신농(神農)이 태호복희의 나라를 이어 염제국(炎帝國)을 세움.
- 서기전 2706년 치우천왕 즉위. 상형표의문자 화서(花書)
- 서기전 2700년경 자부선인(紫府仙人)의 칠회제신력(七回祭神曆). 상형표의문자 우서(雨書)
- 서기전 2698년 헌원이 유웅국의 왕이 됨.
- 서기전 2697년 치우천왕이 염제국의 8대왕 유망을 폐하고 괴를 봉하여 단웅국(檀熊國)으로 삼음.
- 서기전 2697경부터 치우천왕과 황제헌원이 10년 이상 탁록지전 등을 벌임.

- 서기전 2685년경 헌원이 자부선인의 가르침으로 도를 얻고 치우천왕의 신하가 되어 진정한 천자가 되었으며, 이후 약 300년간 특이한 전쟁이 없음. 창힐의 상형표의문자인 과두문, 조족문(鳥足文) 도입.
- 서기전 2500년경 龍山문화
- 서기전 2401년 요(堯)가 출생함.
- 서기전 2383년경 제곡고신씨가 아들 요(堯)를 도(陶)에 봉함.
- 서기전 2370년 5월 2일 단군왕검이 배달나라 18대 거불단한웅과 단웅국 5대 홍제(洪帝)의 딸 사이에서 탄생함.
- 서기전 2357년 요가 형 제지(帝摯)를 멸하고 천자자리를 찬탈하여, 당(唐)을 세우고, 9주를 나누고, 역법을 폐하고, 제왕을 참칭함.
- 서기전 2357년 단군왕검이 단웅국의 섭정이 됨.
- 서기전 2343년 순(舜)이 유호씨(有戶氏)의 장자로 출생함.
- 서기전 2334년 단군왕검이 왕성을 나가 순방하는 사이에 요(堯)가 단웅국을 기습하여 점령하고 단웅국왕(洪帝)가 붕어함.
- 서기전 2334년~서기전 2333년 단군왕검이 무리 800을 이끌고 동북의 아사달로 이동하여 나라를 정비함.
- 서기전 2333년 10월 3일 단군왕검이 구족(九族, 九夷)의 추대에 응하여 임금이 되어 아사달에서 조선을 개국함.

제5편 천부삼인(天符三印)과 지상낙원 실현시대 3

(단군조선 홍익인간[弘益人間]시대)

조선(朝鮮)시대:
태백산(太白山, 白頭山)의 단군조선시대 2,102년

　요가 반란을 일으키고 단웅국을 기습 점령하여 단웅국왕이 붕하고 단군왕검이 요를 피하여 동북이 아사달로 무리를 이끌고 갔다는 소식을 들은 청구의 거불단 한웅은 나라가 기운 것을 미리 감지하고 요가 더 발호하여 청구로 쳐들어오기 전에 미리 사자(使者)를 시켜 천부인 삼개를 아들 단군왕검에게 전달하도록 명하였다.

　천사(天使)는 요가 모르는 틈을 타서 말을 타고 동북의 아사달로 향하였다. 요가 수도를 삼은 곳은 태원의 남쪽에 있는 황하북부의 평양(平陽)이다. 청구에서 출발한 사자는 북쪽의 황하를 건너 요수(遼水)를 향하였다. 요수는 지금의 북경 부근을 지나는 큰 강이다. 지금의 영정하(永定河)이다.

　사자는 요수를 건너 동쪽으로 향하였다. 습수(濕水)를 건너고 열수(列水)를 건너고 산수(汕水)도 건넜다. 그리고 계속 동쪽으로 향하였다. 패수(浿水)도 건넜다. 습수는 습여수이고 열수는 고하(沽河)로서 지금의 백하(白河)이다. 패수는 지금의 난하이다. 사자는 또 지금의 대릉하를 건너고 계속 동진하여 지금의 요하도 건넜다. 요하는 서압록이라 불렸다. 서압록의 동쪽에 동압록이 있다. 동압록은 지금의 압록강이다. 사자는 서압록을 건너 동북으로 향하였다. 그동안 수많은 강과 산을 넘었다. 드디어 송화강을 건너 아사달에 도착하였다.

서기전 2333년 10월 3일 단군왕검이 즉위식을 거행하기로 한 날이었다. 모든 것이 준비되었다. 드디어 즉위식을 거행하였다. 천사(天使)는 천부인 삼개를 앞에 받잡고 단군왕검 앞에 나타났다. 단군왕검은 천사가 내미는 천부인 삼개를 받들기 위하여 무릎을 꿇고 조아렸다.

이에 천사(天使)는 천부인 삼개를 단군왕검에게 건네면서 거불단 한웅의 친서를 낭독하였다. 세상이 다시 어지러워 졌으니 천지인 삼신의 뜻을 받들어 세상을 구하고 홍익인간 이화세계하라. 천사의 목소리가 하늘 끝까지 울렸다. 이에 단군왕검은 천부인 삼개를 전수받고 자리에 앉았다.

유호씨는 모든 의식을 주관하였다. 단군왕검은 천부인 삼개를 머리위로 받들고 맹세하였다. 삼신(三神)의 명을 받들어 홍익인간 이화세계, 마고복본(麻姑復本) 하겠나이다! 이에 모든 사람들은 삼신마고(三神麻姑) 삼황상제(三皇上帝)라 외쳤다. 이는 삼신(三神)이 되신 마고(麻姑)의 뒤를 이어 천지인 삼황이 된 단군왕검을 천제(天帝)인 상제(上帝)로 모신다는 뜻이다.

구족(九族)의 대표자들이 돌아가며 단군왕검께 삼육대례를 올렸다. 드디어 단군왕검이 구족의 추대에 응하여 배달나라의 정통을 이어 홍익인간 이화세계의 새로운 시작을 알렸다. 곧바로 단군왕검은 무리들과 함께 임시로 쌓은 천부단에 가서 삼신(三神), 마고(麻姑), 황궁(黃穹), 유인(有因), 한인(桓因), 한웅(桓雄) 등 천상의 상제(上帝)께 제(祭)를 올렸다.

이후 단군왕검은 삼신각(三神閣)을 만들고 마고, 황궁, 유인을 모두 삼신(三神)으로 북쪽에 모시고, 한인을 천제로 동쪽에, 한웅을 천왕으로 서쪽에 모셨다. 그리고 각 지역마다 신전(神殿)을 만들게 하고 모든 사람들의 조상이 되는 마고(麻姑)를 삼신(三神)으로 정성껏 모시게 하고 자식을 볼 때는 반드시 마고삼신에게 빌도록 가르쳤다. 이후로 마고는 삼신(三神)으로서 출산을 관장하는 신(神)으로 정성껏 모셔졌다.

단군왕검은 신하들에게 직접 삼일신고(三一神誥)를 강연하였다(帝曰爾五加衆, 帝曰咨爾衆, 帝曰元輔彭虞 등으로 시작됨). 삼일신고는 삼일신의 가르침이며 천지인(天地人) 신명(神明)의 말씀이다.

삼일신고에서는 하늘이 무엇이며 어떠하며, 하늘님이 어떤 분이시고, 하늘궁전이 어떤 곳이며, 하늘에 떠있는 우주천체와 지구가 어떠하며 지구상의 생물이 어떻게 생겨나게 되었는지, 사람과 물(物)이 어떻게 다르고 중(衆)과 철(哲)이 어떻게 다른지를 가르쳐 주고 있다. 그리고 가장 중요한 것은 모든 사람이 한 뜻으로 조식(調息), 지감(止感), 금촉(禁觸)하면 철(哲)이 되어 하늘궁전에 들어가 영원한 쾌락을 누릴 수 있다고 가르치고 있다.

삼일신고는 단순한 종교적 가르침을 떠나 사람이 곧 하늘님과 함께 할 수 있다는 것을 가르침으로써 홍익인간 이화세계를 실현하기 위한 교화경(敎化經)이며, 이 삼일신고를 더 자세하게 인간들이 살아가면서 지켜야 할 도리 366가지를 적은 것이 참전계경(參佺戒經)이 된다.

천부경은 창조(創造), 조화(造化)의 원리를 가르치는 말씀이다. 원래 하나에서 하늘, 땅, 사람의 순서로 생겨났으며, 하늘, 땅, 사람이 각각 세 가지가 완성되어 우주만물이 갖추어졌으며, 이는 무한히 반복하며 돌고 도는 원리를 가르치고 있는 것이다.

원래 하나는 만물의 원천이며 이 만물의 원천이 바로 절대적인 유(有)가 되는 "無"이며, 무(無)에서 하나라는 유(有)가 나왔으니 창조이고, 이 유(有)가 계속적으로 변화하여 만물이 생겨났으니 진화가 되는 것이며, 각 진화의 단계에는 무(無)에서 유(有)로 변하였으므로 또한 창조가 되는 것이다. 즉 만물은 창조적 진화를 거듭하면서 생장소병몰(生長消病歿)의 과정을 밟는 것이 된다.

단군왕검이 강연하는 삼일신고의 말씀을 고시씨가 동해에서 청석을 캐어 와 신지씨가 글을 새겼다. 이 삼일신고의 글은 진서(眞書)로 쓰여진 것이며, 이를 청석본(靑石本)이라고 하고, 서기전 1122년경 은나라가 주나라에 망하고 은나라 왕족 기자가 단군조선의 서쪽 변방으로 망명하여 서화(西華)에 자리 잡고 사사(私師)이던 왕수긍에게 삼일신고를 새기게 하여 읽었다는 글은 박달나무판에 새겼으므로 이를 단목본(檀木本)이라 한다.

후에 청석본은 부여가 소장하고 단목본은 번한을 이은 위씨조선이 소장하고 있었다가 병란으로 모두 잃었는데, 고구려 때 삼일신고를 다시 찬하였고, 대진국 시조 대조영이 고구려의 삼일신고를 재차 찬하였으며 대진국 3대 문황제가 세파에 잃어버림을 우려하여 백두산(태백산) 보본단에 봉장(奉藏)하였던 것이다.

1) 아사달시대 1048년

단군왕검은 서기전 2333년 10월 3일 조선을 열어 배달나라 한웅을 이어 천왕(天王)이 되었다. 마고(麻姑)를 삼신(三神)으로 모시고, 황궁, 유인, 한인, 한웅을 천제(天帝)로 모셨다.

태백산에 천부단(天符壇)을 축조하고 삼신과 천제에게 때를 정하여 제를 올렸다. 태백산은 지금의 백두산이다. 배달나라의 태백산이 되는 서안의 태백산과 후기 청구시대 산동지역의 태산을 동쪽으로 옮겨 백두산을 태백산이라 불렀다. 또 저가, 구가, 양가, 우가, 마가의 기본 5가에 3가를 더하여 8가로 제도를 정비하였다.

단군왕검은 마고성시대의 기본제도를 그대로 이어 나라의 중앙에 해당하는 태백산에 천부단을 축조하고, 각 사방에 사보(四堡)를 두었다. 북보(北堡)인 북에는 진한(眞韓), 남보(南堡)인 남에는 마한(馬

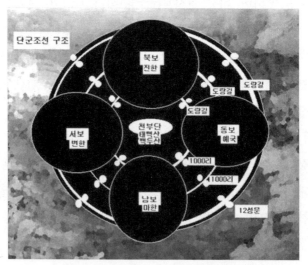

〈그림 9〉 단군조선 1천부단 4보 3한 제도

韓), 서보(西堡)인 서에는 번한(番韓), 동보(東堡)인 동에는 예(濊)를 각각 두어 사보의 역할을 맡게 하였다.

각 보와 보 사이에는 물길이 세 개씩 있으며 물길 사이는 각 천리이고, 그리하여 태백산을 중심으로 반지름 3,000리씩으로써 동서와 남북으로 각 약 6,000리에 해당하는 직할영역을 가지고 있었던 것이 된다. 이 삼한관경이 바로 천상(天上)의 나라로서 천국(天國)이며, 그 밖의 땅은 천하(天下)이며 천자(天子) 등으로 하여금 다스리도록 한 것이 된다.

진한이란 한(韓) 중의 한이라는 뜻으로서 중심이 되는 한을 의미하고, 마한은 남쪽을 지키는 한이라는 의미이며, 번한은 특히 서쪽의 반란세력을 감시하고 견제하면서 불침번을 선다는 의미에서의 한이고, 예는 동쪽을 맡으나 한(韓)이 아니고 일반 제후인 천후(天侯)가 지키는 곳이 된다.

단군왕검이 처음 나라를 정비한 때에는 마한과 번한을 두었으며 곧 태자부루를 진한으로 봉하여 섭정을 맡긴 것이 된다. 특히 동보인 예국의 여수기(余守己)가 서기전 2173년경 두지주(豆只州) 예읍(濊邑)의 추장 소시모리의 반란을 진압하기도 하였다. 그리고 후대의 신라시대에 남해차차웅의 사위가 되어 신라왕이 된 석탈해는 용성국 사람이라 하는데, 동보 유배인의 후손이 된다. 즉 석탈해의 선조는 동보 지역에 유배된 자이며 그 유배지는 바로 지금의 일본의 홋카이도(북해도) 또는 혼슈(본주)가 된다. 일본의 큐슈(구주)는 마한 관경에 속한다.

서기전 668년 협야후(俠野侯) 배반명(裴槃命)이 명을 받고 삼도의 반란을 진압하였으며, 이 협야후의 무리 중에 신무(神武)라는 자가 다른 형제들을 모두 죽이고 서기전 660년에 천황이라 참칭하여 반역하게 되며 협야노(俠野奴)라 기록된다.

(1) 진한, 마한, 번한의 삼한과 8군후국(9군후국)

천왕 아래, 풍백, 우사, 운사의 삼사와 8가를 두고, 나라의 땅을
나누어 진한·마한·번한이라 하여 관경을 정하고, 진한은 단군왕검
이 직할하면서 통할하고, 마한과 번한을 따로이 봉하였다. 진한관
경에는 송화강 아사달 지역을 진한 직할로 두고 송화강 유역을 숙
신(肅愼)으로 봉하고, 태백산의 동쪽에 예국(濊國)을 봉하였고, 그 남
쪽에는 개마국(蓋馬國)을 봉하였다.

번한관경에는 발해만 유역에 번한 직할 지역을 두고 산동지역에
청구(靑邱)와 남국(藍國)을 봉하였다. 그리고 마한관경에는 한반도의
평양을 중심으로 마한 직할 지역을 두었다. 번한과 마한은 천왕격
에 해당하고, 청구, 남국은 천군(天君)에 해당하며, 나머지 제후국은
천후(天侯) 즉 한(汗)에 해당한다.

이후 단군왕검은 아들들을 봉하여 각각 태자부루(太子扶婁)는 진
한(眞韓)으로 삼고, 부소(扶蘇)는 구려(句麗), 부우(扶虞)는 진번(眞番),
부여(扶餘)는 부여(扶餘)에 봉하였다. 진한은 천왕을 보좌하여 섭정
하는 비왕(裨王)으로서 진한관경을 직할하고 삼한을 통할하며, 천왕
격에 해당하고, 이로써 단군왕검은 천제(天帝)로 받들어졌다.

구려는 번한관경의 북쪽에 위치하며, 진번은 번한의 동쪽에 위치
하여 번한과 진한의 사이에 있고, 부여는 숙신의 서쪽으로서 송화
강 서쪽으로 진번과 구려에 접하는 지역이다. 태자부루가 단군이
된 후에 다시 옥저, 비류, 졸본 등 여러 제후국이 봉해졌는데, 이들
은 모두 숙신과 부여의 남쪽, 예와 개마와 마한의 북쪽에 위치하였

다. 태자부루가 단군이 된 때 옥저를 봉하여 9군후국이 되었다. 이후 제후국은 단군조선 전체를 통하여 삼한, 9군후국, 16소국이 있어 기본 28국이 된다. 이 28은 윷놀이판 역(曆)의 28수(宿)와도 통하는 숫자이다. 또는 단군조선 삼한관경 내 36주(州)를 36국의 땅으로 보면, 바깥쪽의 20국은 일반 제후국이 되고, 안쪽의 16주의 땅은 진한직할지 8주, 마한과 번한의 각 직할지 4주이며, 이 삼한직할지 내에 진한직할지에서 4주, 마한과 번한의 직할지에서 각 2주씩 하여 모두 8개주가 8개국으로서 삼한 외의 봉국(封國)으로 봉해져 있는 것으로 된다.

(2) 유호씨의 요(堯) 토벌과 천자(天子)로 인정받은 요

서기전 2324년에 단군왕검은 유호씨에게 명하여, 나라가 모두 정비되었으니 이제 요를 깨우칠 일만 남았다 하시며, 요를 토벌할 계획을 수립하라 하셨다. 이에 유호씨는 환부, 권사 등 간부 100여 명과 군사 3,000명 정도만 있으면 요를 충분히 진압할 수 있다 아뢰었다. 이에 단군왕검은 유호씨에게 그리하라 하셨다.

이리하여 유호씨는 장자 순으로 하여금 환부(鰈夫)의 직을 수행하게 하고 차자 유상(有象)에게는 권사(權士)의 직을 수행하게 하고 여타 100여 명에게 각각 직분을 부여하였다.

이해에 유호씨는 무리를 이끌고 황하에 도달하였다. 서기전 2383년에 도에 봉해지고 서기전 2357년에 형 제지를 멸하여 유웅국의 왕이 된 요가 천하를 욕심내어 제왕이라 참칭하면서 마음대로 구주를 나누고 역법을 폐하고 당(唐)을 세웠던 것인데, 천국(天國)의 사자(使者) 유호씨가 이를 심판하러 간 것이다.

그런데 눈치 빠른 요가 재빨리 알아차렸다. 유호씨가 어떤 분인 가를 이미 알고 있었기 때문이다. 도에 어긋나는 일에는 한 발자욱 도 물러서지 않는 그런 사람이 유호씨였다. 그래서 요는 마음속으 로는 다른 생각을 하면서도 겉으로는 살아남아야 하기 때문에 일단 유호씨에게 항복하기로 하였다.

이에 요는 황하에 머물고 있는 유호씨에게 가서 인사를 올리고 영접하였다. 유호씨는 전쟁을 불사할 줄 알았던 요가 갑자기 마음 을 바꾸어 항복을 해 오니 어쩔 수 없었다. 유호씨는 요가 계속 항거 할 경우에 미리 준비한 토벌작전을 바꾸어 일단 말로 타이르고 감 시만 하기로 하였다.

그리고 진한의 부여 중남부에 장당(藏唐)이라는 안치 장소를 설치 하고서 요로 하여금 정기적으로 단군왕검께 예를 올리도록 조치하 였다. 이리하여 요는 서기전 2294년 순에게 섭정을 맡길 때까지 조 선에 정기적으로 내왕하여 장당에 일정기간 머물면서 국정을 보고 하였다.

(3) 순(舜)의 등장과 번한(番韓) 요중(遼中) 12성(城)

서기전 2324년에 환부로서 아버지 유호씨를 따라 요를 토벌하러 나선 순(舜)은 처음에는 아버지의 명령을 잘 따랐다. 그런데 황하에 도착한 후 요가 미리 작전을 세우고 순을 유혹하기 시작하니 이내 순은 미혹되었다. 이리하여 10여 년에 걸쳐 요가 공작을 벌인 후 순을 자신의 신하로 등용하였다. 그동안 순에게 정신차리라 수십 차례 타일렀으나 말을 듣지 아니하고 요에 빌붙은 순을 아들로 인 정하지 않기에 이르렀다. 이러한 상황을 중국기록에서는 순은 효자,

불효자로 기록하고 있는 것이 된다.

서기전 2314년에 요가 순을 등용하였으며, 서기전 2294년에는 순에게 섭정을 맡겼다. 순은 섭정을 맡자마자 불충하게도 유주, 영주, 병주라는 3주를 단군조선 직할영역에 가까운 곳에 마음대로 설치하였다. 이 소식을 접한 단군왕검은 태자부루 진한에게 대책을 세우라 명하였고, 진한은 곧 언제 반역할지 모르는 요를 경계하기 위하여 요땅과 중요지역에 요새를 축조하기로 하였다.

서기전 2311년에 산동지역의 반도 남쪽 청도(靑島)에 있는 낭야성(琅耶城)을 보수하여 가한성(可汗城)이라 불렀다. 서기전 2301년에는 번한관경 내에 요중12성을 축조하였다. 지금의 난하 서쪽에서 영정하를 동서로 포함하는 지역이 요(遼)라는 땅이 된다. 그래서 요수(遼水)는 지금의 영정하이다. 번한 요중 12성을 축조한 이유가 있다, 이는 서기전 2314년에 유호씨의 장자 순(舜)을 유혹하여 등용한 요(堯)의 세력을 견제하기 위한 것이다. 언제 요가 다시 반역할지 모르기 때문이다.

(4) 요순 9년 대홍수와 치수(治水)의 역사

서기전 2294년에 당요(唐堯)는 순(舜)에게 섭정을 맡겼다. 이에 순은 서서히 자신의 세력을 굳혀갔다. 서기전 2288년에 대홍수가 터졌다. 양자강을 중심으로 엄청난 폭우가 내렸다. 온 땅이 물바다가 되었다. 순은 치수를 곤(鯤)에게 맡겼다. 곤은 홍수가 난 지역을 돌아다니며 대책을 강구하였다. 그러나 그는 대책이 서지 않았다. 생각나는 대로 둑을 쌓고 물길을 트고 하였다. 온 남쪽의 땅이 물에 잠긴 채 홍수는 이후 9년간 그대로였다.

서기전 2284년에 단군조선의 우수주 지역을 중심으로 대홍수가 발생하였다. 곧바로 풍백 팽우가 치수를 하여 백성들이 편안하였다. 이에 우수주에 치수기념비를 세웠다. 이해에 순은 단군조선에서 치수에 여념이 없을 때 요임금을 유폐시키고 천자자리를 빼앗았다. 순의 아버지 유호씨는 이러한 순의 소행이 탐탁지 않았다. 자신의 아들이기를 포기한지 오래되었다.

그러나 유호씨는 순이 즉위하는 날 초청되어 등청 하였다. 이날 순은 유호씨의 눈을 쳐다보지 못하였다. 아버지의 눈은 붉은 광채가 나는 그런 눈을 가진 인물이었다. 어떤 이도 함부로 그를 쳐다볼 수 없었다. 천국에서 온 심판자와 같았다. 순은 머리를 숙여 아버지를 모셨다. 그러나 유호씨는 시종일관 침묵으로써 순의 소행을 관찰만 하였다.

서기전 2280년에 순은 곤이 치수를 한지 9년이 지나도록 진척이 없자 처형하기로 하였다. 곤을 우산(羽山)으로 이송하여 그곳에서 처형하였다. 순은 곤의 아들 우(禹)에게 치수를 맡겼다. 아비가 다하지 못한 책임을 아들로 하여금 완성토록 하였다. 우는 명을 받고 치수담당인 사공(司空)의 직을 맡았다. 당시 사공은 건설담당이었다. 홍수를 다스려 땅과 물을 정리하는 일이다.

우(禹)는 순임금이 명한 대로 치수를 하기 위하여 온 산천을 돌아다니며 방책을 강구하였다. 배를 타고 섬이 된 지역을 돌아다니며 동굴을 드나들고 산꼭대기에 오르며 아래를 내려다보고 치수를 어떻게 해야 할지를 연구하였다. 집에 들어가지도 못하였다. 아무리 노력을 다하여도 진척이 없었다. 둑을 만들고 물길을 트고 하였으나 홍수는 마냥 그대로였다.

집을 떠난 지 13년이 넘도록 치수는 마무리 되지 못하였다. 우는 또 아버지의 전철을 밟는구나 하며 밤잠을 설치며 걱정에 걱정을 더하였다. 13년을 한 번도 집에 들어가지 못하고 산의 기슭을 뜰로 삼아 잠을 자며 돌아다니고 둑을 부수고 쌓고 하였다. 이러하면 됐지 하면서 산꼭대기에 올라 아래를 쳐다보면 물은 줄어들지 않고 마냥 홍수는 그대로였다. 노력을 한 대로 성과가 없었던 것이다.

이에 우는 밤잠을 자지 않고 곰곰이 생각하였다. 이전에 자허선인(紫虛仙人)에 관한 소문을 들은 적이 있었다. 선뜻 뭔가 스치는 것이 있었다. 우는 다음날 아침에 자허선인을 찾아 나서기로 마음먹었다. 다음날 우는 만사를 제쳐두고 자허선인을 수소문 하며 찾아 나섰다. 하루 종일 다니면서 결국 자허선인을 찾았다. 그는 지체할 시간이 없어 바로 자허선인에게 인사를 올리고 본론을 말하였다.

자허선인은 곰곰이 우의 모습을 훑어보더니 걱정스런 눈빛을 우에게 보냈다. 이에 우는 더욱더 걱정을 하며 조심스럽게 여쭈었다. 이에 자허선인은 우에게 순에게 설득시키는 것이 급선무라 일러 주었다.

이날 자허선인은 우에게, 황하와 양자강 사이 땅이 배달나라 중앙지역이던 때에 황부(黃部) 지역으로서 황제(黃帝)가 대를 이어 다스리던 어느 때, 홍수가 빈발하는 것에 대책을 세운 어느 선인(仙人)이 후대에 창기소(蒼其蘇)라는 사람에게 치수비법을 전수한 적이 있었는데, 그 창기소라는 사람은 이후 청부(靑部)로 가서 벼슬을 하였으며 그 치수비법이 이후 청부에 있게 되었고, 서기전 2698년경 헌원이 반란을 일으키자 배달나라 치우천왕이 수도를 청부(靑部)로 옮긴 이후 탁록에서 헌원과 전쟁을 10년 이상하였으며, 이때 청부의 제후인 청제(靑帝)는 창힐(蒼詰)이었고, 서기전 2357년 요가 반란을 일으키자 단웅국의 비왕이던 단군왕검이 청부 지역의 동북으로 이동하여 조선을 세웠으니 그 치수비법이 조선조정에 있게 된 것이며, 순은 불충한 그대의 임금이니 조선(朝鮮)의 천제(天帝)께서 내어주겠느냐 하는 것이었다.

우는 심히 걱정되었다. 치수비법이 조선조정에 있다니 순임금에게 어떻게 청할지가 고민되었다. 그러나 우는 치수에 대한 책임을 완수하기 위하여는 무슨 일이든지 할 마음이 있었기 때문에 스스럼 없이 순에게 간청을 하였다. 온 백성을 살리기 위하여 천제(天帝)에게 도움을 요청하시라고…

이에 대하여 순임금은 아무 말도 하지 못하고 눈만 껌벅였다. 어떻게 천제께 지난날의 불충을 용서받고 치수에 대한 구원을 요청할수 있을까! 이후 순은 사흘밤낮을 아무것도 먹지 않고 생각만 하였다. 아버지에 대한 불효도 그렇고, 요에게 협조하던 것 자체가 불효이자 불충에 해당하였으며, 이후 자신이 조선 천제로부터 천자로 정식인정 받았던 요임금을 강제로 유폐시키고 천자자리를 찬탈한것은 도리에 따르지 아니한 불충의 하나였다. 순은 어떤 순서를 밟아 치수에 대한 구원을 요청할 것인가 고민에 고민을 거듭하였다.

드디어 순은 결심을 하였다. 지난날의 잘못에 대하여 용서를 모두 구하고 무조건 도와달라고 보채는 것이었다. 그런데 의외로 효과는 바로 나타났다. 그것은 바로 단군왕검의 홍익인간 이념 실현에 호소한 것이었다.

순임금은 바로 천상의 나라 조선에 파견할 사자를 선발하였다. 천제(天帝)께 올리는 상소문은 직접 썼다. 순임금은 상소문을 사자에게 주면서 반드시 허락을 받아오라고 단단히 일렀다. 이리하여 사자는 일단의 무리를 이끌고 동북으로 말을 타고 달렸다.

상소문의 내용은 이러하였을 것이다.

(…전략…) 천제폐하의 명을 받들어 아버지를 따라 중원을 토벌하러 왔다, 뒤늦게 천제폐하의 명을 받은 소신(小臣)의 전(前) 천자 당요(唐堯)가 전쟁을 피하고 백성들의 안전을 위하여 천제폐하의 진정한 신하가 되기를 선택하였고, 당요가 소신을 진정으로 택하여 정사를 맡기었으며, 이제 소신이 당요를 대신하여 천제폐하의 뜻을 조금이나마 펴는 데 충심을 다하고자 중원의 백성들을 다스리기 위하여 불효불충을 무릅쓰고 이렇게 노력하고 있사온대, 지난 22년간 양자강 대홍수를 접하였으나 그 해결방법을 찾지 못하여, 지금까지 수많은 백성들은 물바다 속에 갇히어 오갈 데 없게 되었으며, 앞으로 더 홍수가 끝나지 않고 계속된다면, 천제폐하의 천하백성들이 소신의 부덕으로 모두 짐승보다 못한 삶을 살지도 모를 형국이고, 점차 병들거나 굶어 죽어 천지인 삼신이 부여하신 생명을 함부로 줄이게 됨으로써 천제폐하께 누를 끼치게 되지 않을까 심히 우려되옵나이다. 소신의 백성이 또한 천제폐하의 백성이옵니다. 바라옵건데, 그동안의 소신의 불충을 용서하시고 중원 천하 백성들을 구제하여 주시기 간청하오니 부디 외면하지 마시기 진정으로 엎드려 비옵나이다. 소신의 신하 사공 우(禹)가 그 아비의 직을 이어 13년간 집으로 들어가지 못하고 산에서 잠을 자고 온갖 고초를 다 겪으며 홍수를 막고 치수를 하려 하였으나 지금까지도 물바다는 여전하오니, 양자강 남쪽에서 머물며 치수에 여념이 없는 소신의 신하 우(禹)에게 치수법을 전수하여 주시어 홍수를 물러나게 하여 주시옵소서 (…하략…)

위 상소문을 받아든 단군왕검은 순의 진정어린 마음을 읽을 수 있었다. 그리하여 지체 없이 진한(眞韓)의 직으로 섭정하던 태자부루(太子扶婁)를 불렀다. 저 회대(淮岱) 남쪽의 짐의 백성들이 물속에 갇히어 아직까지 헤어나지 못하고 있구나, 어서 가서 중원천하의 백성들을 구하라, 천자 순에게 그에 합당한 책임을 부여하고 오너라 하셨다.

이에 태자부루는 측근을 데리고 먼 길을 떠날 준비를 하였다. 태자부루는 진한으로서 단군왕검을 대신하여 진한을 직할하고 마한과 번한을 통할하는 위치에 있었으며, 단군왕검이 천제이며, 태자부루는 천제자(天帝子)로서 천왕(天王)에 해당한다. 마한과 번한은 진한에 버금가는 왕으로서 천왕격이 된다. 그 아래 즉 삼한관경 아래 천군국(天君國), 천후국(天侯國)들이 있는 것이다.

순이 다스리는 중원천하는 삼한관경 밖의 천하에 해당한다. 삼한관경은 중원천하로 보면 천상의 나라이며, 삼한관경의 마한과 번한의 입장에서는 진한이 천상의 나라가 된다. 배달나라 때부터 천자국이던 황제헌원의 나라의 뒤를 이은 요의 당나라와 순의 우(虞)나라는 중원천하의 나라로서 천국에서 봉함을 받은 천자국(天子國)이다.

천자는 곧 천제, 천왕이 봉하는 봉작이며, 천하의 왕(王)으로 봉해진 신하이다. 천자는 천후(天侯)의 한 봉작에 해당한다. 천후에는 천공, 천후, 천백, 천자, 천남이 있는 것이 된다. 천자였던 요가 봉한 제후로 공, 후, 백, 자, 남이 있는데 이들 제후를 천상의 나라인 천국에서 봉하면 바로, 천공, 천후, 천백, 천자, 천남이 되는 것이다.

태자부루는 무리와 함께 번한에 도착하였다. 번한은 수도가 다섯 군데였다. 서기전 2333년에 단군왕검은 치우천왕의 후손이 되는 남작 치두남(治頭男)을 승진시켜 비왕(裨王)으로 삼아 번한(番韓)으로 봉하였다. 번한은 번한관경을 다스리는 책임자이다.

번한관경은 대체적으로 발해만 유역과 산동지역이 된다. 처음 수도는 험독(險瀆)이며, 서기전 2311년에 산동반도 남쪽에 있던 낭야성(琅耶城)을 개축하여 가한성(可汗城)이라 불렀으며, 서기전 2301년에 탕지(湯池), 한성(汗城)을 축조하여 번한요중 12성에 속하게 하였고, 이후 개평(蓋平)을 안덕향이라 하여 모두 다섯군데의 수도가 되었다. 즉, 험독, 탕지, 안덕향, 한성, 가한성이다.

탕지는 구안덕향이라고도 불리며 고구려의 안시성이 된다. 험독은 지금의 난하의 동쪽에 위치하고, 탕지는 난하 중류의 서쪽에 위치하며, 안덕향 즉 개평은 지금의 당산(唐山) 북쪽의 개평(開平)이고, 한성은 고구려의 한성(韓城)으로서 고하 부근에 위치하고 가한성은 지금의 산동반도 남쪽의 청도(靑島)이다. 개평을 중심으로 동쪽에 험독, 북쪽에 탕지, 남쪽에 가한성, 서쪽에 한성으로 오덕지(五德地)가 된다.

태자부루는 번한의 영접을 받고 그 후 반달동안 번한에 머물면서 민정을 청문하고 우순(虞舜)의 알현을 받고 치수에 관한 보고를 받았다. 그리고 이때 요가 폐하였다가 임시로 맞추었던 달력을 자세히 의논하여 시간과 달과 계절을 맞추었다. 그리고 순에게 선기옥형 제작법을 전수하여 자체적으로 선기옥형을 제작할 수 있도록 하였다.

(5) 태산천제(泰山天祭)와 도산회의(塗山會議)

반달이 지난 후에 태자부루는 번한을 대동하여 남쪽을 향하였다. 발해만 서쪽의 고죽(孤竹)을 지나고 다시 남쪽으로 향하여 청구(靑邱)를 지나 남국(藍國)의 북쪽 지역에 이르렀다. 지나는 곳마다 고죽군과 청구군과 남국군이 마중을 나와 영접을 하였다. 청구와 남국 사이에 태산이 있다. 이곳을 포함하는 지역을 엄독홀이라고도 부른다.

태자부루는 번한 낭야에게 명하여 태산의 정상에 올라 하늘에 제사를 지내게 하였다. 이때부터 해마다 태산에서 제천행사가 벌어졌다. 이런 제천행사는 산동지역의 동이족을 중심으로 하, 은, 주를 이어 춘추전국시대는 물론 진한시대에까지 전해졌다. 특히 주나라 초기에 천자가 봉선을 행한 곳이기도 하고, 춘추시대에는 제나라 환공이 태산에서 봉선을 행하기도 하였다. 서기전 909년 엄독홀이 단군조선에서 봉한 제후가 다스리다가 이후 주나라 춘추시대에는 태산이 노나라에 속하였다가 다시 제나라의 영역으로 편입된 것으로 된다.

태자부루는 아래 산동지역을 지나 회수(淮水)부근에 이르렀다. 회수의 하류 쪽에 위치한 도산(塗山)에 도착하였다. 이때까지 우(禹)는 순임금이 단군왕검 천제(天帝)께 상소문을 올린 이후 줄곧 목욕재계하며 영접을 준비하고 있었다. 천국의 사자를 맞이하는 꿈도 여러 차례 꾸었다. 한번은 꿈에 보라색 옷을 입은 흰 얼굴의 남자가 나타나 "나는 현이(玄夷)의 창수사자(蒼水使者)니라"하며 귀한 분이 나타나시었다. 이에 우는 한층 더 정성을 들여 목욕재계를 하였다. 드디어 100일이 지나 꿈속에서 보았던 그 천사(天使)를 뵙게 된 것이다.

태자부루는 도산회의를 주관하였다. 사회(司會)는 번한이 보았다. 우순(虞舜)의 신하 사공(司空) 우(虞)는 태자부루에게 대례(大禮)를 올리고 착석하였다. 번한은 태자부루를 대리하여 우에게 일러 주었다.

(…전략…) 나는 북극수정자(北極水精子)니라. 천제(天帝)께서 나를 보내시어 그대의 임금이 구원을 요청한 바를 홍익인간의 이념으로 실현하시고자 하시도다. 그러하니 사자(使者)로 친림(親臨)한 천제자(天帝子)의 가르침을 하나도 빠짐없이 습득할 것이며, 너에게 3가지 보물을 전수할 것이니 그 용법을 잘 이용하여 치수에 성공토록 하라 하였다. 이에 우(禹)는 자리에서 일어나 대례를 올리고 반드시 천제자의 가르침 대로

하겠나이다 하였다.

이 도산회의(塗山會議)에서 태자부루는 우에게 우순(虞舜)이 하여야 할 바를 일러 주었다. 5년에 1회씩 진한 태자부루가 순행하여 낭야성에 머물면 우순은 낭야성에 설치된 감우(監虞)에 들러 그동안의 국정을 보고하고 우공(虞貢)의 사례(事例)를 보고할 것이며, 우순이 허락 없이 임의로 설치한 병주(竝州), 유주(幽州), 영주(營州) 중 병주는 그대로 두어 순이 다스리게 하고 유주와 영주는 조선의 직할영역으로 편입시키며, 산동지역에 있는 구려분정(九黎分政)을 따로이 하명이 있을 때까지 우순이 책임지고 맡으라 하는 것이었다.

이로써 우순은 단군조선의 진정한 천자로 당요의 뒤를 이어 인정받은 것이 되고, 요수(영정하)의 남쪽 지역이 되는 유주와 산동반도 서쪽에 위치한 영주를 번한관경에 속하게 하였던 것이며, 우순은 회대지역의 단군조선 제후국들을 통할감독하는 위치에 오른 것이었다.

산동지역에는 천군국(天君國)이 되는 청구와 남국의 대국이 있었고 그 외 소국이 있었는데, 이 소국들을 우순이 치수와 관련하여 감독하는 위치에 선 것이 된다. 우순은 천자(天子)이며 청구와 남국의 왕은 천군(天君)이고 그 외 소국들의 왕이 천후로서 천자(天子)와 같은 위치에 있었다. 태자부루는 직할영역으로 편입시킨 유주는 현이(玄夷) 출신으로 봉하여 고죽(孤竹)이라 하였고, 영주는 청구(靑邱)와 남국(藍國)에 나누어 붙였다.

이후 우는 본격적으로 치수에 전념하였다. 우는 태자부루에게서 받은 홍범주구 등의 가르침을 외고 또 외웠다. 홍범구주에는 오행과 백성과 나라를 다스리는 방법과 왕의 도리를 적고 있다. 즉 홍범구주는 천하의 왕에게 내리는 가르침이 된다. 우가 이 홍범구주를 받은 것을 송미자세가에는 "天乃錫禹 洪範九疇等"이라 적고 있다. 이 홍범구주의 건용황극편에 "…天子作民父母以爲天下王…"이라 하여 천자는 백성들을 돌보는 부모가 됨으로써 천하의 왕이 된다라고 적고 있다. 백성을 돌보지 않는 왕은 천제, 천왕의 봉함을 받은 천자가 아니며 스스로 왕이라 칭하는 참칭왕(僭稱王)에 불과하다.

역사적으로 황제헌원, 당요, 우순이 참칭왕에 불과하였다가 진정한 천자로 인정받은 것이 된다. 황제헌원은 자부선인의 가르침을 받아 치우천왕에게 충성을 맹세하여 배달나라의 진정한 신하가 되었고, 요임금도 처음에는 반란을 일으켜 참칭제왕이라 하였다가 단군왕검이 보낸 사자 유호씨에게 굴복함으로써 천자로 인정받은 것이며, 순임금은 치수관계로 단군왕검에게 구원을 요청하면서 이것이 받아들여지면서 진정한 천자로 인정받은 것이 된다.

우는 즉시 물길을 트고 둑을 쌓고 오행의 원리를 응용한 치수법을 시행하였다. 그리하여 22년간이나 빠지지 않았던 물이 차츰 빠지기 시작하면서 땅이 드러나기 시작하였다. 드디어 땅이 마르고 논과 밭이 드러나면서 백성들이 농사를 짓기 시작하였고 옷과 음식을 마련하는 데 지장이 없게 되었으며 점점 풍족하게 되었다.

이 치수로 인하여 사공 우는 백성들이 따르는 자가 많아지고 신망이 두터워졌다. 그리고 우는 백익(伯益)과 함께 온 산천을 돌아다니며 인문지리를 기록하였다. 각 지역의 특산물과 신기한 생물과 문물을 기록하였다. 이것이 산해경(山海經)이라 전하는 책이다. 이 산해경이라는 책은 우공의 사례의 하나에 해당한다. 즉 우순이 5년에 한번씩 태자부루에게 보고하는 체계에 속하는 한 사례가 된다.

중국의 기록에서는 태자부루를 동후(東后)라 적고 있는데 실은 진한(眞韓)을 가리키며, 단군왕검을 동황(東皇)이라 할 때 태자부루는 동후(東后)가 되는 것인데, 우순(虞舜)이 서쪽의 천자(天子)로서 제(帝)라 하면 태자부루는 천자보다 높고 천군(天君)보다 윗자리인 천왕(天王)이 되는 것이다. 그리하여 태자부루를 동후라 적었다면 우순은 그냥 우순(虞舜)이라 적히는 것이 된다. 우순을 제순유우(帝舜有虞)라 적는다면 태자부루는 진한(眞韓), 천제자(天帝子), 천왕(天王)이라 적어야 하는 것이다. 진한은 중국을 기준으로 보면 천왕이라는 것과 같다. 천왕의 위가 천제(天帝)이다.

서기전 2260년경 우는 치수를 완수하였다. 그리고 치수기념비를 세웠다. 그는 양자강 남쪽에 있는 형산(衡山)의 구루봉 정상에 캐어낸 돌을 세워 자신의 치수에 관한 경과를 적고 태자부루의 공을 새겼다. 이 형산의 구루봉 비를 중국사람들은 우왕비라 하는데, 우가 우왕으로 있던 때에 새긴 것이 아니라 순의 신하 사공에 있었을 때 세운 비이므로 사공우비(司空禹碑)라 하여야 하는 것이다. 그 비의 글은 이렇다.

承帝日咨 翼補佐卿 洲諸興登 鳥獸之門 參身洪流 而明發爾興 久旅忘家 宿岳麓庭 智營形折 心罔弗新 往求平定 華岳泰衡 宗疏事衰 勞余神禋 鬱塞昏 徙 南瀆愆亨 衣制食萬 國其寧終 竄舞永奔

순임금께서 좌우의 대신들에게 물은 바를 이어 받아, 섬으로 변해 버린 곳을 배를 타고 다니며 새와 짐승의 집과 문을 드나들고, 직접 홍수에 뛰어들어 밝게 일으켰도다. 오랫동안 떠돌며 집을 잊고 산의 기슭을 뜰로 삼아 잠을 자고 지혜를 짜서 운영하며 세우고 부수고 하였으나 마음이 복잡하여 새롭게 되지 아니하여, 평정을 구하고자 화악태형을 올랐으나 마루는 훤히 트였으나 일은 쇠토하였도다. 이에 신(神)에게 정성을 다하여 제를 올리며 기도하니 막힌 것과 어두움이 물러가고 남쪽의 홍수가 걷혀지고 옷과 음식이 풍족하게 되었도다. 나라가 영원히 안녕하고 백성들도 영원히 춤추어라.

〈그림 10〉 형산 구루봉 치수공덕비

송나라 때 어떤 사람이 형산의 구루봉에 올라 이 비를 보고 탁본하여 똑같은 비를 만들었다. 그 후 구루봉의 비는 산 아래로 굴러 어디론지 사라졌다. 명나라 때 양신(楊愼)이라는 학자가 소위 과두문으로 된 비문의 글귀를 해독하였다 한다. 위 비문은 곧 양신의 해독문이다.

이후 구루봉비는 약 1000년이 흘러 발견되었다. 어느 절의 벽에 벽돌로 쓰여지고 있었던 것을 구루봉이라 밝혀 낸 것이다. 그 글씨체는 올챙이 모양의 글자형태로서 과두문이라 할 만하다.

우는 비문에서 자신이 기울인 노력으로 치수를 성공치 못하다가 신(神)에게 정성을 들여 제(祭)를 올린 후 성공하게 되었다라고 적고 있는데, 이는 우가 태자부루의 가르침을 받아 성공하게 된 것에서 태자부루의 공을 높이 칭송하여 태자부루를 신(神)이라 모신 것이 된다. 원래 목욕재계는 신을 모시는 의식의 하나이다. 우가 100일동안이나 목욕재계한 것은 신의 가르침을 받기 위한 정신적 금욕적 행위인 것이다. 위의 치수에 관한 역사가 이 비에 고스란히 남아 있는 것이 된다. 그리고 그 비문을 정확히 해석하면 바로 단군조선의 역사가 드러나는 것이다.

(6) 우순(虞舜)의 반역과 형제전쟁(兄弟戰爭)

순임금은 서기전 2267년부터 서기전 2247년까지 20년간 5년에 한번씩 순행하던 태자부루에게 낭야성에서 국정을 보고하였다. 치수가 완성된 후 이때에 이르러 순임금은 다시 마음이 변하였다. 그는 다시 유주와 영주를 남국(藍國)의 이웃에 마음대로 설치하였다.

서기전 2241년에 단군왕검이 붕어하시고 서기전 2240년에 태자부루가 단군이 되었다. 이때부터 단군을 천왕(天王)이라 부른다. 단군왕검은 시조로서 천제라 불리운다. 진한이던 태자부루가 천왕이 되었으므로 이후 따로 진한을 두지 아니하고 천왕이 겸한 것이 된다. 즉 번한과 마한은 진한을 천왕이라 하였다. 번한과 마한은 천왕격의 비왕이 된다. 그 아래 천군, 천후가 있다.

순이 마음대로 설치한 유주와 영주를 부루단군은 곧바로 정벌하여 없애고 따로 제후를 봉하였다. 이때부터 부루단군은 우순(虞舜)에 대한 대책을 세우라 유호씨에게 명하였다.

이에 유호씨는 그동안의 순의 소행을 지켜보면서 홍익인간 이념 실현과는 거리가 먼 것을 알고 있던 차에 곧바로 작은 아들 유상으로 하여금 사공 우와 협공으로 순을 치게 하였다. 유호씨는 아무리 지친이라도 도와 어긋난 행동을 하면서 뉘우침이 없는 자는 용서할 수 없다고 단언하였다.

이리하여 유상은 군사를 이끌고 우(禹)와 협공을 벌였다. 우는 치수에 성공하여 백성들의 칭송을 듣고 신망을 얻고 있던 차였다. 우는 유호씨의 명을 받고 유상과 작전을 펼치며 순을 압박해 갔다. 이에 위험을 알아차린 순은 몰래 측근을 데리고 남쪽으로 도망갔다. 그는 남쪽 적족(赤族, 赤夷, 南蠻)의 땅인 창오의 들로 도망갔다. 그런데 공을 세우고자 혈안이 된 우가 먼저 군사를 몰고 창오로 향하였다.

드디어 우의 군사들은 창오의 들에서 순을 샅샅이 수색하며 찾기 시작하였다. 순은 두 아내를 데리고 수레를 타고 측근과 함께 숨을 곳을 찾았다. 그러나 그는 곧 들키게 되었다. 우의 군사들은 쉬는 틈도 주지 않고 압박하여 드디어 순이 머물고 있는 곳에 도착하였다. 순은 숨도 돌리지 못하고 도망하려 하였으나, 이때 우의 군사들이 순을 둘러싸고 창을 휘둘렀다. 이에 순은 그 자리에서 주검이 되었다. 순의 두 아내는 맨발로 도망치고 있었다. 순이 우의 군사들에게 목숨을 **빼**앗긴 소식을 듣자마자 두 아내는 강물에 몸을 던졌다.

이리하여 순의 시대는 끝이 났다. 서기전 2343년경 출생하여 서기전 2324년 20세에 아버지 유호씨를 따라 요를 치러갔다가 서기전 2314년 30세에 요에게 등용되었고 서기전 2294년 50세에 요의 섭정이 되어 정사를 도맡았으며, 서기전 2288년에 요순 대홍수가 발생하자 곤에게 치수를 맡겼고 9년이나 치수에 성공치 못하자 순은 서기전 2280년에 곤을 우산에서 처형하고 곤의 아들 우에게 사공을 맡겨 치수를 돌보게 하였는데, 역사가들은 순이 곤을 죽인 대가를 우에게 죽임을 당하는 것으로 복수를 당하였다라고 적는다. 순이 죽은 후 중원에는 우의 반역으로 또다시 피바람이 불어오기 시작하였다.

순과 유상의 형제간 전쟁에 관한 설화가 아직까지 남아 있는 곳이 있다. 바로 화악산 설화이다. 화악산은 경기도와 강원도의 경계에 있는 산이다. 이 설화에는, 옛날 단군시대에 단군의 친형이 중국의 천자로 있었는데, 우리나라 땅을 넘보므로 단군의 두 아내가 기도를 하여 중국 땅에 홍수를 내리게 하였는데, 이 홍수가 넘쳐서 우리나라에도 홍수가 나므로 단군이 돌로 된 배를 타고 화악산 용추계곡에 이르렀다 한다.

이 설화는 역사적 사실을 변형시켜서 압축적으로 역사를 말해 주고 있는 것이 된다. 즉 여기서 단군은 단군왕검을 가리키는 것이 아니라 단군의 사자인 유상(有象)을 가리키고 단군의 친형은 곧 순임금을 가리키는 것이며, 홍수는 요순 9년 대홍수와 단군조선의 대홍수를 가리키는 것이 되고, 또 돌로 된 배는 바로 풍백팽우가 치수를 잘하여 기념비를 세운 것을 가리키는 것이 된다.

서기전 2294년에 순이 요의 섭정이 되었고, 서기전 2288년에 요순 9년 대홍수가 발생하였으며, 서기전 2284년에 단군조선에도 대홍수가 발생하였는데 풍백팽우가 치수를 잘하여 우수주에 치수기념비를 세웠으며, 이해 서기전 2284년에 순이 요임금을 유폐시키고 천자자리를 찬탈하여 천자가 되었는데, 순임금은 곧 이복동생인 유상의 친형이 되고, 이해에 단군조선이 홍수 때문에 순이 불충을 저지르는 것을 방지하지 못한 것이 되며, 순과 유상이 사이가 좋지 못하여 전쟁을 한 것을 당시에 있었던 대홍수로써 비유적으로 적은 것이 된다.

실제로 순과 유상의 아버지인 유호씨는 장자 순이 임의로 천자가 되고 허락 없이 마음대로 병주, 유주, 영주를 설치하면서 불효불충한 자가 되자 자식이라 생각하지 않게 되었고, 작은 아들 유상으로 하여금 우와 함께 순을 치도록 한 것이 소위 형제간의 전쟁이다.

(7) 하우(夏禹)의 반역과 유호씨와의 전쟁

서기전 2224년경 우는 유상의 군사와 함께 순임금을 압박하여 창오의 들로 도망케 하고 급기야는 창오의 들에서 우의 군사들이 순을 죽였던 것이다. 이후 우는 마음이 변하여 욕심을 견디지 못하고 유호씨 몰래 군사를 모으고 무기를 보수하였다. 처음 순을 무찌른 후에 유호씨에게 보고하고 명을 받기로 하였으나, 우는 중원에 천자가 빈 것에 욕심을 내어 스스로 하왕이라 칭하기에 이르렀던 것이다. 즉 우는 유호씨의 명을 따르지 않고 독자적으로 군사를 움직여 반역을 저질러 하(夏)나라를 세운 것이다.

우는 곧 도산(塗山)에 수도를 세우고 강압적으로 제후들을 봉하여 조공을 받았다. 이에 수만 명의 백성들이 우의 정치가 폭돌(暴突)하므로 도망을 쳐서 사방으로 흩어졌다. 단군조선의 영역이다. 우가 머무는 곳을 중심으로 하여 둘레는 곧 우의 견제세력으로서 단군조선의 제후국에 해당한다. 수만의 사람들이 도망을 갔다라는 소문을 듣자 우는 곧바로 국경을 봉쇄하였다. 이리하여 억울한 사람들이 우의 하나라 국경 내에 갇히게 되었다.

유호씨는 곧바로 우가 반역한 것을 알아차리고 작은 아들 유상으로 하여금 권사(權士) 등을 호출하여 회의를 열고, 일차적으로 우에게 도를 깨우치도록 타이르기로 하였다. 유상을 비롯한 권사 등 일단의 무리가 우에게 가서 타일렀다.

"요(堯)의 전철을 밟지 마라. 요가 이치에도 맞지 아니하는 오행의 법으로 제왕이라 칭하며 독단을 차리고, 마음대로 땅을 나누어 구주라 하고, 역법을 마음대로 폐하고 명협의 역을 쓴 것은 대역죄였는데, 또다시 도를 지키지 아니하고 군사를 마음대로 움직여 난을 일으키려 하느냐. 그동안의 잘못은 용서할 터이니 명을 받고 가르침을 받으라"하였다.

그러나 우는 완강히 거부하였다. 이미 그는 욕심이 그의 뇌를 세뇌시킨 상태였다. 말이 먹혀들리 없었다. 유상과 권사 등의 무리는 유호씨에게 보고하였다. 이에 유호씨는 타일러 가르치는 것은 불가능하다 생각하였다.

유호씨는 군사를 정비하고 우를 치기로 하였다. 이에 우는 겁을 먹고 도산(塗山)에서 모산(茅山)으로 진지를 옮겼다. 도산은 회수의 하류와 양자강의 하류 지역에 있는 땅으로서 태자부루가 도산회의를 주관한 지역이며, 모산은 지금의 양자강 남쪽의 회계산이다. 우는 진중에서 머물며 함부로 밖으로 나오지 못하였다.

서기전 2215년에 우는 모산의 진중에서 병을 얻어 죽었다. 이에 백익(伯益)이 우의 유언을 이어 왕이 되었다. 그런데 백익은 유호씨와 전쟁을 하지 않았다. 그러나 우를 따르던 하나라 사람들이 백익에게 호의적이지 않아 어쩌지 못하였다. 서기전 2198년에 우의 아들 계(啓)를 따르던 사람들이 백익을 죽여버렸다.

그리하여 계는 우의 세습자가 된 것이다. 계는 백익의 태도와는 달리 더욱더 유호씨에게 항거하였다. 그러나 계의 군사는 한번도 유호씨를 이겨보지 못하였다. 계의 군사는 수만이나 유호씨의 군사는 단지 수천에 불과하였다. 계는 전쟁마다 유호씨에게 패하였다. 그리하여 계의 사람들이 울분을 참지 못하고 모두들 격앙되었다.

이에 유호씨는 계와 하나라 사람들이 우매하여 더 이상 가르칠 수 없음을 깨닫고 군사를 물렸다. 중국의 기록에서 계가 감(甘)에서 유호씨를 쳐서 이겼다라고 적고 있으나 이는 중화주의적 춘추필법의 악필일 뿐이다. 유호씨가 군사를 물리자 그 읍(邑)은 자연히 없어졌다.

유호씨가 처음 자리 잡은 곳은 황하 남쪽의 감(甘)이라는 땅이며 이곳은 당요의 수도인 평양에 가까운 곳이다. 이곳에서 유호씨는 요임금의 소행을 일일이 감시하였다. 서기전 2224년경 우가 도산에서 반역을 하자 곧 군사를 움직여 도산 가까이에 진을 쳤으며, 우가 모산으로 들어가서 움직이지 아니하였다. 이후 우의 아들 계는 더더욱 가르치기 불가능하여 포기하였으며, 이에 군사를 물리고 감에서 물러나니 계는 하남의 안읍에 수도를 정한 것이 된다.

(8) 유호씨의 서방 전교(傳敎)

유호씨는 아예 사절단을 꾸려 서방으로 전교(傳敎)하러 가기로 하였다. 이때가 서기전 2198년경이다. 아직 가림토 38자가 정립되기 전이다. 유호씨는 무리를 이끌고 인도지역과 수메르, 카스피해 지역으로 갔다. 그곳에는 마고성시대에 유행하던 궁(穹)과 소(巢)를 본떠 층대와 고탑을 많이 만들고 있었다.

그러나 그들은 그 유래를 알지 못하였고 기괴한 이야기로 변해 버린 상태였다. 이에 유호씨는 옛일을 맡아보는 연장자를 찾아 일러주자 유호씨가 동방에서 온 천사(天使)임을 알고서는 유호씨를 극진히 대접하면서, 마고 장손족의 역사와 문화와 과학, 역법, 경제, 정치 제도 등에 대하여 자세히 듣고 수긍하였다.

유호씨가 방문하였던 인도지역은 서기전 2200년경 인더스문명이 꽃피던 시기이며, 수메르지역은 수메르문명이 서서히 저물고 바빌론시대가 막 열리려는 시대였다. 유호씨는 동방에 있었던 대홍수사건에 관하여 이야기를 해 주었다. 즉 서기전 3400년경의 여와홍수이다. 유호씨는 여와홍수 시기에 땅이 많이 무너져 여와가 산을 돌로 메꾸어 치수를 하였다고 전해 주었다.

그런데 유호씨와 수메르지역의 연장자 사이에 오가던 이야기 중에 수메르지역에도 서기전 3000년경에 대홍수가 있었던 것을 알 수 있었다. 이 수메르의 홍수 때는 사람들이 많이 죽었다 하였다. 그런데 그 연장자는 지우수드라라는 사람이 배를 만들어 사람들을 많이 구하였다는 이야기를 들려주었다. 서기전 2700년경 이후 약 300년 동안 동서에 교류가 없어 소통이 안 되다가 이때 소통이 이루어진 것이다.

황제헌원이 전쟁을 도발하기 이전에는 배달나라의 사절단이 동서남북을 순행하면서 문물을 교류하였고, 신시(神市)를 매년 열어 종교행사를 벌이고 경제, 문화 등의 교류를 하였었다. 치우천왕이 황제헌원의 10년에 걸친 도발로 평정하는 데 신경을 쓰다 황궁씨 시대부터 이어온 순행제도를 제대로 이행하지 못한 것이다.

서기전 2200년경에 이르러 단군왕검의 사자 유호씨가 조선을 건국한 후 처음으로 서방을 순행한 것이 된다. 이에 단군조선은 10년마다 신시를 열어 동서남북의 형제족들을 초청하여 종교행사를 벌이고 문화교류를 하게 되었다. 유호씨는 서방을 방문하고 돌아와 부루단군에게 보고하였으며, 이후 유호씨의 후손들은 지금의 문교부에 해당하는 직에 종사하였다. 순임금의 아들 상균은 단군조선에 돌아와 교부(敎部)의 직을 수행하였던 것이다.

인도지역과 수메르와 카스피해지역에는 서기전 7197년경부터 이동해 온 마고의 후손들이 자리 잡기 시작하였고 약 1000년이 흐른 서기전 6200년경부터 문명시대가 시작된 것으로 된다. 실제로 수메르지역의 문명이 서기전 3500년 또는 서기전 4000년경에 시작되었다고 하였으나 서기전 5000년 이전의 문명이 발굴되고 있는 것은 이미 서기전 6200년경부터 문명시대가 시작된 것임을 잘 말해 주는 것이 된다.

동방의 요하문명은 이미 서기전 6200년경부터 문명시대가 열렸음을 입증하고 있다. 바로 서기전 7197년경 마고성인 파미르고원에서 사방분거한 후 약 1000년이 지나면서 정착문명이 열린 것이 된다. 이후 수메르 역사에서 달력을 신(神)이 내려 주셨다 하든가, 티벳고원의 피라미드를 하늘나라 사람들이 쌓았다든가 하는 신(神)이나 하늘나라 사람은 모두 한배달조선의 천사(天使)나 봉해진 제후들이 되는 것이다.

(9) 단군조선의 삼한 군후국(君侯國)

① 천왕(天王) 삼한(三韓): 진한, 번한, 마한

서기전 2333년 10월 3일 단군왕검이 조선을 개국하면서 태백산 천부단에 삼신상제(三神上帝)를 모시고 사방에 진한, 마한, 번한, 예(濊)로써 사보(四堡)를 두어 마고(麻姑)의 유습을 이었다. 진한 땅은 단군왕검이 직할하고 비왕(裨王)으로서 마한은 웅백다(熊伯多)를 봉하였고, 비왕(裨王)으로서 번한은 치우천왕의 후손인 치두남을 봉하였다. 예국은 한(韓)에 해당하지 않으나 태백산 동쪽 지역을 다스리는 책임자가 되었다.

태자부루가 섭정을 할 시기에 진한으로 봉하였다. 이리하여 태자부루는 단군왕검을 대리하여 삼한을 통할하였다. 단군왕검은 천제(天帝)이며, 태자부루는 천왕(天王)으로서 진한(眞韓)인 것이다. 마한과 번한은 천왕격의 왕이 된다. 다만, 마한과 번한은 명을 받아 군사를 부린 점에서 왕(王)과는 다르다. 서기전 425년 이후에는 진한의 세력이 많이 약화되고 혼란기에 접어들어 마한과 번한도 왕으로 칭하면서 군사권을 가지게 되었다.

② 천군국(天君國): 구려, 진번, 부여, 청구, 남국, 고죽

단군왕검은 태자부루를 진한으로 봉하고 아들을 차례로 부소는 구려에, 부우는 진번에 부여는 부여에 각각 봉하였다. 구려, 진번, 부여는 천왕격인 진한보다 아래에 해당하는 나라이므로 천군국이 된다.

청구는 지금의 산동지역의 동부지역으로서 산동반도를 포함한 중북부지역이 되며 고시씨 후손으로 봉하였고, 남국(藍國)은 청구의 서쪽 지역으로서 산동서부의 중남부지역에 해당하며 치우천왕의 후손으로 봉하였다. 산동지역은 태호복희, 염제신농, 치우천왕이 각각 수도를 삼은 곳으로서 후손들이 많이 살았으며 중국내륙의 동이족들의 주무대가 된다.

고죽국(孤竹國)은 서기전 2267년 도산회의 때 유주를 단군조선의 직할영역으로 편입시키면서 지금의 북경과 천진과 탁주를 중심으로 봉한 것이 된다. 고죽국의 성씨가 묵(墨)씨인 것으로 보아 피부가 검은 것으로 보이는데 아마도 저 흑룡강 유역에 살던 현이(玄夷) 출신을 봉한 것이 아닌가 한다.

구려, 진번, 부여, 청구, 남국, 고죽의 임금은 모두 우리기록에서 군(君)으로 기록된다. 이는 삼한관경 밖의 천하(天下)에서 보면 천군(天君)이 된다. 그래서 고죽국이 은나라 제후국으로 둔갑한 것은 중국기록의 오류이다. 군(君)은 단군조선의 군(君)이지 은나라의 군(君)이 아닌 것이다. 그리고 고죽국은 이미 은나라 이전의 나라인 하나라가 건국되기 이전부터 있어온 나라이므로 더더욱 하나라의 제후국이 아니며 이는 단군조선의 제후국임을 단적으로 나타내 주는 것이 된다.

구려는 고죽국의 북쪽과 번한의 북쪽에 위치하며 진번의 서쪽에 위치한 것이 되어 지금의 대동부근에서 적봉까지 이르는 지역이 되고, 진번은 번한의 동북쪽과 구려의 동쪽과 부여의 서쪽에 위치한 것이 되어 지금의 대릉하를 포함하고 적봉에서 요하 서쪽에 걸치는 지역이 되며, 부여는 요하의 동쪽에서 송화강에 이르는 지역이 되어 지금의 장춘, 심양을 포함하는 지역이 된다.

③ 천후국(天侯國): 숙신, 개마, 예

단군왕검은 신지씨(愼誌氏)를 숙신(肅愼)에 봉하고, 주인씨(朱因氏)를 개마(蓋馬)에 봉하고 여수기(余守己)를 예(濊)에 봉하였다. 숙신은 송화강을 포함하는 지역이며, 개마는 태백산(백두산)의 남쪽 지역이고, 예는 태백산의 동쪽 지역이 된다.

특히 아사달은 숙신의 땅 내에 있어 조선을 숙신(肅愼)으로 부르기도 하는데, 이는 후기 단군조선을 부여(扶餘)로 부른 것과 같다. 즉 후기 조선의 수도는 상춘(常春)으로서 지금의 장춘(長春)이 되는데 이는 부여가 봉해진 부여 땅이기 때문이다. 말기 수도인 장당경도 부여 땅이므로 서기전 425년에 국호를 대부여라 하기도 하였다.

④ 그 외 천후국: 옥저, 비류, 졸본, 흉노, 몽고리, 남선비

이후 부루단군이 옥저, 비류, 졸본을 각각 봉하였고, 제3대 가륵단군 때인 서기전 2177년에 열양(列陽)의 욕살(褥薩) 색정(索靖)이 죄를 짓자 약수(弱水)에 종신형으로 금치(禁置)하였다가 후에 사면하여 그 땅에 봉하니 흉노(匈奴)의 시조가 되었다. 또 서기전 2137년 오사구(烏斯丘) 단군이 동생 오사달(烏斯達)을 몽고리(蒙古里)에 한(汗)으로 봉하였고, 서기전 1622년 대음(代音) 단군이 동생 대심(代心)을 선비국의 남쪽 지역에 봉하여 남선비(南鮮卑) 대인(大人)으로 삼았다.

옥저(沃沮)는 지금의 압록강의 북쪽에 걸친 땅으로서 부여와 숙신의 남쪽 지역에 해당하고, 비류는 옥저의 북쪽과 부여의 남쪽 사이에 위치한 것이 되며, 졸본은 옥저의 동쪽으로 숙신의 남쪽에 위치한 것이 된다. 졸본은 대조영이 수도로 삼은 동모산으로 추정된다.

졸본은 서기전 108년에 고열가단군의 현손이 되는 고두막한(高豆莫汗)이 북부여를 부흥시키기 위하여 군사를 일으켜 동명(東明)이라 칭하고 위씨조선을 멸망시킨 한나라와 전쟁을 하여 승리로 이끌었다. 이 동명(東明)이 바로 후기 북부여의 중심지이며 신라(新羅)라는 말과 상통하여 신라의 옛 땅이라고 불리는 곳이다. 신라 시조 박혁거세는 곧 고두막한 북부여의 외손이 되고 어머니 파소는 곧 고두막한의 아들 고무서단군의 큰딸이 되는 것이다.

고무서단군의 둘째딸 소서노는 처음에는 동부여 해부루왕의 서손인 우태의 부인이었다가 우태가 죽은 후, 서기전 59년 고주몽이 동부여에서 졸본으로 도망해 오자 고무서단군이 고주몽과 혼인시켜 부인이 되었다가, 서기전 42년 비류와 온조를 데리고 남하하여 패대지역에서 자리 잡아 백제의 기틀을 잡았다.

이후 서기전 19년에 비류가 소서노를 이었고 온조는 다시 남하하여 한반도 한강을 거슬러 위례성을 세우고 서기전 18년에 온조백제를 열었다. 특히 비류백제인 소서노의 나라는 지금의 요동반도 서쪽의 난하 유역에 걸치는 지역으로 보인다.

시대상으로 보면 서기전 108년에 한나라가 낙랑군을, 서기전 107년에 현도군을 세우고, 진번과 임둔을 설치하였다가 진번과 임둔은 낙랑에 속하게 하였다 하는데 이는 진번과 임둔의 땅이 서기전 82년에 북부여에 돌아간 것으로 되며, 그리하여 패대지역이 되는 지금의 요동반도와 그 서쪽 지역은 북부여 영역으로 나중에 소서노가 자리 잡은 것으로 충분한 것이 된다. 그리고 패수와 대수를 지금의 난하와 그 서쪽의 강으로 보면, 시기적으로 따질 때 낙랑군 남쪽 지역이 후대에 대방군 땅이 되는데, 이 대방 땅에 흐르는 대수 지역이 패대지역의 중심이 된다. 그리하여 소서노의 패대지역은 패수의 하류 지역에서 동쪽으로 진번과 임둔에 걸치는 것으로 된다.

(10) 천자국 당(唐), 우(虞), 하(夏), 은(殷)

서기전 2383년에 제곡고신에 의하여 도(陶)에 봉해진 요(堯)는 서기전 2357년에 형 제지를 멸하고 당(唐)을 세워 함부로 구주를 나누고 제왕이라 참칭하였는데, 서기전 2333년에 조선을 개국한 단군왕검이 유호씨의 보좌로 서기전 2324년에 요(堯)를 토벌하여 항복을 받고 장당(藏唐)에 안치하고 제후격의 천자(天子)로 삼았다. 장당(藏唐)은 지금의 심양이다. 즉 요는 정기적으로 장당에 들러 단군왕검에게 제후로서의 예를 올린 것이다.

서기전 2294년에 요임금의 섭정이 된 순(舜)은 세력을 다지고 서기전 2284년에 급기야 요임금을 유폐시키고 강압적으로 천자자리를 선양받아 찬탈하여 자칭 천자가 되었다. 이후 서기전 2267년에 도산회의에서 순은 정식 천자로 인정받았으며 순으로 하여금 산동지역, 회대지역의 구려분정의 책임자로 삼았다. 5년에 한 번씩 산동반도 남쪽에 있는 낭야성(가한성)에 들러 순행하던 태자부루(진한)에게 국정을 보고하였다. 그러나 순임금은 서기전 2247년경에 다시 유주(幽州)와 영주(營州)를 남국(藍國)의 주변에 설치하였다가 서기전 2240년에 부루단군에 의하여 정벌되고 서기전 2224년에 순이 제거되기에 이르렀다.

유호씨의 작은 아들 유상(有象)의 군사와 협공을 벌여 서기전 2224년에 순을 죽인 우(禹)가 명을 받지 않고 독자적으로 군사를 몰래 모으고 무기를 보수하여 자칭 하왕(夏王)이라 하여 반역을 하였다. 이로써 중국의 실질적인 첫 왕조가 시작되었다.

우는 반역자로서 천자로 인정받지 못하였고 그 아들 계도 또한 천자로 인정받지 못하였으며, 이후의 하나라 왕들 중에는 단군조선에 우호적인 자들도 있어 묵시적으로 천자로 인정받기도 하였다.

하나라 말기에 걸왕이 은탕이 군사를 일으키자 단군조선에 구원을 요청하였고 이를 받아들여 군사를 이끌고 가니 은탕이 아직 때가 아님을 알고 군사를 거두어 사죄를 하여 단군조선이 군사를 물렸는데, 하나라 군사들이 조약을 위반하므로 은탕의 군사들과 협공으로 하나라를 치니 걸왕이 남소(南巢)로 쫓겨가 결국 하나라가 망하고 탕의 은나라가 건국되었다.

서기전 1766년에 번한은 고죽국의 묵태를 사자로 보내어 은탕의 즉위를 축하해 주도록 하였다. 이런 기록을 보면 고죽국은 번한관경에 속한 것이 되며, 고죽국의 임금은 군(君)으로서 번한은 군(君)보다 윗자리인 왕(王)이 되는 것이며, 고죽국의 군이 천군이라면 번한은 천왕이 되는 셈이다. 그리하여 진한, 마한, 번한은 천왕격의 임금이고 그 아래 천군, 천후가 있는 것이 된다. 진한은 번한과 마한의 상국(上國)이므로 진한은 천왕이 되고 번한과 마한은 천왕격이 된다.

은나라는 단군조선의 힘을 얻어 나라를 세웠으나 곧 하나라의 유습을 이어 단군조선의 가르침을 외면함으로써 도를 잃어갔고 급기야 서기전 1122년경에 주무왕에 의하여 망하게 되었다. 은탕의 재상이던 이윤(伊尹)은 바로 단군조선의 선인(仙人) 유위자(有爲子)의 제자였으며, 그 인맥으로 탕이 은나라를 건국할 수 있었던 것이다.

하나라 때의 은나라도 제후국이었으나 동이족의 근거지였으며, 동이족이 주축으로 은나라를 세운 것이 된다. 하나라는 요순의 뒤를 이었으므로 그 족속을 보면, 황이(황이, 북이, 북적, 북융)의 일부, 백이(白夷)의 일부, 동이의 일부인 남이(藍夷)의 일부로 구성된 나라이다. 요임금은 북적 출신이고, 순임금은 정통 동이 즉 단군조선 관료 출신이며, 우는 남이(藍夷) 출신이라 하고, 탕은 동이(東夷) 출신이라 한다.

주나라에 이르러 월, 초, 오나라의 구성원인 적이(赤夷)들이 있어 결국 주나라의 구성원은 사이(四夷)가 되는 동이, 서이(서융), 북이(북적), 적이(赤夷, 남만)가 된다. 즉 중국의 근간은 바로 사이이다. 반면 한국은 단군조선시대까지 구이(九夷)에서 북부여, 고구려를 거치면서 서쪽의 견이와 백이(서이), 남쪽의 적이, 중국 내륙의 동이를 차차 잃게 되었던 것이다.

(11) 9이(夷)와 9군후국(君侯國)

9족(族)은 9한(桓), 9이(夷)라고도 한다. 이(夷)라는 명칭은 고대 중국인들이 배달조선을 부른 명칭으로서 그들의 조상, 뿌리의 나라이자, 가르침을 주는 스승의 나라이자, 천제(天帝), 천왕(天王)이 계시는 상국(上國)이라는 뜻이다. 즉 그들의 소위 군사부(君師父)의 나라인 것이다.

지리적으로 보면, 숙신은 방이(方夷)의 땅이고, 예(濊)는 우이(于夷)의 땅이며, 개마는 양이(陽夷)의 땅이 된다. 또 남국(藍國)은 남이(藍夷)의 땅이다. 청구는 남이와 황이가 섞인 땅이 되며 후대에는 우이, 양이, 래이, 개이 등의 나라가 있었다. 그 외 군후국은 모두 황이의 나라가 된다. 황이는 곧 북이(北夷)이다. 양이, 우이, 방이, 견이도 원래는 황이이다.

군후국에 속하지 아니하는 이(夷)에 견이, 현이, 백이, 적이가 있는데, 이는 배달나라시대부터 그대로 세습된 것이 되며, 특히 견이

<그림 11> 단군조선 9족(구족)-한국 구족과 동일

와 백이는 서쪽의 서안부근에서 활동하던 세력이고, 현이는 흑룡강 유역으로서 고죽국의 왕이 아마도 이 현이 출신으로 보이며, 적이는 양자강 이남으로서 지금의 베트남(월남)의 조상이 되는 사람이 주축이 된다.

백이(白夷)는 서이(西夷)라고도 하며 서이의 근거지가 되는 빈, 기의 땅에 여(黎)라는 나라를 봉하기도 하였다. 빈기의 땅은 원래 주나라 왕족의 고향이며 주문왕과 주무왕이 서이출신이라는 것이 된다. 맹자라는 책에도 주문왕과 주무왕의 출신지인 빈, 기의 땅은 견이(畎犬 夷)와 가까운 곳에 위치한 땅이라고 적혀 있다.

배달조선의 전영역을 기준으로 한 구이(九夷)와는 별도로 중국내륙의 9이 또는 8이(夷)가 있는데, 주로 산동 태산에서 회수에 걸치는 지역으로서 회대지역이 되는데, 남이(藍夷), 엄이(淹夷), 래이(萊夷),

개이(介夷), 양이(陽夷), 우이(隅夷), 서이(徐夷), 회이(淮夷)가 8이(夷)이고, 여기에 사이(沙夷) 또는 사이(泗夷)를 합하여 구이라고도 하는 것이 된다. 남, 엄, 서, 회는 남이(藍夷) 계통이 되고, 산동반도의 래, 개, 양, 우는 황이와 남이의 혼합족으로 된다.

남이는 남국(藍國)을 가리키며 서기전 2333년경에 치우천왕의 후손을 봉한 나라이고, 엄이는 엄국(淹國), 서이는 서국(徐國), 회이는 회국(淮國)으로서 서기전 1236년에 봉해진 나라이며, 래, 개, 양, 우는 각 청구의 후손국이 되며 주나라의 제후국인 제나라에 이웃한 나라들이 된다.

남국과 청구는 서기전 1122년경에 아마도 주나라 때 동이족의 나라로 잔존한 것이 되는데, 서기전 909년에 엄독홀에서 천제를 지낸 것이 기록되어 있어 이때까지 엄이가 존속하고 있었던 것이 된다. 엄독홀에는 태산이 있어 후대에 주나라에 속하게 되어 주나라 천자가 봉선을 행한 곳이 된다. 처음 태산 지역은 제나라의 영역 내에 있었으나 노나라 땅에 속하였는데 나중에는 제나라 환공이 이곳에서 봉선의 흉내를 내기도 하였다. 노나라와 제나라는 동이족의 근거지인 나라들이다.

서이(徐夷)는 서언왕의 나라로 유명한데, 한때 주나라를 압박하여 36군을 거느리는 대국이 되기도 하였으며, 서기전 680년경에 초나라 문왕에게 정벌당하여 수도를 함락당하고 서산(徐山)으로 피하였다가 제나라의 속국이 되기도 하였으며, 한때 부흥하기도 하였으나 결국 서기전 512년에 오나라 합려왕에게 완전히 망하였다.

회이와 사이(沙夷) 등의 남이(藍夷)의 후손의 나라들은 진시황이 중국을 통일한 서기전 221년경까지 존속하기도 하였다. 이후 중국 내륙의 동이족의 나라는 없어지게 되었다.

(12) 진서(眞書: 참글)와 정음(正音: 바른소리) 가림토 38자

단군조선에는 상형문자인 진서(眞書)가 있었다. 이 진서는 참글이라는 의미이며 원래는 그림글자인데 차츰 간소화되어 상형표의문자가 된 것이다. 배달나라 초기부터 녹서라는 상형표의문자가 있었으며 태호복희의 용서(龍書)가 있고, 치우천왕 시기에 화서(花書)가 있으며, 자부선인은 우서(雨書)를 만들었으며, 창힐은 과두문과 조족문을 만들었다. 이들 녹서, 용서, 화서, 과두문, 조족문 등은 서체의 하나에 해당한다. 모두 상형표의 문자인 것이다.

그런데 배달나라 초기부터 상형표의 문자의 하나로서 간단한 형태의 글자가 쓰여지고 있었다. ㅇ, ㅁ, △, ㄱ, ㄴ, ㄷ(ㄷ), ㄹ(乙), ㅂ, ㅅ, ㅈ 등이다. ㄱ은 굴곡진 모양을 나타내며, ㄴ은 굽으면서 연결하는 잇는 모양을 나타내고, ㄷ은 한쪽이 떨어지고 나머지는 닿아 있는 모양을 나타내고, ㄹ은 물이 흐르거나 새가 날거나 돌이 구르는 모양을 나타내며, ㅁ은 뭉쳐진 모양을 나타내고, ㅂ나 ㅖ는 벌어진 모양을 나타내며, ㅅ은 서 있는 모양을 나타내고, ㅇ은 둥근 모양을 나타내며, ㅈ은 세모처럼 뭔가를 안에 저장하는 모양을 나타내는 글자로서 모두 상형문자가 된다.

그 외에도 수많은 모양의 간략한 글자들이 있었는데 모두 각각 그 나름대로 특징을 가진 글자들이며 모양을 나타낸 글자가 된다. 즉, 배달나라시대에도 가림토의 원형이 되는 글자들이 사용되고 있었던 것이 된다.

서기전 2333년 단군조선이 건국된 후 진서가 널리 쓰여졌으나 지방마다 읽는 소리가 달라져 가륵단군이 삼랑(三郞) 을보륵(乙普勒) 선인(仙人)에게 소리를 통일시킬 방법을 찾으라 하여 을보륵 선인이 가림토 38자를 정립하게 된 것이다. 을보륵 선인은 배달나라시대부터 사용되어 오던 간략한 문자들을 살펴서 대표적인 글자들을 선택하여 각 발음을 대표하는 소리글자로 정립하였는데 38자로 정리된 것이다.

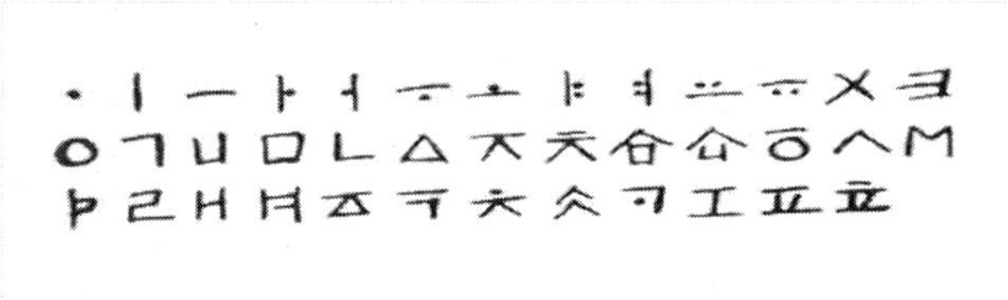

<그림 12> 가림토 38자

우선 자음과 모음을 나누었다. 자음의 모양은 자연에 있는 모습을 그대로 따서 간략히 표현하여 ㅇ, ㅁ, △의 모양에 맞추어 모두 17자로 정리하였다. 그리고 모음은 ㅇ, ㅁ, △의 모양을 축소 상징화하여 ·, ㅡ, ㅣ로 표현하고 음양의 이치에 맞도록 글자를 조합하였다. 자음과 모음이 모두 천지인(天地人) 삼재(三才)의 원리에 맞아 떨어졌다. 자음과 모음을 조합하여 사물의 모양에 따라 글자를 변형시켜 써보니 과연 그 사물의 모양을 그대로 나타내었다.

즉, 상형문자이면서 표음문자였다. 상형문자인 진서(眞書)의 소리를 정확하게 표현할 수 있었다. 진서는 그림과 같은 글자였으나 가림토는 그림과 비슷하면서 소리를 완벽히 재현하였다. 즉 천지자연의 소리를 그대로 나타내는 소리글자였다.

고(코, 鼻), 귀(耳) 등 굴곡진 모양의 글자는 ㄱ으로 대표하고, 한쪽에서 다른 한쪽으로 이어진 모양의 글자는 ㄴ(ㄱ과 ㄴ의 합자 모양)으로 대표하고, ㄷ처럼 떨어져 있으면서 닿아 있는 모양의 글자는 ㄷ으로 대표하고, 물이 흐르는 모양이나 활모양처럼 굽은 모양은 ㄹ로 대표하고, 다문 입이나 물방울이나 머리(頭)처럼 뭉쳐진 모양은 ㅁ으로 대표하고, 입을 벌린 모양처럼 벌어진 모양은 ㅐ로 대표하고, 서 있는 모양은 ㅅ으로 대표하고, 둥근모양은 ㅇ으로 대표하고, 창고나 주머니처럼 뭔가를 안에 담는 모양은 세모, ㅈ으로 대표하며, 이들 각각의 글자들을 각각 조합하거나 ·, ㅡ를 사용하여 격음이나 경음을 만들어 자음27자를 만들었다.

그리고 하늘 또는 태양 모양을 나타내는 ㅇ, 땅모양을 나타내는 ㅁ, 사람모양을 나타내는 △을 상징화하여 기본 모음으로 ·, ㅡ, ㅣ를 만들어 각각 조합하여 모음 11자를 만들었다. 모두 38자로 정리하였던 것이다. 모음으로 사용된 하늘모양의 ·는 원래 ㅇ으로서 태양의 축소형이 되고 입술과 입모양이 둥근 모양으로 나타나며, 평지가 되는 땅모양의 ㅡ는 입술모양이 퍼진 상태가 되며, 서 있는 사람모양의 ㅣ는 혀 모양이 서는 모양이 된다.

·, ㅡ, ㅣ가 서로 조합되어 이루어지는 모음의 모양은 그에 따른 뜻을 내포하게 된다. 즉, ㅏ는 ㅣ의 오른쪽에 태양 ㅇ이 나아가는 모양으로서 밝고 명량한 뜻을 지닌다. ㅓ는 ㅣ의 왼쪽에 태양 ㅇ이 갇혀 어둡고 무거운 뜻을 나타낸다. ㅗ는 지평선에 위로 태양이 떠오르는 모양으로서 밝고 가벼운 뜻을 지니게 된다. ㅜ는 지평선 ㅡ 아래 태양이 갇혀 있는 상태를 나타내어 어둡고 무거운 뜻을 가진다. ㅑ는 ㅏ보다 태양 ㅇ이 하나 더 있으므로 더 밝고 가벼운 느낌을 주는 것이 되고, ㅕ는 ㅓ보다는 여린 뜻을 가진다. ㅛ는 ㅗ보다 더 부드러운 느낌을 주며, ㅠ는 ㅜ보다 가벼운 느낌을 준다.

가림토 글자는 상형표의문자가 조합된 글자로서 상형문자이자 표의문자이고 표음문자이다. 즉, 소리가 꼴과 뜻과 일치하는 것이 된다. 이는 자연의 소리가 된다는 의미이다. 인간이 억지로 만든 소리나 글자가 아니라 원래부터 자연에 있는 소리로서 모양에 따라 나는 소리인 것이다.

즉, 가림토의 후신이 되는 지금의 한글은 원래 상형문자에서 나온 글자이므로 상형문자이자 표의문자이며 표음문자가 되는 것이다. 세종대왕은 글자의 모양을 발음기관의 모양을 본뜬 것이라 하나 물론 자연에도 그 모양이 원래 있는 것이 된다. 왜냐하면 사람도 자연의 구성원으로서 발음기관의 모양이 이미 자연에도 있는 것이 되기 때문이다.

예를 들면, '해'라는 말과 글은 표음문자이자 상형문자이며 표의문자가 된다. 즉, ㅎ은 태양을 나타내며, ㅐ는 ㅏ, ㅣ로서 오른쪽으로 움직여(ㅏ) 떠올라 서 있는(ㅣ) 모양이 된다. 즉, 해는 낮에 하늘에 떠올라 있는 존재를 가리키는 것이다.

달(月)은 ㄷ모양으로 변하면서 동쪽에서 떠올라 오른쪽으로(ㅏ) 흐르는(ㄹ) 존재를 나타낸다. 별(星)은 하늘에 벌어져(ㅂ) 있으면서 밤에 떠서(ㅕ) 빛이 흐르는(ㄹ) 존재를 나타낸다. 한글 자체가 바로 상형문자이고 표의문자이며 소리문자가 되는 것이다.

서기전 2181년은 단군조선이 세워진 지 약 150년 정도 흐른 시기인데, 가림토 38자가 어느 한 사람에 의하여 갑자기 만들어진 것이 아니라 이미 오래전부터 상형표의 문자로서 쓰여져 오다가 이때에 이르러 발음표기법으로 정립된 것으로 되는 것이다.

그런데 가림토 38자가 정립되기 전에 사용되던 표음식 문자들이 후대에 발행된 소위 첨수도, 침수도, 명도전에 새겨져 있기도 한바, 이는 서기전 2181년에 정립된 가림토 38자는 이들 글자들 중에서 엄선된 대표적인 글자가 되는 것이며, 한편으로는 자음과 모음을 형상에 맞추어 변형시켜 사용한 것이 된다. 명도전 등에서 인도의 브라미문자와 비슷한 형태의 글자들도 보이는바, 이는 인도로 간 브라미족들이 문자를 배달나라나 단군조선에서 가져간 것이거나, 배달조선의 사자들이 순행하면서 전파한 것으로 된다.

특히 서기전 2000년경에 서방으로 이동한 아리안 족은 서기전 2224년 하우가 반역할 때 단군조선 영역으로 도망한 사람들이 차차 서방으로 이동하여 아리안 조상이 된 것으로 보인다. 이들은 서기전 2000년경에서 서기전 1800년경에 인도지역과 이란지역과 유럽으로 이동한 것이 된다. 그래서 아리안어의 단어는 우리말과 많이 닮아 있고 기본 문장구조는 고립어가 되는 중국어와 닮아 있는 것이 된다. 그래서 아리안어는 우리말(교착어)과 고립어에서 파생된 제3의 굴절어가 되는 것이다.

단군조선의 가림토 글자는 각 지역에서 오랜 기간 쓰여 졌고, 사방의 나라가 점점 왕래가 멀어지고 습속이 달라지면서 글자의 소리도 따라 변하게 되었다. 그리하여 단군조선이 망한 서기전 238년경부터 각 지역에 쓰여지던 가림토 글자의 소리는 지역마다 조금씩 달라졌고 그에 따라 말소리도 달라졌던 것이 된다.

이를 단적으로 나타내 주는 경우가 바로 일본 땅이다. 서기전 668년 일본 땅에 반란이 일어나 단군조선은 마한에게 명하여 토벌군을 보내어 진압하라 명하였고 이에 마한은 협야후 배반명을 모내어 토벌토록 하였는데, 7년이 지난 어느 때 협야후 배반명의 동생인 신무(神武)가 권력욕에 사로잡혀 이참에 나라를 스스로 다스려 볼 욕심에 몰래 다른 형제들을 모두 해치우고 서기전 660년에 단군조선을 반역하여 참칭천황이라 하였다. 이후 왕래가 더 멀어져 결국 말이 많이 변하게 되어 소통이 점점 어렵게 되었던 것이다. 그러나 그들도 단군조선에서 가져간 가림토 글자를 그들의 신성한 물건이나 축문에 사용하여 하늘나라에서 하강한 존재로 추앙을 받게 되었던 것이다.

훈민정음 이전에 소리글자가 있었음을 단적으로 증명해 주는 글이 바로 훈민정음 해례본의 정인지 서문이다.

천지자연의 소리가 있으니 반드시 천지자연의 글자가 있다. 그래서 옛 사람이 소리에 따라 글자를 만들어 만물의 뜻을 통하게 하고, 삼재(三才)의 도(道)를 실었으므로 후세에도 능히 바뀌지 아니하였다. 그러나 사방의 풍토가 나뉘어져 다르게 되니 소리의 기운도 역시 따라 달라졌다. 대개 외국의 말은 소리는 있으나 그에 해당하는 글자가 없어 중국의 문자를 빌어 통용케 한 것은 오히려 그 소리에서 벌어지게 하는 것이 되었다. 어찌 능히 통달한다 하여도 착(鑿)이 없으리오? 대개 그 처한 바에 따라 편안하게 할 필요가 있으나 가히 억지로 같게 할 수는 없는 것이다. 우리 동방의 예악과 문장은 화하(중화)와 같으나 방언의 말이 그(중화)와 같지 아니하다.

有天地自然之聲 則必有天地自然之文 所以古人因聲制子 以通萬物之情 以載三才之道 而後世不能易也. 然四方風土區別 聲氣亦隨而異焉. 蓋外國之語 有其聲而無其字 假中國文字 以通其用 是猶鑿之也. 豈能達而無乎. 要皆各隨所處而安 不可强之使同也. 五東方禮樂文章 擬華夏 但方言之語 不與之同

－훈민정음 해례본 정인지(鄭麟趾) 서(序)

有天地自然之聲

천지자연의 소리는 곧 천지자연의 법(法)이다. 법(法)은 섭리(攝理)이며 이치(理治)이다. 그리하여 천지자연의 소리, 천음(天音)은 천지자연의 법 즉 천법(天法)이다. 천음(天音)을 나타낸 상징물이 방울(鈴)이다. 이 방울은 천지자연의 소리를 나타낸다. 방울은 태극(太極: 二極: 음양)을 상징하는 것으로서 천부인(天符印) 삼개 중의 하나이다. 훈민정음은 삼재(三才)의 원리에 따라 이기(二氣), 즉 음양의 이치를 담은 소리글자이다. 즉, 천지인의 상징인 ㅇ, ㅁ, △의 원리에 입각하여 만든 글자로서 자음과 모음이 모두 이 ㅇ, ㅁ, △에서 만들어졌는데, 자음은 발음기관의 모양을 나타내면서 모음은 ㅇ, ㅁ, △의 축소 상징화된 ·, ㅡ, ㅣ로 구성되면서 음양의 이치를 담고 있는 것이다. 자음과 모음 모두 삼재(三才)의 도(道)를 싣고 있는 이전의 소리글자를 본뜬 것이므로 당연한 것이 된다.

서기전 7197년 이전의 파미르고원 마고성시대에 이미 오금(烏金)으로 된 귀고리를 하고 다녔으며 천음(天音)을 듣기 위한 것이라고 기록되고 있다(박제상 저/김은수 역, 부도지 참조). 첨부인 삼인은 거울, 방울 또는 북, 칼이며, 재질로는 청동거울, 청동방울, 청동검이 대표적이다. 거울은 무극(無極), 일극(一極)으로서 하늘, 태양을 상징하며 천성(天性)을 나타내고, 방울은 이극(二極), 반극(反極), 태극(太極, 음양)으로서 천음(天音)으로 천법(天法)을 나타내며 천지(天地) 즉 하늘과 땅이 원래 하나임을 나타내고, 칼은 삼극(三極), 삼태극(三太極)으로서 천권(天權)을 나타내며, 하늘, 땅, 사람이 원래 하나임을 나타낸다.

서기전 7197년경에 천부(天符)가 신표(信標)로 사용되었고, 서기전

7197년경부터 서기전 6097년경 사이에 해당하는 시기에 천부삼인 (天符三印)이라는 용어가 기록되고 있다.

則必有天地自然之文

천지자연의 글자는 천지자연의 소리를 나타낸 부호이다. 천지자연의 모습을 나타낸 것이 그림이나 글자인데, 글자에는 크게 그림 글자와 소리글자가 있다. 여기서 말하는 천지자연의 글자는 곧 표음문자인 소리글자를 가리킨다. 즉, 앞에서 천지자연의 소리가 있고 이에 천지자연의 글자가 있다고 하였기 때문이다. 이는 정인지 선생이 훈민정음 이전에 이미 표음문자가 있었음을 단적으로 나타내 주는 글이다.

所以古人因聲制子 以通萬物之情 以載三才之道

옛 사람이 소리에 따라 글자를 만들어 만물의 뜻을 통하게 하고 삼재(三才)의 도(道)를 실었다 하여, 표음문자임을 다시 나타내고 있다. 소리글자로 뜻을 통하게 하였다 하므로 소리글자인 동시에 뜻글자가 되는 것이다. 삼재(三才)는 천지인을 가리키며, ㅇ, ㅁ 각을 나타낸다. 이 원방각은 자음의 기본이 되기도 하고, 상징화되어 ㆍ, ㅡ, ㅣ의 기본모음이 되기도 한다. ㅇ은 하늘이나 태양을 나타내고 둥근 모양을 나타내며, ㅁ은 사방이 있는 땅을 나타내고, △은 서 있는 존재인 사람을 나타낸다. 상징화된 ㆍ, ㅡ, ㅣ는 곧 태양(하늘), 땅, 사람을 나타내는 모음이 된다. 훈민정음의 삼재(三才)의 원리가 이미 옛 사람이 만든 소리글자에 분명히 실려 있다는 것이다. 이는

옛 사람이 만든 표음문자가 삼재의 원리에 따라 만들어진 것임을
단적으로 나타내 주는 것이다.

而後世不能易也

후세에 능히 바뀌지 않았다 하므로, 옛 사람이 만든 소리글자가
상당히 오랜 기간 동안 사용되어 왔음을 나타낸다. 이는 서기전 925
년 왕문(王文)에 의하여 만들어진 이두법을 고려하면, 서기전 925년
이전은 물론 그 이후에도 오랜 기간 사용되었음을 알 수 있게 한다.

然四方風土區別 聲氣亦隨而異焉

그러나 사방의 풍토가 나뉘어져 달라지니 소리의 기운도 역시 따
라 달라졌다 하는 데서, 단군조선이 망한 때가 되는 서기전 238년경
이후 사방의 제후국들이 칭왕을 하면서 독자노선을 걷게 됨으로써
말소리가 달라지게 된 것을 나타낸다. 서기전 2333년에 개국된 단
군조선이 약 150년이 지난 시점인 서기전 2181년에 삼랑 을보륵이
정음(바른소리)을 만드니 가림토 38자이다. 이때 가림토 글자를 만든
이유가 진서(眞書: 상형문자=神篆)가 있었으나 나라마다 소리가 달라
지니 이를 통일시키기 위하여 만들었다 한다. 약 1000년이 지난 서
기전 1285년에 색불루 단군에 의하여 후기조선이 시작되었으나 이
때까지도 계속 사용된 것이 되고, 특히 첨수도, 첨수도, 명도전이
주조발행된 것으로 보이는 주나라 전국시대까지도 계속 사용된 것
으로 된다. 주나라 전국시대는 서기전 403년부터 서기전 249년까지
이다. 단군조선은 서기전 238년에 사실상 망하고 서기전 239년에

시작된 해모수의 북부여에 의하여 서기전 232년에 접수된다. 단군조선이 망하자 특히 진한과 번한의 유민들이 동으로 남으로 이동하여 마한 땅인 한반도 남쪽으로 가서 각각 나라를 열었는데, 변한 12국이 서기 42년에 가야연맹에 의하여 대체될 때, 아라가야가 있었으며, 이 아라가야는 지금의 함안지역에 있었고 유물로 나온 토기 위에 가림토 글자가 새겨 있는 것으로 보아 이때까지도 계속 사용되어 온 것으로 보인다. 다만, 조정에서는 한자를 사용하거나 이두를 사용하여 표기한 것이 된다. 사방이 나뉘어져 각각의 나라가 되니 문화와 습속 달라지게 되므로 자연히 말소리도 변하게 된다. 그래서 소리의 기운 즉 소리 내는 방법이 달라지게 되는 것이다. 서기전 2181년 이후에 단군조선의 제후국들이 멀리 떨어져 있는 경우에는 그에 따라 다른 말이 생겼던 것이 분명하며, 서기전 660년 일본이 천왕을 참칭하면서 독립을 시도하여 그에 따라 말소리도 달라지게 된 것으로 보인다.

蓋外國之語 有其聲而無其字 假中國文字 以通其用 是猶鑿之也. 豈能達而無乎. 要皆各隨所處而安 不可強之使同也. 五東方禮樂文章 擬華夏 但方言之語 不與之同

나라마다 말이 있으나 그 소리에 따른 글자가 모두 있는 것이 아니어서, 중국의 문자를 빌어 사용하였는데, 이것이 오히려 그 소리를 정확히 나타내지 못함으로서 글자와 소리를 벌어지게 한 것이 된다. 아무리 글자에 통달한다 하더라도 글자와 소리를 완전히 일치하게 할 수는 없는 것이다. 대체적으로 각기 처한 바에 따라 편안하게 사용하도록 할 필요는 있으나 억지로 같게 할 수는 없는 것이다. 우리 동방(조선)의 예악과 문장은 중국에 견주나, 말은 같지 않다는 것이다. 그래서 세종대왕이 훈민정음 28자를 창제하시니, 象形而字倣古篆이라 하여 모양을 나타내며 글자는 옛 전자를 본 땄다 함으로써, 훈민정음이 상형문자이자 글자의 모양이 옛 글자를 본뜬 것이라 한 것이다. 여기서 상형은 발음기관의 모습을 나타낸 것으로 해석이 되는데, 글자의 모양을 옛 글자에서 본뜬 것이라 하므로 소리글자로서 발음기관의 모양을 나타낸 글자라는 것이다.

이상으로 훈민정음 해례본의 정인지 서문의 서두에서 보는 바와 같이, 훈민정음 이전에 이미 오랜 기간 동안 천지자연의 소리에 따른 천지자연의 글자를 삼재의 원리에 따라 만들어 사용하였으며, 훈민정음의 글자는 이 글자에서 본뜬 것이고, 모양은 발음기관의 모양이 되는 것이다. 바로 이 글자가 곧 단군조선의 가림토 글자가 되는 것이며, 이 가림토 글자가 바로 삼재의 원리에 따라 만들어진 소리글자임을 단적으로 나타내는 것이 된다.

이제 훈민정음 이전에 이미 소리글자가 있었으며, 한글이 이 소리글자를 본 딴 것임을 부인할 수 없는 것이다. 즉 서기전 2181년에 만들어진 가림토 38자는 세종대왕의 훈민정음의 기본글자가 되는 것이다. 다만, 훈민정음 신제 당시에 가림토 38자, 정음 38자, 단군(檀君)조선(朝鮮), 을보륵(乙普勒), 영해박씨, 징심록(澄心錄), 음신지(音信誌) 등을 언급하지 아니한 것이 아쉬울 뿐이다.

훈민정음은 서기전 2181년에 만들어진 소리글자 가림토 38자를 본뜬 것이며, 이 가림토 글자는 천지자연의 소리를 나타낸 부호로서 원래 천지자연의 소리와 일치하는 것이고, 천지자연의 소리는 곧 천지자연의 형상이 된다. 천지자연의 모습이 곧 천지자연의 소리인 것이다.

시각과 청각은 느끼는 감각이 다를 뿐이며 모두 천지자연의 소리이다. 천지자연의 소리는 천지자연의 법이며, 이에 따라 형상이 나타나는 것이다. 모습을 가지기 이전의 천지자연은 곧 소리인 것이다. 소리(聲)는 기(氣)이다. 성(聲)은 음(音)이다. 음은 피리 등 악기 소리를 나타내는 글자가 된다. 악기소리가 바로 천지자연의 소리를 나타낸 것이다.

기(氣)는 작용이며, 그 작용의 원천은 바로 신(神)이다. 신(神)이 기(氣)가 되고, 기(氣)가 바탕(質)이 되고, 바탕(質)에서 틀(機)이 잡히며, 틀(機)에서 체(體)가 잡히며, 체에서 형(形)이 나타난다. 소리는 기(氣)로서 만물의 바탕(質)이 되고 기(氣)가 어우러져 때로는 소리로 때로는 모습(形體)으로 나타나는 것이다. 단적으로 보이는 기(氣)는 모습(形象)이며, 보이지 않는 기(氣)는 곧 소리(音, 聲)인 것이다. 소리글자는 천지자연의 소리를 나타낸 글자이고, 천지자연의 소리는 곧 천지자연의 모습이기도 한 것이다. 그래서 그 소리글자는 바로 그 형상을 나타내는 글자로서 상형문자이기도 한 것이다. 이러한 소리글자이자 상형문자인 글자가 바로 천지인의 모습을 담은 가림토이며, 가림토는 천지자연의 소리(聲)을 나타낸 글자인 것이다.

가림토의 후신이 되는 소위 원시한글이 일본의 이세신궁(伊勢神宮)에 축문으로 남아 있는데, 일본의 국조신인 천조대신(天照大神)이 요하유이며, 단군조선 두지주의 추장이었음을 증명해 주고 있다.

우미가 유거하고 시나두 무오호가하라 노우어구사 우미가 하이사요 후 하마 두디도리 하마 요하유가 수이 시두다후

이를 지금의 말로 풀이하면, "바다는 유유히 머물고 시냇물은 거

리낌 없이 즐거이 노래하라. 언덕에 부딪치는 성난 파도는 바다가 하심이로다. 대 두지공(豆只公)이신 대 요하유(大日靈貴)께서 편안히 쉬고 계시도다!"가 된다.

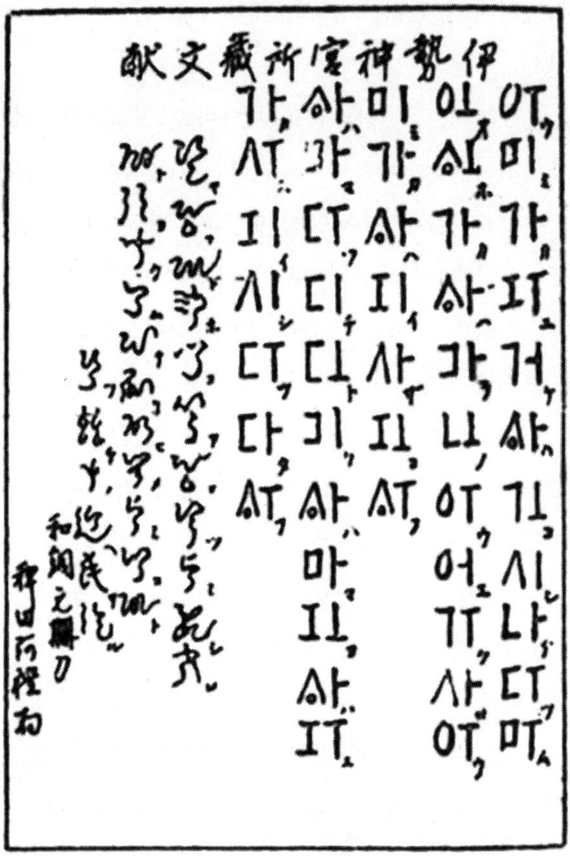

〈그림 13〉 일본 이세신궁 원시 한글

(13) 화폐제도-원공패전(圓孔貝錢), 자모전(子母錢), 패엽전(貝葉錢)

서기전 2133년에 원공패전을 주조하였으며, 서기전 1680년에는 가림토 글자를 새긴 자모전을 주조하였고, 서기전 1426년에는 엽전의 시초가 되는 패엽전을 주조하였다.

원공패전은 둥근 구멍이 뚫린 조개모양의 돈이라는 말로서 조개를 사용한 것이 아니라 구리나 청동으로 주조하여 만든 것이 된다. 자모전은 자음과 모음으로 이루어진 글자가 새겨진 돈이라는 말로서, 서기전 2181년에 만들어진 가림토 글자를 새긴 돈이 된다. 패엽전은 조개모양의 엽전으로서 둥근 엽전이 아닌 타원 모양의 엽전을 가리킨다.

한편, 침수도, 첨수도, 명도전은 대략적으로 주나라의 춘추시대(서기전 770년~서기전 404년) 이전부터 주조된 것으로 추정되는데, 침수도와 첨수도는 중국 측에서도 북방의 산융부족이 주조하였다라고 밝힘으로써 단군조선의 화폐임을 자인하고 있으며, 이후 침수도와 첨수도의 맥을 이은 소위 명도전도 단군조선의 화폐임을 인정하

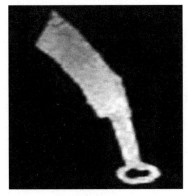

<그림 14> 첨수도

<그림 15> 명도전

고 있는 것이다.

침수도와 첨수도는 상형문자 도전 또는 상형-표음문자 도전, 경우에 따라 자모도전(子母刀錢)]이라 할 수 있고, 명도전은 명백히 자모도전이라 알 수 있는데, 이전의 자모전을 이어 칼 모양으로 만든 것이 된다. 즉, 소위 명도전에는 단군조선의 상형한글이 새겨져 있어 자모전의 일종이 되며, 그 글자는 자음과 모음의 글자를 조합하여 만든 상형글자가 많으므로 상형한글, 또는 단군조선 한글, 상형가림토 등으로 부를 수 있다. 또 서기전 643년에는 방공전(方孔錢)을 주조하였다 하는데, 방공전은 네모 모양의 구멍이 뚫린 돈으로서 통상의 엽전을 가리키는 것이 된다.

소위 이 명도전을 연나라나 제나라가 주조하였다라고 하나 그 원조는 단군조선임이 명백한 것이며, 첨수도와 침수도가 명도의 원조이므로, 연과 제나라의 명도는 단군조선의 명도전 주조 후에 주조된 것으로 된다.

명도전은 서기전 925년경 이후 주조된 것으로, 연제의 명도는 주나라 전국시대인 403년경 이후로 추정된다. 왜냐하면 주나라의 제후국이 화폐를 자체적으로 통용시키려면 왕국과 같은 지위가 되어야 하므로 전국시대로 보아야 할 것이다. 아니면 제나라가 왕이라 칭한 서기전 334년경 이후일 수도 있다.

주나라 전국시대에 칭왕을 한 시기는, 초나라가 서기전 741년, 오나라가 서기전 585년, 월나라가 서기전 491년, 제나라가 서기전 334년, 위(魏)나라가 서기전 333년, 진(秦)나라가 서기전 324년, 한(韓)나라 및 연나라가 서기전 323년, 조나라가 서기전 319년경이 된다.

소위 명도전으로 인하여 단군조선의 문자와 화폐 문화는 거의 역사적 사실로서 이미 증명된 것이 되며, 진시황의 진나라 때 방공전을 만들었다 하는데, 방공전도 그 원조는 바로 단군조선이 된다.

2) 백악산 아사달시대 860년

서기전 2333년 10월 3일 조선이 개국된 때로부터 1048년이 흘렀다. 서기전 1289년경부터 은나라와의 전쟁에서 전과를 올리던 개사원 욕살 고등(高登)이 서기전 1287년에 제21대 소태단군에게 우현왕(右賢王)으로 봉해 줄 것을 청하여 우현왕이 되었으며, 우현왕 고등이 죽자 손자인 색불루(索弗婁)가 세습하여 우현왕이 되었다.

서기전 1286년에 소태단군은 진한 남쪽의 땅을 순행하다가 살수를 둘러보고 종실이 되는 서우여(徐于餘)를 살수에 봉하여 기수(奇首)라 칭하고 양위하려 하자, 우현왕 색불루가 만류하였으며, 거듭하여 소태단군이 서우여에게 양위하려 하므로 우현왕 색불루가 급기야 군사를 일으켜 백악산아사달을 점거하여 스스로 천왕이 되니, 소태단군은 어쩔 수 없이 우현왕 색불루에게 양위할 수밖에 없었다. 이리하여 소태단군은 물러나고 서기전 1285년에 색불루가 제22대 단군이 되었다.

그런데 서우여가 군사를 일으켜 색불루를 치러 갔으며, 많은 제후, 욕살, 장수들이 색불루가 강압적으로 선양 받아 단군이 된 것에 불만을 품고 군사를 일으켜 전쟁을 하게 되니, 여원흥(黎元興)과 개천령 등이 무마하려 나섰다.

즉, 색불루는 오가(五加)회의에서 선출된 것이 아니라 군사력을 빌미로 강압적으로 단군이 된 것이어서, 지금의 군사 쿠데타에 해당하는 것이 된다. 그러므로 백성들이 이를 용납하지 않으려 한 것이며 군사를 일으켜 색불루를 치려 한 것이다.

삼국유사에서는 이런 상황을 부자관계는 있으되 군신관계는 없었다는 식으로 비유적으로 기록하고 있는데, 이는 신하들이 따르지 않았다는 것을 나타낸 것이 된다. 실제로 절개가 곧기로 소문난 단군조선의 제후국인 고죽국의 백이와 숙제는 색불루의 불충을 보고 세상을 비관하여 차기 임금 자리를 내놓고 동해물가에 피하여 살았다라고 기록되고 있다.

서기전 1139년경 주나라 무왕 때에 등장하는 고죽국의 백이숙제가 색불루 단군 당시의 백이숙제일 가능성이 아주 농후하다. 왜냐하면 서기전 1286년과 서기전 1139년은 약 147년 차이가 있으나 강태공이 서기전 1139년에 이미 80세 정도 되었으며 백이와 숙제를 노인으로 기록하고 있으므로 수긍이 간다.

즉, 서기전 1139년경 당시의 백이와 숙제는 이미 나이가 160세 정도 되었다는 것이 된다. 불가능한 것은 아니라고 본다. 만약 색불루 단군 당시의 백이와 숙제가 아니라면 또 다른 백이와 숙제가 된다. 백이와 숙제는 백과 숙은 이제(夷齊)라는 첫째와 셋째를 가리키는 말이기 때문이다. 이(夷)와 제(齊)라는 이름은 얼마든지 있을 수 있는 이름이 된다.

색불루 단군을 따르던 여원홍과 개천령은 서우여를 설득시키고 여러 욕살과 장수들을 설득시켰다. 그러나 개천령은 이미 전쟁 중에 죽었다. 색불루 단군은 서우여를 번한에 봉한다고 약속하였다. 이에 서우여는 색불루 단군의 제의를 받아들여 군사를 물리니 전쟁이 그치게 되었다. 여원홍은 마한으로 봉해졌다. 이로써 서기전 1285년부터 후기 단군조선이 시작된다.

백악산 아사달은 상춘(常春)이며, 지금의 장춘(長春)이 된다. 상춘은 늘봄이라는 말로서 고구려의 초기 수도인 눌현과 같은 말이다. 그래서 고주몽의 집이라는 의미에서 상춘에 주가성자(朱家城子)라는 것이 있다라고 기록되고 있는 것이다. 고주몽의 고씨 외에 이름에서 주(朱)를 따서 성씨로 삼은 것이 된다. 그리하여 명나라 시조 주원장(朱元章)이 고주몽의 먼 후손이라는 기록이 있기도 하다.

색불루 단군은 전기 단군조선의 정통을 이어 받은 것을 알리기 위하여 천제(天祭)를 올렸다. 색불루 단군은 서기전 1282년에 8조금법을 만들게 하여 삼한에 시행하였다. 서기전 1122년 주나라에 망한 은나라의 왕족 기자가 조선으로 망명하여 시행하였다는 8조금법은 바로 단군조선이 삼한에 시행한 8조금법을 가리킨다. 이미 시기적으로만 보더라도 은 기자가 시행한 시기보다 160년 이전이 된다.

은나라 기자가 망명한 땅은 지금의 태항산 서쪽 지역으로서 서화(西華)라고 불리는 땅인데, 고죽국의 서쪽에 있고 구려국의 서쪽 자락의 남쪽에 위치하고 주나라 태원 북쪽에 위치한 나라이다. 은기자의 나라는 번한관경에 속하며, 번한에서 시행되고 있던 법을 자신의 백성들에게 시행한 것이 된다. 나중에 은기자의 후손들을 수유(須臾)라고 부른다. 이 수유라는 말은 시조 서여(胥餘)라는 말과 유사하다.

주나라 춘추시대에 수유와 고죽국은 연나라를 정벌하였는데, 연나라는 제나라에 구원을 요청하여 제나라 환공이 관중의 보좌로 고죽국을 정벌하였다고 기록되고 있다. 서기전 650년경 고죽국이 망한 때 수유도 함께 망한 것으로 보이며, 기자의 후손인 선우(鮮于)씨족은 남으로 이동하여 주나라 춘추전국시대에 선우중산국(鮮于中山國)을 세운 것이 되고, 기(箕)씨족은 동으로 이동하여 발해만 유역의 번한에 들어와 살게 되고, 이후 서기전 323년에 기후(箕詡)라는 자가 번한의 자리에 올라 번조선왕이라 칭한 것이다.

색불루 단군은 전기조선의 제도를 그대로 이어받았다. 진한, 마한, 번한의 삼한은 관경을 뜻하는 진조선, 마조선, 번조선으로 사용되기도 하였다. 즉 단군이 다스리는 지역은 진조선, 마한이 다스리는 지역은 마조선, 번한이 다스리는 지역은 번조선이라 하는 것이다. 전기 단군조선에서는 진한, 마한, 번한이라는 말 자체가 관경을 가리키는 것이었다. 그런데 이때 이르러 삼조선으로 부르게 된 것이다. 임금을 부르는 말은 천왕(단군), 마한, 번한이라 하였다. 즉 이때부터 한(韓)은 관경보다 비왕(裨王)을 가리키는 말로 주로 사용되게 된 것이다.

색불루 단군이 후기조선을 시작한 후 164년이 흐른 뒤에 은나라가 주나라에 망하였다. 서기전 1122년에 제후국이던 주나라가 은나라을 멸하고 주무왕이 주나라를 시작한 것이다. 이에 단군조선은 숙신을 사자로 보내어 주무왕의 즉위를 축하해 주었다. 이로써 주무왕을 정식 천자로 인정한 것이다. 중국의 기록에서는 이를 숙신이 조공을 바친 것으로 곡필하고 있다. 조공이 아니라 즉위축하인 것이다. 이는 후대에 주나라 천자가 봉선을 행하거나 제나라 환공이 봉선을 흉내낸 절차의 원래의 절차가 되는 것이다. 즉 천상(天上)의 나라인 상국(上國)의 천왕(天王)이 천하왕(天下王)인 천자(天子)를 정식으로 봉하거나 세습을 인정해 주는 절차인 것이다.

이후 주나라와 단군조선은 관계가 하나라나 은나라보다 원만하였고 전쟁도 거의 없었다. 홍사서문에서 공자의 후손 공빈이 동이와 중화가 1000년을 넘게 우호관계에 있었다라고 적고 있는 것과 일맥상통한다. 그런데 세세한 전쟁은 있었다.

서기전 1236년에 봉해진 서국(徐國)은 서이(徐夷)라고 불리는데,

후대의 서언왕이 주나라와 전쟁을 하여 몰아부쳤으며 급기야 36군을 다스리는 동이족의 맹주가 되기도 하였다. 주나라가 동이족으로 하여금 서언왕을 맹주로 받들도록 허락하였다는 기록은 이를 가리키는 것인데, 물론 이는 당시의 내륙에 한정되는 것이다.

그런데 초나라가 강성하여 서기전 680년경에 서언왕을 쳐서 수도를 함락시켰고 이에 서언왕은 서산(徐山)으로 이동하여 잔존하다가 후대에 제나라의 속국이 되기도 하였다. 주나라가 군사를 일으켜 단군조선을 친 전쟁은 없으며 주나라의 제후국들이 주변의 단군조선 제후국들과 전쟁은 때때로 있었던 것이다.

그러나 하나라는 시조 우와 그 아들 계가 단군조선을 반역하였던 것이고, 은나라는 탕이 단군조선의 도움으로 건국되었으나 이내 돌변하여 단군조선의 제후국들을 정벌하기 시작하였고, 서기전 1289년경에는 단군조선의 변경을 침략하는 등 하므로 우현왕 고등이 귀방을 정벌하기도 하였는바, 주나라는 전체적으로 볼 때 하나라와 은나라의 태도와는 조금 다른 관계를 유지하였으며 많은 백성들이 서로 오고가고 살았다라고 기록되고 있다. 실제로 주나라 사람들이 단군조선으로 와서 벼슬도 하였다고 기록되고 있다.

은나라 때까지 존속한 것이 되는 산동지역의 청구(靑邱)는 주나라 건국 후 기록이 보이지 않는데, 아마도 제나라가 봉해지면서 소국으로 나뉘어져 래이, 개이, 우이, 양이로 존속한 것으로 보인다. 서기전 1236년에 봉해진 엄, 서, 회는 남이(藍夷)족이 된다.

주나라시대에는 내륙8이로서 남, 회, 래, 우, 양, 개, 엄, 서가 있다고 기록되고 있다. 춘추시대 이전이 되는 서기전 909년에 엄독홀에 이르러 태산에서 천제를 지낸 기록을 보면 서기전 909년경까지 태산은 단군조선의 번한관경에 속하는 엄이(淹夷)의 땅이 되며, 이후 어느때인가 주나라의 제나라 영역에 속한 것으로 된다.

(1) 천후국: 여(黎), 낙랑(樂浪), 엄(淹), 서(徐), 회(淮)

서기전 1266년에 여파달(黎巴達)을 서쪽으로 군사를 이동시키게 하여 백족(백이, 서이, 서융)의 빈, 기의 땅에 나라를 세워 여(黎)라 하였으며, 서기전 1237년 아흘단군이 숙부 고불가(固弗加)를 낙랑홀(樂浪忽)에 봉하였고, 서기전 1236년에는 태산부근에 엄(淹), 산동반도 서남쪽에 서(徐), 회수부근에 회(淮)를 봉하였다.

빈, 기의 땅은 주나라 왕족의 고향 땅이다. 견이와 근접한 땅이며, 주문왕과 주무왕이 중히 여기는 땅이다. 주나라는 서이(西夷)의 나라가 된다. 은나라의 주왕이 도를 잃자 주나라는 서이의 주축이 되어 군사를 이끌고 은나라를 정벌하여 멸한 것이다. 단군조선은 이미 은나라의 정세를 파악하고 있었으므로 주나라의 움직임을 지켜보고만 있었던 것이다. 그리하여 주나라가 건국되자 주무왕을 정식 천자(天子)로 인정해 준 것이다.

(2) 기타 천후국: 서화(西華: 기자국), 산동지역의 래(萊), 개(介), 양(陽), 우(隅)

서기전 1122년에 주나라가 은나라를 멸하자 은나라 왕족 기자는 5,000명의 패잔병을 이끌고 고죽국의 서쪽이 되는 태항산 서쪽 서화라는 땅에 망명하여 자리 잡았다. 이리하여 기자국(箕子國)이 선 것이다. 기자의 후손은 수유라고도 한다. 기자의 후손은 나중에 남으로 이동하여 선우중산국을 세우고 일부는 동으로 이동하여 번한에 살았으며 서기전 323년에 번한이 된 기후의 뒤를 이어 서기전 194년까지 기씨(箕氏)가 번조선왕이 되었다.

말왕인 기준왕은 위만에 속아 나라를 빼앗기고 배를 타고 마한땅으로 갔으며 처음 평양으로 갔다가 토착인들의 저항에 부딪혀 다시 남하하여 금마에 자리 잡아 마한을 세웠던 것이며, 그 뒤를 탁(卓)이 이어 서기 9년 백제에 망할 때까지 존속하였고. 한반도의 진한, 마한, 번한 중 진왕(辰王)으로 군림하였다.

서기전 1122년에 주나라가 건국되고 제후국으로 제나라가 봉해지자 단군조선의 군국(君國)이던 산동반도 지역의 청구(靑邱)는 강태공의 제나라에 일부 흡수되거나 나뉘어져 래, 개, 양, 우로 존속한 것이 된다. 산동반도 지역의 래, 개, 양, 우는 산동반도 서쪽의 남, 엄, 서, 회와 더불어 내륙 8이라 불리운다.

(3) 천자국 은(殷), 주(周)와 춘추시대

은나라는 서기전 1766년에 건국되어 서기전 1122년까지 존속하였으며, 주나라는 서기전 1122년에 건국되어 서기전 249년까지 존속하였다.

후기 단군조선은 은나라의 말기에서 주나라 춘추시대까지 존속한 것이 되며, 주나라 춘추시대는 서기전 770년부터 서기전 404년까지 해당한다.

은나라와 주나라는 단군조선으로부터 천자(天子)로 인정받은 천하왕(天下王)의 나라이다. 천자는 천제나 천왕이 봉하는 봉작의 하나이며, 천하왕은 중앙이 되는 천상의 나라에서 봉한 지방이 되는 천하의 왕을 말한다. 천하왕에는 천군(天君), 천후(天侯)가 있으며, 천후에는 천공(天公), 천후(天侯), 천백(天伯), 천자(天子), 천남(天男)이 있다.

천자는 곧 천후의 일종이 된다. 단군조선의 제후들은 천군, 천후라 하는 것이며, 천하왕의 제후는 그냥 공, 후, 백, 자, 남이라 하는 것이다. 그래서 요, 순, 하, 은, 주의 제후들은 그냥 공후백자남이 되며, 단군조선의 제후는 천(天)자를 붙이는 것이 된다.

서기전 1122년경 주무왕은 은기자에게 도를 물었다. 이에 기자는 주무왕에게 홍범구주에 대하여 가르침을 주었던 것이다. 송미자세가(宋微子世家)에는 은기자가 주무왕에게 말한 홍범구주의 내용을 적고 있다. 홍범구주의 유래는 하우(夏禹)가 우순(虞舜)의 사공이던 시절에 치수를 담당하면서 하늘로부터 하사받은 것이라 적고 있는데, 이때 "…天乃錫禹 洪範九疇等…"이라는 글에서 天은 곧 단군조선, 단군왕검, 태자부루를 가리키는 것이다. 기자는 곤(鯀)의 임금인 요(堯)와 순(舜), 사공(司空) 우(禹)의 임금인 순(舜)을 제(帝)라 적으면서 그 상국(上國)의 임금을 천(天)이라 적은 것이 되는 것이다.

오월춘추에도 비슷한 기록이 있다. 즉 현이(玄夷)의 창수사자(蒼水使者)가 우(禹)에게 금간옥첩(金簡玉牒)을 전수하였다는 것이다. 우는 100일 동안 목욕재계하면서 백마를 희생으로 삼아 제를 올렸다. 즉 신(神)을 맞이하는 의식을 올리면서 치수법을 전수받은 것이다. 현이는 곧 북쪽의 단군조선을 가리키며, 창수사자는 북극수(北極水) 땅의 사자로서 단군조선의 사자를 가리키는 것이 되고, 금간옥첩은 홍범구주 등을 가리키는 것이 된다. 즉, 현이의 창수사자는 곧 부루태자이며 천사가 되고 천사(天使)는 곧 신(神)이나 다름없는 것이다.

(4) 단군조선 진서, 가림토와 은갑골문

은갑골문은 전체적으로 상형문자이다. 물론 이때 이미 육서법(六書法)이 정착된 상태이다. 그래서 가차, 전주 등의 기법이 사용되었다. 기본적으로 은갑골문은 상형문자로서 단군조선의 신전(神篆) 즉 진서(眞書)와 상통하는 글자이다. 물론 배달나라 때부터 표음문자식 발음이 발전해 오다가 단군조선 초기인 서기전 2181년에 표음문자인 가림토 38자가 정립되어 발음표기법이 정리되었는데, 가림토 38자는 진서의 발음을 통일시키기 위한 것이었으며, 그리하여 진서의 아류라 할 수 있는 은갑골문도 가림토와 연관되어 발음되었을 가능성이 많다.

허신의 설문해자에 의하면 글자의 발음이 단군조선의 발음이었다고 보이며, 따라서 은나라 은갑골문의 글자 발음이 단군조선의 발음과 대동소이하였으며, 가림토 독법으로 발음되었음을 알 수 있게 된다.

예를 들면 四라는 글자는 원래 '사'와 유사한 글자모양으로서 '사'라고 발음되는 글자였던 것이며, 五라는 글자는 원래 ㅇ, ㅡ, ㅇ 의 세워진 모양으로서 '오'로 발음된 것이며, 나머지 육, 칠, 팔, 구, 십도 마찬가지가 된다.

一은 'ㄹ'의 변형된 글자로 보아 가림토로 읽으면 'ㄹ'이 되며 이를 소리내면 '을'과 유사하게 되며 이는 변음되어 '일'이 되는 것이고, 二는 'ㅣㅣ'로 보아 장음의 'ㅣ'가 되어 '이'가 되며, 三은 '서이'라는 '사람'을 가리키는 말이므로 '사람'의 발음이 변음되어 '삶'이 되고 ㄹ이 탈락되어 '삼'으로 읽힌 것이 된다.

소를 나타내는 牜는 공교롭게도 획수가 '소'와 같으며 '쇼'라고 발음되다가 변음되어 '슈'가 되고 다시 유성음화되어 '유'가 되어 지금의 '우'로 변음된 것이 된다. 소 우(牛)의 소와 우라는 발음 자체가 훈독 음독으로서 모두 우리말이 되는 것이다.

家는 원래 상형문자로 '집'이라는 글자를 쓰던 중 집의 아래에 돼지를 키우는 것을 나타내는 글자를 쓰게 되면서, 원래 집의 가장을 加(가)라고 사용하고 있었기 때문에 '가'라는 발음을 함께 쓰게 되어 집 가(家)로 사용되게 된 것이 된다.

人(인)이라는 글자는 가림토로 읽으면 바로 'ㅣ, ㄴ'이 되어 '인'이 되는데, 원래의 글자는 ㅅ아래 ㅓ 또는 ㅏ이며 윗 글자는 머리위에 두깃을 단 모습으로서 '람'이라 발음되는 글자가 되어 가림토 발음으로 '사람'이라 읽었으며, 人으로 축약하여 적으면서 '사람 인'이라 읽은 것이 된다.

중국의 한자발음은 대체적으로 원래 단군조선의 음독이며, 훈독은 지금의 순우리말로 불리는 것이 된다. 왜냐하면 같은 글자가 읽는 방법에 따라 한 가지 이상의 발음이 생길 수 있기 때문이다. 그것은 글자의 방향에 따라 읽는 순서에 따라 생길 수 있는 것이다. 한 글자를 읽는 방법이 두 개이면 다른 글자를 이용하지 않더라도 곧바로 무엇을 뜻하는지 알 수 있게 되는 장점이 있다. 예를 들면 六을 '육'이라고 말할 때 '육'이라는 같은 소리로 나는 다른 글자가 여럿 있으므로 어느 것을 가리키는 것인지 헷갈릴 수 있는데, '여섯 육'이라고 말을 하면 그대로 六을 가리키는 것을 알 수 있게 되는 것이다.

이렇게 읽는 방법은 소위 첨수도, 침수도, 명도전에 새겨진 글자에서 알 수 있게 된다. 이들 첨수도, 침수도, 명도전은 단군조선에서 주조되어 발행된 단군조선의 유통 화폐이며, 당시의 단군조선에서 사용되던 단어들을 각각 새겨놓고 있다. 즉, 말소리를 통일하기 위

하여 단어의 소리를 가림토로 도폐에 새겨 홍보한 것이 된다. 지금
으로 말하면 도폐식(刀幣式) 사전(辭典)이 된다.

(5) 왕문의 부예와 이두법

서기전 924년 왕수긍의 먼 후손이 되는 왕문(王文)은 단군조선의
신전(神篆, 眞書)의 번거로움을 없애어 부예(符隷)를 만들고 가림토가
아닌 부예로써 소리를 적는 방법인 이두법을 창안하였고 이를 삼한
에 시행하였다 한다. 이후 가림토의 쓰임은 비공식적으로 되었고
공문에는 모두 부예와 이두법이 쓰이게 된 것으로 된다. 이 이두법
은 부여와 고구려에 이어지며 백제와 신라, 가야에도 이어진다.

부예는 서체의 하나가 되며, 신전이 단군조선의 전서체(篆書體)라
면 부예는 예서체(隷書體)에 해당하는 것이 된다. 전서체는 그림에
더 가까운 글자가 되고 예서체는 글자의 특징을 간결하게 정리한
글자가 된다. 그래서 상형문자를 초월하여 표의문자화되는 것이다.
그림은 상형, 그림글자는 상형문자, 전서체는 상형표의문자, 예서체
는 표의문자라고 할 수 있겠다.

주나라의 춘추시대 이전에 주조 발행되는 것이 되는 단군조선의
침수도, 첨수도, 명도전에는 단군조선의 문자가 새겨져 있는데, 대
체적으로 침수도와 첨수도의 글자는 명도전의 글자보다도 상형에
가까운 글자가 되고, 명도전의 글자는 표음문자로써 상형화한 글자
가 된다. 그리하여 침수도와 첨수도의 글자를 상형문자, 상형표의
문자, 상형-표음문자라 한다면, 명도전의 문자는 표음-상형문자,
표음문자라 알 수 있게 된다. 즉, 명도전상에는 가림토라는 단군조
선의 표음문자인 정음(正音) 38자에 해당하는 글자나 그 변형된 형

태의 자형이 상형에 맞추어져 쓰이고 있다.

만약 왕문이 만든 부예가 명도전에 새겨진 글자라 한다면, 부예는 곧 가림토 글자로 상형화한 글자이며, 가림토는 원래 신전에서 표음문자를 정선한 글자로서 상형과 소리를 일치시킨 문자가 된다. 이렇게 명도전의 글자를 부예라 한다면, 침수도와 첨수도에 있는 상형문자, 상형-표음문자는 곧 신전(神篆)으로서 진서(眞書)가 되는 것으로 곧 은나라 갑골문과 계통을 같이하는 것이며 배달나라 상형 표의문자의 후신이 되고, 한편으로는 경우에 따라 명도전 이전의 자모도전이 된다.

이러하다면 명도전은 서기전 924년 이후에 주조 발행된 것이 되는데, 서기전 1628년에 자모전(子母錢)이 주조되었다는 기록에 의하면, 침수도와 첨수도가 자모전이라는 것이 되며, 명도전은 자모전 이후의 부예식 자모전이 되는 것으로 된다. 그런데 침수도와 첨수도에 새겨진 글자를 보면 상형문자이거나 상형에 가까운 글자가 되는데, 자음과 모음을 분리할 수 있다는 말이 된다.

그래서 침수도와 첨수도에 새겨진 문자는 신전(神篆)이거나 경우에 따라 자모(子母)일 수 있으며, 명도전에 새겨진 문자는 경우에 따라 서기전 1628년에 주조 발행된 자모전식 자모전이거나 부예식 자모전이 된다. 침수도, 첨수도, 명도전의 정확한 주조발행 연대가 밝혀지면 신전(神篆)인지, 자모전(子母錢)인지, 부예식(符隸式) 자모전인지 알 수 있을 것이다.

한편, 고대 중국의 도전(刀錢)은 전국시대에 만들어진다. 그리하여 춘추시대 만들어진 침수도, 첨수도는 고대 중국의 화폐가 아니라 곧 단군조선의 화폐임이 드러나는데, 중국학자들도 이를 인정하고 있으며, 소의 명도전이 이러한 침수도와 첨수도의 후신이라는 것도 인정하고 있으므로 명도전은 곧 단군조선의 화폐임을 인정하고 있는 것이 된다.

침수도, 첨수도, 명도전을 주조 발행하였다는 산융(山戎)이라는 나라는 춘추시대에 존재한 고죽국의 위치를 볼 때 그 북쪽에 위치한 나라이며, 고죽국이 지금의 북경과 천진과 탁수를 중심으로 한 나라이므로 산융은 곧 요하문명 지역이 되는 서쪽의 요하 지역으로서 지금의 적봉시에서 태원 북쪽의 대동(大同)에 걸쳐 있는 나라인 구려(句麗=고리국=前 고구려)가 되며 구려국은 단군왕검의 둘째 아들인 부소(扶蘇)가 봉해진 나라이다.

3) 장당경시대 194년

서기전 426년 융안(隆安)의 사냥꾼이던 우화충(于和冲)이 장군이라 칭하며 서북의 36군(郡)을 함락하고 겨울에 백악산 아사달(상춘)을 공격하니 제44대 물리(勿理) 단군이 측근과 종묘사직의 신주들을 모시고 배를 타고 피난하여 바닷가로 가셨으나 얼마 안 되어 돌아가시고, 명을 받은 백민성(白民城) 욕살 구물(丘勿)이 군대를 일으켜 장당경을 선점하였고 동서 압록의 18성이 모두 병력을 보내 원조하였다.

우화충은 아마도 흉노족으로 보이며, 이때쯤에 흉노족들이 동서로 팽창하던 중, 힘으로 단군조선의 수도를 공격한 것이 되고, 물리 단군은 남쪽으로 피난을 하여 진한의 남해안 가에서 돌아가신 것이 되며, 욕살 구물이 어명을 받들어 군사를 모아 우화충의 난을 진압하려 한 것이 된다. 이때 수도는 백악산 아사달로서 지금의 장춘이며 서북의 36군은 몽골과 내몽골 지역을 가리키는 것이 된다.

흉노족은 원래 태원 서쪽의 황하북쪽의 동류 지역에 거주하던 족속이며, 점점 팽창하여 서쪽으로 서안 북쪽 지역으로 다시 중앙아시아와 유럽지역으로 확장하고 있었으며 동쪽으로는 서기전 426년에 이르러 단군조선의 수도이던 상춘까지 진출한 것이 된다.

원래 흉노족은 서기전 2177년 열양의 욕살 색정이 죄를 지어 약수(弱水)에 종신금치 되었다가 뒤에 사면되어 그 땅에 봉해져 흉노의 시조가 되었던 것인데, 주무대가 황하 북부 지역이 된다. 이 흉노족의 나라에 북쪽의 몽골, 몽골 남쪽의 선비가 합쳐진 것으로 되며, 후대에 선비는 별도로 칭하게 되고, 흉노에 속했던 몽골은 서기 7세경에 돌궐이라는 이름으로 역사에 나타나게 되고 돌궐이 이후 서진을 하여 지금의 터키로 된 것이고, 선비족은 수나라와 당나라의 왕족으로서 중국역사의 핵심이 된다.

위치적으로 보면, 몽골은 지금의 몽골지역이 되고, 몽골지역의 남쪽에 위치하는 내몽골지역은 선비가 되며, 선비의 남쪽에 흉노가 위치한 것이 되고, 흉노는 주로 황하북부 지역에 걸치고, 선비와 흉노의 동쪽에 구려, 기자국, 고죽국이 위치하고, 단군조선시대 중기에 선비의 남쪽에 남선비(南鮮卑)를 봉한 적이 있었고, 고죽국의 동쪽에 번한(번조선)이 위치하며, 번한의 동쪽에 진번(眞番)이 위치하며, 진번의 서쪽과 번한의 북쪽과 고죽국의 북쪽에 구려(句麗)가 위치하는 것이 된다. 제나라 환공이 관중과 함께 고죽국, 영지국을 정벌한 후 산융을 정벌하였다는 그 산융이 곧 내몽골 지역에 있던 구려가 되는 것이다.

그리고 구려 남쪽과 번한의 북쪽 사이에 낙랑이 위치한다. 낙랑은 패수가 되는 지금의 난하를 동쪽에 둔 나라로서 단군조선의 낙랑홀이며, 위만조선에 병합된 나라가 된다. 서기전 195년에 낙랑의 최숭(崔崇)이 난을 피하여 배를 타고 마한땅인 한반도 평양으로 가서 낙랑을 열었으며, 이 나라가 최씨의 낙랑국이고 서기 37년에 고구려에 망한 최리(崔理)의 낙랑인 것이다. 난하부근의 낙랑은 소위 한사군이 된 이후 고구려와 고대 중국의 전쟁터가 되었다.

지금의 난하는 낙랑 땅에 속한 것이 되고, 탁수와 영정하 중하류는 서기전 650년경까지 고죽국의 영역이었으며, 영정하의 상류 및 고하의 상류지역은 구려 영역이 되며, 고하 중하류는 번한 땅이었다가 서기전 281년경 연나라의 땅이 되었으며, 서기전 202년에 지금의 난하 중하류 지역이 한나라 땅이 되었던 것이다. 그 후 서기전 108년에 난하 지역은 낙랑군에 속하고 서기전 107년에 영정하 상류와 고하상류 지역은 현도군에 속했던 것이다.

소요수의 상류, 고하의 상류, 난하의 상류에 해당하는 지역에 서안평이 있는데, 서기전 108년에 동명왕 고두막한이 이 서안평까지 군대를 진격하였다고 기록되고 있는 점으로 보아 이 동쪽은 북부여의 영역이며, 그 서쪽이 현도군에 속한 것이 된다. 서안평은 거란의 상경 임황부인데, 지금의 고원(沽源)인 평정보(平定堡) 아니면 평안보(平安堡)로 추정된다. 고원은 고하의 발원지라는 의미를 지닌 지명이 된다.

소요수는 지금의 영정하 중류에 합류하는 양하에 합류하는데, 만전 부근에서 동북으로 이어진 청수하(淸水河)가 되며, 지금의 대마군산을 따라 서남으로 흘러 만전 부근에서 양하(洋河)에 합류한다. 소요수는 대요수에 합류한다 하므로 양하가 대요수인 영정하에 합류하는 것이 되어, 청수하~양하 하류가 소요수(小遼水)가 되는 것이다. 이 소요수의 상류 지역이 구려의 중심지로서 적봉시와 대동 사이에 위치하는 것이 된다.

서기전 121년에 서쪽에서 활동하던 흉노족은 한(漢)무제 때 곽거

병에게 토벌당하여 당시 흉노족의 왕이던 혼사왕(混邪王)과 휴도왕(休屠王)이 선우(禪于)의 화를 피하여 한(漢)나라에 항복하려 하였다가 곧바로 후회하던 중 휴도왕이 혼사왕에게 죽임을 당하였고 이에 휴도왕의 무리가 혼사왕과 함께 항복하였던 것인데, 이때 휴도왕의 태자이던 김일제(金日磾)가 포로가 되었던 것이며, 이후 이 김일제의 무리와 그 후예들이 가야와 신라 김씨가 된 것이다. 전한 말기에 도를 잃자 왕망(王莽)이 서기 8년 전한(前漢)을 폐하고 신(新)을 건국하였다가 서기 23년에 후한 광무제에게 패하였는데, 이때 왕망의 무리였던 김씨족들이 대거 한반도 쪽으로 망명하여 김수로 등이 번한지역에서 세력을 잡아 가야세력을 이루었고, 그 후 김알지는 신라의 경주에 진출하여 경주김씨의 시조가 되었으며 미추에 이르러 김씨왕이 나왔고 후대에는 김씨의 신라가 되기도 하였다. 왕망의 어머니는 김일제의 후손인 김씨이다.

원래 김씨는 흉노의 왕족으로서 단군왕검이 정치를 하던 부도(符都)에서 동쪽으로 왔으며 온양덕후하다고 기록되고 있다. 즉, 흉노족이라고 모두 야만족이라고 알면 오해인 것이다. 김씨족은 흉노의 왕족으로서 도(道)를 실천할 줄 아는 집단이라는 것이 된다. 원래 단군왕검이 아사달에서 조선을 개국하기 이전에는 지금의 산동반도 공상(空桑)이라는 땅에 있던 단웅국(檀熊國)의 비왕으로 섭정을 하였으며 이곳이 바로 부도(符都)가 되는 것이다. 즉, 단군조선 태백산의 부도 이전의 부도가 산동지역이 되는 것이며, 김씨족은 바로 이 산동지역에 거주하다가 왕망이 세를 잃자 한반도로 대거 이동한 것이된다. 실제 흉노왕이던 김일제가 한무제의 덕을 믿고 항복하여 투후(秺侯)라는 제후로 봉해졌고 산동지역에 후손들의 거주지가 있었다.

서기전 425년 욕살구물은 도성으로 흐르는 강물의 상류를 막아

일시에 흘려보내니 큰물이 되어 도성을 휩쓸어 버려 반란군들이 큰 혼란에 빠지니 이에 구물이 만 명의 군대를 이끌고 가서 정벌하고 우화충을 죽였다. 이른바 수공(水攻)으로 난을 진압한 것이다. 이리하여 구물이 공이 있어 여러 장수들의 추대를 받아 단군에 즉위하였다. 서기전 425년 3월 16일 단군왕검의 어천절에 단을 쌓고 하늘에 제사를 지내고 즉위하였던 것이다.

구물단군은 나라이름을 대부여(大夫餘)라 고치고 삼한을 삼조선으로 바꾸어 불렀다. 이리하여 삼조선은 각각 독자적인 군사권을 가지게 되었으며, 진한은 곧 진조선으로서 대부여가 되는 것이다. 마한은 마조선, 번한은 번조선이 된다. 마한과 번한도 군사권을 가지게 되었으므로 마조선왕, 번조선왕으로 불리는 것이다.

다르게 말하면, 주나라 전국시대의 시작과 비슷한 양상으로 비왕으로서 단지 섭정을 하던 번한과 마한이 번조선왕 마조선왕이 되었다는 것은 칭왕을 한 것이 되는바, 다만 단군의 윤허를 받고 하였다고 보아 전국시대처럼 참칭왕은 아닌 것이 되며, 군사권을 독자적으로 가져 전쟁을 수행할 수 있는 권한을 가진 것으로 이해하면 된다. 주나라 전국시대의 전국 칠웅은 주나라 천자의 윤허 없이 스스로 왕을 칭한 참칭왕들인 것이다.

서기전 425년 7월에 장당경의 남쪽에 있는 해성(海城)에 이궁(離宮)을 짓고 평양(平壤)이라 불렀다. 장당경은 지금의 심양이다. 해성은 지금의 심양의 남쪽에 위치하고 있다. 이때까지 평양이라는 땅은 지금의 요동반도에 있었던 것이 된다. 이궁이란 별궁으로서 비상시에 이용하는 궁궐이 된다.

지금의 심양인 장당경을 중심으로 한 나라가 대부여라 한 것이므로, 영역으로서 부여는 지금의 요동반도와 그 동쪽으로서 송화강 서쪽 지역이 되며, 압록강 북쪽 지역에 걸치는 옥저의 북쪽에 위치한 것이 된다.

서기전 425년 당시 단군조선의 정식 국호는 대부여이며, 이는 삼국유사에서 단군이 서기전 2333년부터 서기전 426년까지 1,908세를 살았다라고 적고 있는 기록과 일치하는데, 이는 국호를 가지고 따진 역년이 된다. 그러나 대부여의 시조 구물단군은 물리단군의 명을 받아 난을 진압하고 단군이 되었으므로 그 맥을 잇고 있는 것이고 번한과 마한도 삼한의 일부로 남아 있기 때문에 단군조선의 범주에 들어가는 것이 된다. 서기전 238년에 고열가단군이 자리를 내놓은 때까지 2096년간이 되며, 서기전 232년에 북부여의 해모수에게 오가 연정(공화정)이 철폐되고 접수된 해까지는 2102년간이 된다.

전기 단군조선은 서기전 2333년부터 서기전 1286년까지 1048년으로 태자, 우가, 양가 등으로 이어졌으며, 후기 단군조선은 서기전 1285년부터 서기전 426년까지 단군의 아들이 대를 이었으며, 서기전 425년 욕살 구물이 명을 받아 난을 진압한 공으로 단군이 되었고, 서기전 296년 기자의 후손이 되는 한개(韓介)가 기자족의 군사를 거느리고 궁궐을 침범하여 단군이 되려하자 대장군 고열가가 난을 진압하여 그 공이 있었고 또 물리단군의 현손으로서 추대되어 단군이 되었던 것이다.

기자(箕子)의 후손은 기씨(箕氏), 선우씨(禪于氏), 한씨(韓氏)로 나뉘어졌는데, 기자는 원래 은나라 왕족으로서 기(箕) 땅에 봉해져 성씨가 되었으며, 서기전 1122년에 주나라가 은나라를 멸망시키자 기자는 전쟁을 하다가 패하여 5,000명의 패잔병을 이끌고 고죽국의 서쪽이 되는 태항산 서쪽으로 망명하여 자리를 잡아 기자국(西華)을 다스렸던 것이고, 이후 단군조선의 제후국으로 군사를 동원하여 단군조선과 함께 연나라와 제나라를 정벌하기도 하였다.

이 기자의 나라인 기후국(箕侯國)은 서기전 650년경에 제나라 환공의 정벌로 고죽국과 함께 망하게 된 것으로 보이며, 기자의 후손들 중 일부는 남하하여 선우중산국(禪于中山國)을 세운 것이 되고, 일부는 동으로 번한 영역으로 가서 정착하여 후에 읍차 기후(箕 詡)가 서기전 323년에 번조선왕이 되었던 것이고, 서기전 296년에는 기자의 또 다른 후손인 한개(韓介)가 기자족을 이끌고 단군이 되려는 욕심으로 도성을 침공한 것이 된다.

장당경시대 이후 단군조선은 주나라 전국시대의 연나라와 제나라 등의 발호로, 주나라는 물론 이에 인접하는 번조선과 진조선 서쪽 지역이 전쟁에 휩싸이는 혼란기에 접어든 것으로 된다. 특히 연나라는 춘추시대에는 제나라의 도움을 많이 받다가 전국시대가 되면서 독립적으로 전쟁을 수행하며 급기야는 제나라를 정벌하는 등 세력을 가지게 되었고, 동쪽으로 땅을 넓히어 서기전 365년경부터 동진을 하면서 서기전 339년경에는 지금의 난하를 건너 번조선의 수도인 험독 지역까지 침공하여 전쟁을 벌이기도 하였으며 이내 패퇴되었다가, 진개시대인 서기전 281년경에는 지금의 고하와 난하 사이에 위치하는 만번한(滿番汗)을 경계로 하였던 것이다.

서기전 650년경의 연나라와 번한의 경계는 고죽국의 남쪽 경계이던 지금의 탁수(=濡水)부근이었으며, 고죽국이 망하자 지금의 영정하(=대요수)로 되었고, 서기전 340년경에는 북쪽 지역으로 상곡(上谷)의 동쪽이 되는 조양(造陽)의 서쪽을 경계로 하게 되었던 것이다. 이후 진개가 동정을 하여 조양에서 만번한에 이르는 땅을 연나라가 차지한 것이 된다.

조양(造陽)은 지금의 장가구(張家口), 독석구(獨石口)나 그 사이에 있는 땅으로 추정된다. 특히 사기 조선 전에 기록되어 있는 습수(濕水), 열수(列水), 산수(汕水)는 조선 지역에 있었던 강으로서, 서기전 2~3세기 기록이라는 중국의 수경(水經)에 실린 습여수(濕餘水), 고하(沽河=백하), 조하(潮河)가 틀림없는 것이 된다. 습수, 고하, 조하는 서기전 281년경 진개가 경계를 삼은 만번한의 서쪽에 있는 강으로서 원래는 단군조선의 번한 지역이 되는 것이다. 위만조선은 만번한의 동쪽이 되는 패수(浿水)를 경계로 하였으며 패수는 중국의 수경에도 실린 강으로서 지금의 난하가 된다.

(1) 천자국 주(周)와 전국시대

주나라는 서기전 403년부터 전국(戰國)시대라 불린다. 소위 전국 칠웅이 전쟁을 벌이며 주나라를 혼란에 빠뜨린 시기가 된다. 특히 연(燕), 제(齊), 조(趙), 진(秦)나라는 단군조선과 관련이 깊다. 연나라는 번조선에 인접한 나라이며, 제나라는 단군조선 전기의 제후국이던 청구, 남국 등에 자리한 나라이고, 조나라는 선우중산국을 멸망시킨 나라이며, 진(秦)나라는 서기전 221년 주나라를 통일하여 중국 내륙의 동이족을 모두 흡수시킨 나라이다.

(2) 참칭 천자국 연나라의 팽창

연나라는 원래 주나라 초기에 소공 석이 봉해진 '언'이라는 나라에서 출발하였는데, 원래 '언'이라는 국명은 은나라 시기의 제후국이던 '燕'이라는 글자를 피한 글자이다. 그리하여 소공석이 처음 자리 잡았던 곳은 하남성에 있던 은나라 제후국 '연'이란 땅으로서

'언'이라 이름한 곳이고, 이후 삼감(三監)의 난이 일어나 이를 정벌하는 과정에서 소공석이 북쪽으로 진출하여 '안(安)'이라는 땅을 수도로 삼은 것이 된다.

이후 서기전 650년경을 전후하여 연나라가 제나라의 힘을 빌려 고죽국을 정벌하면서 이(易)라는 땅에 수도를 잡아 이후 줄곧 수도로서 어느 땐가 '계'라 하였던 것이 되며, 서기전 226년 진시황의 군대가 연나라를 정벌하자 연희왕이 동쪽의 요동으로 도망하여 자리 잡은 곳이 지금의 북경이며 서기전 222년에 진나라에 항복하였던 것이고, 이후 이 북경을 '계'라 한 것이 되는데, 지금의 '계'는 원래의 '계'가 아닌 것이다. 연나라의 수도 계는 북경의 서남쪽에 위치하였으며, 춘추시대 이후 전국시대를 거쳐 서기전 226년까지 연나라의 수도는 지금의 역현(易縣, 이현)이 되는 것이다.

서기전 365년경 연나라는 요수와 패수를 건너 운장(雲障)까지 육박해 왔는데, 이때 진조선과 마조선이 군사를 보내 막아 연나라와 제나라의 군사를 물리치고 패수 서쪽의 요서지역을 모두 회복하였고, 서기전 350년 번조선이 연나라의 상곡을 공격하여 성읍을 쌓았으며, 서기전 343년에 상곡 전쟁 이후 연나라가 자주 침범하여 조양(造陽)을 경계로 하였다.

서기전 341년에 연나라가 자객을 보내 번조선왕 해인(海仁)을 시해한 사건이 있었으며, 서기전 340년에 연나라 배도가 안촌홀을 침공하여 험독에서도 노략질을 하였고, 이때 기자의 후손 기후(箕詡)가 5,000명의 병사를 이끌고 와서 도왔으며, 이때 진조선의 군사도 가담하여 협공으로 대파하고 연나라의 계성까지 진격하여 계성의 남쪽에서 전쟁을 하려하자 서기전 339년 연나라가 대신과 자제를 인질로 잡히고 화해를 청하였던 것이다. 이에 번조선은 연나라 공자(公子) 진개와 그 측근들을 인질로 28년간 잡아 두었다가 서기전 311년경에 풀어주었다.

서기전 323년 1월에 기후(箕詡 言羽)가 연나라의 침공이 심상치 아니하여 번한성(番韓城)에 입궁하여 자칭 번조선왕이라 칭하고 단군의 윤허를 사후에 구하였으며, 이에 단군이 윤허를 내리고 연나라에 대비토록 하였다. 즉 기후가 자칭 번조선왕이라 칭한 때에는 단군조선도 연나라를 대비하는 것이 급선무라 기후를 벌하지 아니한 것이 된다. 서기전 323년에 연나라가 주나라 천자를 무시하고 자칭 천자(天子) 즉, 왕(王)이라고 칭하였다. 번조선왕은 번한(番韓)으로서 천왕격에 해당한다. 천자는 천제, 천왕의 제후인 자작이다.

서기전 311년에 번조선이 연나라의 대신과 공자들을 풀어 주었는데, 공자였던 진개는 복수를 다짐하고 있었다가 곧바로 침공을 하기 시작하여 동쪽으로 천리를 지나 서기전 311년에 만번한을 경계로 삼았던 것이다. 연나라는 처음에는 공(公)로 봉해진 나라였으나 서기전 323년에 천자국을 참칭하면서 왕이라 칭하였고, 진개는 곧 왕족이 되는 공자(公子)인 것이다.

연나라는 서기전 222년에 진나라에 망하는데, 이때까지 번조선과의 경계는 만번한이 된다. 이후 진나라는 연나라의 땅을 접수한 것이 되고, 진시황이 연나라 땅의 경계에도 만리장성을 쌓으면서 수많은 백성들이 동쪽으로 망명한 것이 되며, 서기전 249년경부터 서기전 210년경 사이에 만리장성을 축조한 것이 된다. 이때 수많은 단군조선의 유민들이 동쪽으로 이동하여 일부는 한반도로 들어와 동쪽에 자리 잡고 진한이라 하고 남쪽에는 번한이라 하여 후삼한을 이루게 되는데, 서기전 194년에 번조선왕 기준이 위만에게 속아 나라를 빼앗기고 한반도로 남하하여 금마에서 마한을 세워 한반도 후

삼한시대가 된 것이다.

서기전 209년에는 진나라 진승의 난으로 연제조 사람들 수만 명이 번조선으로 망명하여 와 상하운장에 거주하게 하였다. 이후 서기전 202년에 한나라의 연왕 노관이 번조선과의 경계를 패수로 삼았는데 지금의 난하이다. 그런데 서기전 195년에 노관이 흉노로 망명하니 그 수하이던 위만은 번조선에 망명을 요청하였고 이를 기준왕이 받아들여 상하운장에 거하게 하였던 것이다.

그런데 위만은 기준왕의 호의를 배신하고 몰래 도성을 침공하니 기준왕이 배를 타고 남하하여 마한 땅인 한반도 평양으로 갔으나 토착인들의 저항에 부딪혀 다시 남하하여 금마(金馬)에 자리 잡고 마한왕이 되었던 것이다. 그러나 기준왕은 곧 붕하고 상장군 탁이 대를 이었으며 마한왕은 후대에 줄곧 한반도 삼한의 진왕(辰王)으로 군림하였던 것이다.

마한은 서기 9년에 백제에게 망하였는데, 마한왕의 후손들 3명이 각각 기(奇), 한(韓), 선우(鮮于)로 성씨를 가지게 되었다고 기록되고 있다. 그런데 기자의 후손들은 춘추전국시대에 이미 선우(鮮于)씨가 생겼고, 서기전 296년경에는 한(韓)씨가 나타나고 있는데, 한반도 기(箕)씨들의 후손들도 옛날의 예를 따라 성씨를 나눈 것이 된다.

제6편 다물(多勿)시대와 멀어지는 지상낙원 회복

서기전 7197년경 황궁씨(黃穹氏)의 마고성 낙원의 복본 맹세는 대를 이어 유인씨(有因氏), 한인씨(桓因氏), 배달나라의 한웅씨(桓雄氏), 조선의 왕검씨(王儉氏), 후기조선의 부루씨(扶婁氏)를 이어 말기조선의 읍루씨(邑婁氏)가 되는 구물단군에 이르렀고, 고열가단군을 마지막으로 파미르고원의 동쪽에 자리한 하늘나라는 서기전 238년에 마감하고, 요수 동쪽 지역에 중원의 나라와 구별되는 나라가 세워지니 바로 단군조선 제후국이던 구려국의 출신인 해모수가 서기전 239년 북부여의 시조가 됨으로써 단군조선 이후 부여-후삼한 또는 북부여-남삼한 시대가 시작된 것이다.

1. 북부여

서기전 239년경 단군조선은 재정이 달리고 이에 따라 명령이 듣지 않게 되어, 나라와 단군은 이름만 있고 각각의 제후들이 명을 따르지 않게 되자, 이를 우려한 구려 출신인 해모수가 제후들을 설득하여 세를 모으게 되었고, 이에 고열가단군은 나라의 운명이 다한 것임을 알아차리고 제위를 내놓기로 마음을 결정한 상태에 있었다.

그러던 중 해모수가 서기전 239년 4월 8일 웅심산(熊心山)을 거점으로 하여 난빈에 수도를 삼으니 제후들이 해모수를 따르게 되었다. 이에 고열가단군은 서기전 238년 3월 16일 시조 단군왕검의 어천절 다음날에 하늘에 제를 올리고 제위를 내놓고 아사달산으로 들어가 도를 닦으며 신선이 되었다.

이에 오가들은 연합정치를 하고 있다가 6년이 지난 서기전 232년에 해모수가 장당경을 찾아와 오가연정을 폐하고 나라를 접수하니 해모수의 나라가 되었다. 해모수가 천제자로 불리는 것은 그 선조가 단군이었다는 뜻으로서 해모수 또한 단군이 될 수 있다는 것이고, 실제로 해모수가 단군조선을 계승하여 많은 제후국들을 둔 것이 된다. 작은 아들 고진을 고구려후 즉, 고리군왕으로 봉하였던 것을 보면 북부여의 영역은 저 서쪽의 진(秦)나라 만리장성의 북쪽 지역에 이른 것이 된다.

1) 해모수의 북부여-전기 북부여

해모수(解慕漱)는 구려 출신이고 원래 성씨가 고씨(高氏)이므로 해모수의 나라를 고구려(高句麗)라고도 부른다. 구려(句麗)는 단군왕검의 둘째 아들인 부소(扶蘇)가 봉해진 나라로서, 단군조선의 수도에서 보면 서쪽이 되는 오른쪽에 위치한 나라이며, 선비의 동쪽에, 몽골의 남동쪽에, 부여와 진번의 서쪽에, 번한의 북쪽에, 고죽국의 북쪽에 위치한 나라가 된다. 즉, 지금의 대동부에서 적봉시에 걸치는 나라이며 서요하와 요수가 되는 소요수 지역과, 지금의 백하, 난하의 각 중상류에 걸치는 나라가 된다.

대체적으로 서기전 107년에 한무제가 설치하였다는 현도군은 구려의 중남부에 해당하는 것이 된다. 구려는 서쪽의 삼위 태백에 걸쳐 사는 견이와 서안 부근의 백이와 티벳고원을 고려하면 단군조선의 중앙에 해당하는 나라로서 구려는 곧 중앙의 땅이라는 말로서 단군조선의 동서로 따진다면 중앙에 위치한 나라가 된다.

해모수는 고씨 단군의 종실로서 원래 고씨이며, 성씨를 해로 삼은 것이 된다. 고구려의 고(高)라는 말이 원래 천제대일(天帝大日)이라는 뜻으로 해를 가리키는 말이다. 해모수는 고열가단군의 종실이며, 둘째아들이 고진이고, 고진의 손자가 옥저후 불리지인 고모수이고 고모수의 아들이 고주몽이므로 고주몽은 해모수의 현손(玄孫)이 된다.

광개토황이 고구려의 대로 보면 19대 왕이나 직계혈족의 세수(世數)로 보면 고주몽의 13세가 된다. 그런데 해모수 북부여의 시대를 고구려에 포함시키면 서기전 239년부터 서기전 668년까지 907년간의 역사를 가지며, 단군조선을 접수한 서기전 202년을 고려하면 900년의 역사가 된다. 해모수의 대로부터 고주몽까지는 세수는 5세이고 왕의 대수로 보면 8대가 된다.

서기전 108년에 북부여를 부흥시키기 위하여 의병을 일으켜 동명(東明)이라 칭한 고두막한이 서기전 86년에 해부루단군을 동부여왕으로 삼고 단군이 되었으며 고두막한의 아들인 고무서 단군이 고주몽을 사위로 삼아 대를 잇게 한 것이다.

(1) 번조선과 연나라

서기전 239년에 해모수가 상춘에 북부여를 세우고 서기전 232년에 단군조선의 오가연정을 접수한 데에는 번조선의 협조가 있었으며, 이후 번조선은 북부여의 번한으로서 역할을 하였고, 연나라와의 전쟁을 치르고, 서기전 206년에 건국된 한나라 이후 한나라 연왕 노관과 서기전 202년에는 패수를 경계로 삼았다.

서기전 323년부터 기씨가 번한이 된 이후 서기전 195년까지 기씨가 번한(번조선왕)이었으며, 서기전 194년 위만의 배신으로 기준왕이 마한땅으로 도망함으로써 번조선이 망하고 위씨조선이 되었다. 위만은 토착세력을 고려하여 국호를 바꾸지 아니하고 조선왕이라 칭하였던 것이 된다.

위만조선은 북부여와는 사이가 좋지 않았으나 한나라와도 사이가 좋지 않았으며, 이는 한나라와는 적국관계가 되고, 번조선을 차지하여 조선왕이라 한 것이 되므로 북부여 단군에 항거한 것이 되고 제후국에서 이탈한 것이 된다.

이후 우거왕은 북쪽의 낙랑과 북부여의 서부가 되는 진번과 임둔을 차지하고, 요동반도에 있는 해성의 남쪽 50리까지 차지하였다가 패퇴되었는데, 위만조선과 북부여의 경계는 지금의 요하가 되며, 한나라와의 경계는 패수가 되는 지금의 난하이다. 이리하여 위씨조선의 영역은 지금의 난하에서 요하에 걸치는 지역이 된다.

(2) 위만조선과 한나라

서기전 108년에 한무제는 위씨조선을 정벌하였으나 무력으로는 실패하였고, 심리전으로 토착세력을 설득하여 우거왕을 제거토록 한 것이 되며, 이때 우거왕은 항복하지 아니한 것이고, 신하들이 한 나라의 계략에 빠져 배신하여 우거왕을 죽이고 항복한 것이다.

한무제는 위씨조선의 땅에 소위 한사군을 설치하였다 한다. 그러나 서기전 108년에 위씨조선이 한나라에 망한 것을 보고 북부여 졸본 출신의 한(汗)이던 고두막한이 북부여를 부흥시키기 위하여 의병을 일으켜 즉각 한나라 군사들과 전쟁을 하였으며, 이때 토착 백성들이 호응하였으며, 서안평에 이르기까지 땅을 회복하였는데, 낙랑, 번한, 구려의 남쪽 땅이 소위 한사군에 속하였던 것이었는지 역사적 진실은 아직 드러나지 않고 있는 상황이다.

고두막한의 북부여의 영역은 옛 구려국의 대부분을 그대로 차지한 것이 되며, 구려의 남쪽 일부가 현도군, 그 남쪽이 낙랑군이 되어 고대 중국과 북부여, 고구려의 격전지가 된 것으로 된다. 고두막한은 고주몽보다 먼저 다물정책을 썼으며 국호와 왕명을 동명(東明)이라 쓴 것에서 고주몽의 본보기가 되었던 것이 된다.

2) 고두막한(高豆莫汗)의 북부여-후기 북부여

(1) 고두막한의 다물(多勿)

고두막한(高豆莫汗)은 북부여시대에 졸본의 제후인 한(汗)이었다. 다물이란 말은 '되물리다'라는 말로서 회복이라는 뜻이며, 고두막한에게는 북부여의 부흥을 위한, 번조선 땅을 회복하기 위한 다물이었다. 해모수가 단군조선을 접수하여 나라가 이어진 후 서기전 108년경에 이르러 북부여는 군사적으로 정체되어 세력이 많이 약해졌던 것으로 보인다.

고두막한의 고(高)는 성씨이고, 두막은 두막루라고도 하는데 두막루(豆莫婁)는 '큰마루, 큰머리'라는 의미가 되며, 한(汗)은 지방의 제후(공, 후, 백, 자, 남에 해당)를 가리킨다. 서기전 1287년에 우현왕이 되었던 색불루 단군의 할아버지이자 고씨단군의 실질적인 시조가 되는 고등(高登)도 두막루(豆莫婁)라 불리었다.

고두막한은 서기전 108년에 위씨조선이 한나라에 망하자 북부여를 부흥시키기 위하여, 위씨조선 땅을 차지하기 위하여 동명(東明)이라 칭하며 군사를 일으켜 한나라 군사들과 전쟁을 하게 되었고, 이때 위씨조선 땅의 백성들이 호응하였다고 하는바, 소위 한사군은 이름만 있는 군(郡)으로 남게 되고 실제로는 토착인들이 자치를 한 곳으로 된다.

이후 고대 중국의 역사 날조자들이 소위 한사군을 그 이전의 연나라 진나라 대까지 끌어올려 연고를 연결시키고, 후대에 5호 16국 시대의 북방족들이 차지한 낙랑, 현도 등을, 한무제의 한사군에서 나온 것처럼 굳힌 것으로 보인다.

막강한 군사력을 가지게 된 고두막한은 서기전 87년에 북부여 단군이던 고우루에게 사자(使者)를 보내어, "나는 천제자이니 나라를 비키시오"라고 전했고, 이에 고우루단군이 병을 얻어 병사하였으며, 고우루의 동생 해부루가 단군이 되었는데, 서기전 86년에도 계속하여 사자를 보내어, "나는 천제자이니 나라를 비키시오"라 하였던 것이다.

이에 재상 아란불이 해부루단군을 설득하여 나라를 내놓고 동부여로 옮겨 갔으며, 이에 고두막한이 고두막단군이 된 것이며, 해부루를 제후국인 동부여왕 또는 동부여후로 봉한 것이다.

동명(東明)이란 국호는 새부여라는 뜻이자 신라(新羅)와 같은 말로서 고두막한의 나라(東明=졸본)를 신라의 옛 땅이라고도 한다. 즉 신라는 동명왕이던 고두막한이 북부여 단군이 된 후 혈연관계에서 나온 북부여 거서간(居西干)나라가 되는 것이며, 북부여 단군천왕의 제후가 되는 천자국(天子國)되는 것이다. 간(干), 한(汗)은 제후로서 천제(天帝), 천왕(天王), 천군(天君) 아래의 천자(天子) 등을 의미한다. 고두막한은 단군조선의 마지막 단군인 고열가단군의 현손이라고 하며 북부여의 제후인 졸본의 한(汗)이었다가 북부여를 차지하여 단군천왕이 된 것이다.

신라시조 박혁거세의 어머니 파소는 북부여 제실녀이다. 박혁거세가 서기전 57년 13세의 나이로 한반도 진한(辰韓)에서 소벌도리의 추천으로 6부의 추대를 받아 왕이 되었는데, 이때 왕호를 왕이라 하지 않고 거서간이라 하였으며, 거서간이란 서방을 지키는 방어장(防禦長)이란 뜻이 되는데, 이는 북부여의 서쪽이 되는 땅을 지키는 방어장이란 의미가 된다.

박혁거세는 서기전 69년생이 되며, 어머니 파소가 이때 20세라 하면 파소는 서기전 89년생이 된다. 서기전 86년에 고두막한이 북부여 단군이 되었는데, 서기전 108년에 이미 의병을 일으켜 동명이라 칭하였으며, 이때 고두막한은 최소한 20세는 되었다 보이며, 아들이 되는 고무서가 이때 출생한 것이 되며, 파소는 이때부터 약 20년이 지난 서기전 89년경에 출생한 것이 논리에 맞게 된다.

그리하여 파소는 곧 고무서의 딸이 되며, 고두막한의 손녀가 되는데, 그래서 서기전 69년경에는 북부여시대로서 고두막한의 시기이므로 왕녀, 공주 등으로 적히지 아니하고 제실녀라고 포괄적으로 적고 있는 것이 된다. 즉, 이때 고무서는 태자시절이 되며, 파소는 태자의 딸이 되는 것이다. 그런데 이때 파소의 남편은 거서간이 된다. 서기전 69년경에 파소가 박혁거세를 임신하였을 때 남편은 거서간의 직을 수행하다가 사망한 것이 된다.

　파소의 남편은 박씨가 되며, 고무서의 사위가 되어 고두막한시대(서기전 86년~서기전 59년)에 거서간의 직을 수행한 것이며, 서기전 69년경 이전에 파소와 혼인한 것이 되며, 기록에 의하면 유복자 박혁거세를 둔 것이 된다.

　파소는 북부여 제실녀로서 남편이 없이 애를 배어 남의 눈을 피하여 옥저를 거쳐 진한 땅에 이르렀다 하는데, 역사적으로 보아 파소가 북부여의 서쪽이 되는 서안평과 난하 사이 지역에 거서간이던 남편과 지내다가 남편이 전쟁에서 죽자 북부여 제실로 돌아왔으나 할아버지가 단군으로 있었고, 아버지 고무서도 태자로 지내고 있었으므로 대접이 시원치 않아 아마도 북부여를 떠나 지난날 인맥으로 연고가 있던 한반도의 진한으로 간 것으로 보인다.

　즉, 한반도 진한 사람들은 원래 서기전 238년경 단군조선이 사실상 망하고 진시황의 폭정이 있자 만리장성 부근에 살던 단군조선 유민들이 동으로 남으로 이동하여 한반도 동쪽에 자리 잡아 진한이라 하여 자치를 한 것이다. 즉, 진한 사람들이 곧 단군조선의 서쪽에 살던 사람들로서 박씨와 연고가 있던 사람이 되는 것이다. 박씨도 원래 만리장성 부근에 살다가 동으로 이동한 것이 되고, 해모수 북부여와 고두막한의 북부여에 머문 것이 된다. 그리하여 박혁거세의 아버지는 서기전 70년경 이전에 고두막단군으로부터 거서간의 직을 받고 서쪽을 지킨 것이 된다. 그리고 고두막단군의 손녀인 파소와 혼인한 것이 된다.

파소는 서기전 89년생이고 서기전 70년경에 거서간과 혼인하여 서기전 69년에 박혁거세를 낳은 것이며, 유복자인지 아니면 박혁거세가 어릴 때인지는 불명이지만 거서간이 죽자 파소가 박혁거세를 데리고 북부여를 떠나 진한으로 간 것이다. 서기전 57년에 13세가 된 박혁거세가 왕이 되기 전에 진한 6부 촌장이던 소벌도리가 박혁거세를 길렀다 하므로 아마도 박혁거세는 어릴 때 진한에 도착한 것이 되고, 파소가 박혁거세를 북부여에서 낳아 데리고 온 것으로 추정된다.

왜냐하면, 서기전 69년에 임신한 채로 이동할 가능성은 적으며 박혁거세가 거동을 할 수 있는 나이에 진한으로 배를 타고 간 것으로 되는 것이다. 파소가 북부여를 떠난 것은 서기전 59년 이전이 된다. 왜냐하면, 서기전 59년에 고주몽이 동부여에서 도망하여 북부여의 졸본으로 왔는데, 이때 고무서 단군은 고주몽을 비상한 사람으로 보고 둘째 딸이 되는 소서노와 혼인 시킨 것이다.

소서노는 이때 이미 우태와의 사이에 비류를 두고 있었고 우태는 해부루의 서손으로서 고두막한의 북부여가 해부루를 동부여로 쫓아냈지만 혈연을 맺어 우대한 것이 된다. 소서노는 고주몽보다 9세가 많았다 하는데, 고주몽은 서기전 79년생이므로 소서노는 서기전 88년생이 되며, 이를 고려하면 파소는 소서노의 언니가 분명해진다.

고주몽은 서기전 79년생으로 서기전 59년 21세에 동부여에서 졸본으로 왔으며, 동부여에는 예씨 부인에게 유리가 있었고, 소서노와 재혼한 고주몽은 온조를 낳은 것이 된다. 온조는 동명왕묘를 건립하여 제사를 올렸는데, 이 동명왕이 바로 고주몽이 된다. 고주몽은 서기전 19년에 붕하였고 온조는 서기전 18년에 위례성에서 백제를 건국하였다.

소서노의 장자인 비류는 서기전 19년에 어머니 소서노를 이어 비류백제를 이었으나 나중에 온조백제에 병합되었던 것이 된다. 소서노는 서기전 42년에 동부여에 있던 유리가 오면 비류와 온조는 왕이 될 수 없으므로 두 아들을 데리고 남하하여 새로운 나라를 열기로 한 것이다. 이때는 고주몽이 고구려를 세우기 이전인 북부여인 졸본부여시대이다. 그래서 백제의 성씨를 고씨라 하지 않고 부여를 따서 부여씨라 한 것이 된다.

3) 고주몽의 북부여-졸본부여

서기전 79년 5월 5일생인 고주몽은 압록강 유역의 옥저에서 어머니 유화부인을 따라 동부여로 가게 되었고, 동부여의 해부루왕은 유화부인을 궁에 머물게 하였다. 고주몽의 아버지는 옥저후 불리지로 고모수(高慕漱)이고, 해부루는 해모수의 증손자로서 고모수와는 6촌간이 되며, 고주몽은 7촌 조카가 된다. 고모수는 성씨가 또한 해씨이므로 해모수라고도 불리는 것이다. 즉, 북부여 시조 해모수와 옥저후 불리지(弗離支: 불치, 발치, 밝치?)의 본명인 고모수가 이름이 같은 해모수가 되는 것이다.

해부루는 아들이 없어 양자를 얻었는데 금와이다. 금와는 서기전 77년에 얻었다. 이때 금와는 설화를 고려하면 어리다고 보아 3살 정도로 보이는데, 고주몽과 거의 동년배이다. 해부루가 서기전 86년에 동부여왕이 되고 서기전 59년에 고주몽이 졸본으로 도망하였으며, 금와가 서기전 47년에 동부여왕이 되었고 금와왕의 아들인 대소는 서기전 6년에 동부여왕이 된 것으로 보면, 대소는 고주몽의 아들뻘이 되는 것이다.

금와는 서기전 77년경 생으로 서기전 47년에 왕이 되어 30세 정도에 왕이 된 것이며, 고주몽은 서기전 58년에 22세에 졸본부여왕이 되었고, 서기전 37년에는 42세로 고구려 시조가 된 것이다. 대소와 고주몽을 경쟁자로 적고 있는 사서는 고주몽이 서기전 58년생으로 본 것이 된다.

그러나 고주몽은 이미 이때 22세가 되고 동부여에는 예씨에게 유리를 둔 상태가 된다. 서기전 58년은 해부루왕 시대이고 금와는 태자로서 20여 세이며 이때 금와의 아들 대소는 어린 상태가 된다. 만약 금와가 고주몽보다 약 10여 세가 많았다고 한다면, 금와는 서기전 89년경 생이 되고 대소는 서기전 69년생이 될 수 있고 고주몽과는 10세 정도 차이가 나게 되는데, 이런 경우 사서의 기록이 어느 정도 타당성이 있게 된다. 이때 금와는 서기전 89년에서 서기전 6년까지 83세를 산 것이 되고 해부루왕이 금와를 약 13세이던 때에 얻은 것이 된다.

고주몽이 동부여에서 의형제 오이, 마리 협보와 함께 남동쪽으로 도망하여 졸본에 도착하였고 졸본에서 다시 3 의형제를 만나니 재사, 무골, 묵거이다. 졸본은 상춘의 동쪽에 위치한 길림의 남동쪽에 위치하게 된다. 그래서 상춘은 졸본의 북서서에 위치한 것이 된다.

고주몽의 졸본부여 수도는 졸본이며, 서기전 37년에 오이, 마리, 협보, 재사, 무골, 묵거와 함께 고천제(告天祭), 희생제(犧牲祭)를 치르면서 7 의형제가 다물흥방(多勿興邦)의 결의를 다졌다.

고주몽 등 7의인이 다물흥방을 맹세한 고천문은 아래와 같다.

한한상존(桓桓上尊)이시여!

구한(九桓)에 비추어 내리시사 밭을 일구고 황무지를 바꾸어 우리 땅에 우리 곡식으로, 오직 우리 진한(辰韓)이 융성하고 부강하게 하소서!

7인이 같은 덕(德)으로 큰 원을 회복하고자 맹서하고 도적들을 물리쳐, 우리 옛 강토를 완전하게 하고, 오래된 숙병(宿病)을 제거하고, 우리의 누적된 원한을 풀고, 기근과 병란을 일거에 없애고, 도를 따라 백성을 사랑하고, 삼한(三韓)이 함께 다스려져, 서에서 동으로, 북에서 남으로, 어려서는 반드시 전(佺)을 따르고 늙어서는 종(倧)이 있을 바이다!

노래와 춤으로 마땅히 취하고 배부르게 되오며, 구한(九桓)이 하나의 땅으로서 오래오래 계승되오리다!

이제 소자 과덕하여 근면에 힘씀에, 머리를 조아려 받드니, 신(神)께선 흠향을 마다하지 마시고, 소자들이 가는 정벌에 이롭게 하시고, 공을 빛나게 하소서. 우리나라를 도우시사 우리백성들이 오래 살게 하소서!

桓桓上尊 照臨九桓 昀昀闢荒 我土我穀 惟我辰韓 旣殷且富 七人同德 誓復弘願 斥逐寇掠 完我旧疆 去彼宿病 解我積冤 飢饉兵亂 一幷掃盡 引道愛民 三韓同治 自西而東 自北而南 幼必從佺 老有所倧 以歌以舞 且醉且飽 九桓一土 齊登壽域 今朕寡德 甚勤而時 叩頭薦供 神嗜飮食 以利我征 俾光我功 佑我國家 壽我人民

그런 후 20년 뒤에 고주몽은 고구려를 건국하였다. 고구려의 첫 수도는 졸본(卒本=忽本=고을벌)이 된다. 고주몽은 서기전 28년에 송양의 비류를 정복하여 다물도(多勿都)로 삼고, 서기전 27년에 북옥저를 멸하였고, 서기전 26년에 수도를 상춘(常春: 눌현, 눌견, 늘봄)으로 옮겼다가, 유리왕이 서기 1년경에 국내성(집안)으로 옮기게 된다.

고주몽이 북부여를 이은 해가 서기전 58년이며, 박혁거세가 신라 시조가 된 해는 서기전 57년이다. 서기전 58년에 고무서단군이 붕하면서 유언으로 고주몽에게 대통을 잇게 하였다는 것에서, 고주몽이 서기전 58년에 실질적으로 대를 이은 것이 되고, 서기전 57년에 정식으로 대를 이은 것으로 된다. 그래서 실제로는 서기전 57년에 즉위식을 가진 것이 되므로 박혁거세와 같은 해에 즉위한 것이 된다.

혈연으로 따진다면, 박혁거세는 파소의 아들로서 파소의 여동생이 되는 소서노의 이질조카가 되어 고주몽은 박혁거세의 이모부가 되고, 또 고주몽은 파소의 제부(弟夫)가 되는 셈이다. 고주몽이 소서노와 혼인 한 때인 서기전 59년에 비류는 아마도 10세 정도로 보이고 박혁거세와 거의 동년배로 보인다. 파소와 소서노가 정식 혼인한 것이라면, 파소는 서기전 89년경 생으로 서기전 70년경에 거서간과 혼인한 것이 되고 서기전 69년에 박혁거세를 낳은 것이 되고, 소서노는 서기전 88년생으로 서기전 68년경에 비류를 낳은 것이 되고 서기전 59년에 고주몽과 재혼한 것이 된다.

소서노는 서기전 42년에 비류와 온조를 데리고 남하하여 패대(浿帶)지역에 이르러 땅을 개척하였으며, 이 땅이 진번(眞番) 사이라 하므로 진한과 번한의 중간 지역으로서 지금의 요동반도 서편의 땅이 된다. 진한은 요하의 동쪽이며, 번한은 발해만 유역이고, 진번은 진한과 번한의 사이가 되는 대릉하와 지금의 요하 서편의 땅이 된다. 다만 여기서 대수, 대방 지역이 난하 부근일 가능성을 배제할 수는 없다.

원래의 패수는 지금의 난하이며 대수는 난하의 서쪽에 있던 낙랑군의 남쪽이 되는 대방군을 흐르던 강이나, 이때에 요동반도 쪽에 대수라 불리던 강이 있었던 것이 되며, 즉 패대지역은 난하의 동쪽에서 요동반도에 걸치는 지역이 되며 주로 대릉하와 요동반도의 서편에 해당하는 땅이 소서노의 나라인 어하라(於遐羅)가 되는 것이며, 비류백제의 소재지가 되는 것이다. 온조는 여기서 다시 배를 타고 남하하여 한반도의 인천을 거쳐 한강을 거슬러 위례성이 되는 몽촌토성에 서기전 18년에 자리 잡은 것이 된다.

서기전 59년경 고주몽이 동부여에서 도망해 왔을 때는 한무제가 서기전 86년에 죽은 후 북부여의 군사력도 약해져 있었던 것이 된다. 이후 고주몽이 고구려를 세우고 다물정책을 펴서 단군조선의 영역을 회복하기 시작하였는데, 졸본을 거점으로 하여 비류와 북옥저를 정복하였고, 다시 북부여의 중심이 되는 상춘을 수도로 삼으면서 본격화된 것이 된다.

상춘에 남아 있는 고주몽의 궁궐을 주가성자(朱家城子)라 부른다. 고주몽은 상춘에서 붕한 것이며, 유리왕이 서기전 1년경에서 서기 3년 사이에 상춘에서 국내성으로 수도를 옮긴 것이 된다.

2. 후삼한(後三韓): 마한(한반도) 땅의 삼한(三韓)

단군조선은 처음부터 삼한을 두었다. 즉 단군왕검이 서기전 2333년 10월 3일 조선을 개국한 때에 마한과 번한을 봉하여 비왕으로 두었고, 태자부루를 진한으로 봉하여 섭정하게 하였던 것이 된다. 이내 제후국들을 추가로 봉하여 예국(濊國)을 두어 태백산인 백두산에 축조한 천부단을 중심으로 진한, 마한, 예, 번한을 두어 사보(四堡)를 둔 것이 된다.

진한(眞韓)은 북보(北堡), 마한(馬韓)은 남보(南堡), 번한(番韓)은 서보(西堡), 예(濊)는 동보(東堡)가 된다. 여기서 진한의 진은 중심, 참, 알맹이, 신(辰) 즉 센(勢) 등의 뜻을 가진 말이고, 마한의 마는 남쪽을 뜻하는 말이며, 번한의 번은 차례를 서는 즉 불침번을 서는 뜻을 가지는 글자이다.

예(濊)는 물과 관련이 있는 곳으로서 단군조선의 우수주, 두지주가 있는 두만강 유역이나 우수리강 지역이 된다. '마'라는 말이 남쪽을 의미하는데, 그 예가 되는 말로 마파람이 있다. 즉, 마한은 단군조선의 남쪽에 위치하여 남쪽을 지키는 비왕이 된다. 번한은 특히 요임금의 세력을 견제하기 위하여 봉한 비왕이다.

서기전 2334년에 요가 도를 어기고 단군왕검이 섭정을 하던 단웅국을 기습 침략하여 왕성을 점령하고 이때 단웅국왕이 붕어하므로 순행하던 단군왕검이 무리 800을 이끌고 동북의 아사달로 이동하여 나라를 정비하였고, 9족의 추대를 받아 임금이 되어 조선을 개국한 것이며, 이후 서기전 2324년경에 요임금을 굴복시키고 천자로 삼았던 것이다. 서기전 2333년에 조선을 개국한 단군왕검은 서쪽을 경계하기 위하여 번한을 두었던 것이다. 그리고 서기전 2324년경에 유호씨에게 환부, 권사 등 100여 명과 군사들을 이끌고 가서 요를 토벌토록 하였고 이에 요가 눈치를 채고 유호씨에게 굴복하여 나라를 보존하였던 것이다.

단군왕검은 요임금을 믿을 수 없었기 때문에 서기전 2311년에 산동반도 남쪽의 청도에 있는 낭야성을 개축하여 가한성이라 불렀고, 서기전 2301년에는 번한 땅에 요중 12성을 축조하여 만반의 준비를 하였다. 번한 요중 12성은 지금의 영정하 서편의 남쪽에 있는 영지성(永支城)에서 시작하여 난하의 동쪽에 있는 험독(險瀆) 사이에 걸쳐 설치되었다.

서기전 2294년에 요임금은 순에게 섭정을 맡겼다. 아니나 다를까 순은 곧 요임금이 설치하였던 9주에다 병주, 유주, 영주를 추가로 설치하여 12주를 두었는데, 병주는 태원 지역이 되고, 유주는 영정하 유역이며, 영주는 산동반도 서쪽으로 유주의 남쪽이 된다.

그러나 서기전 2267년에 도산회의에서 유주와 영주는 단군조선의 직할영역으로 편입되었고 병주는 그대로 두어 순으로 하여금 다스리게 하였으며, 산동지역의 구려분정(分朝, 제후국)을 순으로 하여금 책임지도록 하였다. 이후 순의 신하 우는 치수를 하면서 산천을 돌아다니면서 지리와 산천과 특산물 등을 기록하여 산해경을 지었던 것이다.

이후 순임금은 서기전 2247년경에 마지막으로 5년에 한 번씩 순행하던 태자부루 진한에게 보고를 끝으로 단군조선을 반역하여 다시 유주와 영주를 산동반도 서쪽에 설치하였으며, 이에 서기전 2240년에 제2대 천왕이 된 부루단군이 이를 정벌하여 제후를 봉하였고 순을 제거하기 시작하였던 것이다. 이후 치수에 공이 큰 우와 유호씨의 작은 아들 유상이 협공으로 순을 공격하여 서기전 2224년 창오의 들에서 우의 군사가 순을 죽였고 우는 아버지 곤의 복수를 한 것이 되었다.

그런데 우(禹)도 곧 단군조선을 반역하여 자칭 하나라 왕이라 칭하면서 이탈을 시도하였다. 이리하여 유호씨와의 사이에 대를 이은 전쟁이 시작되었고 서기전 2198년경에 계가 왕이 되었으나 우매하여 가르침을 따르지 않고 더욱 강하게 항거하므로 유호씨는 이러한 하나라를 포기하게 된 것이다. 이처럼 서쪽의 중원지역은 항상 전운이 감도는 지역이었으므로 그만큼 번한의 역할이 중요하였다.

그런데 서기전 238년에 이르러 제후들이 조공을 바치지 않게 되고 명령이 듣지 않게 되어 사실상 단군조선이 망하게 되면서, 서기전 239년에 해모수가 군사를 일으켜 세를 얻던 차에 고열가단군이 나라를 내놓고 아사달산으로 수도하러 입산하였으며, 이에 오가들이 연합정치를 시행하였다. 이로써 사실상 진한과 마한은 대를 잇지 못하여 망한 것이 되었고, 진한은 해모수의 북부여로 이어지고, 마한 땅인 한반도는 열국시대로 접어들었다.

그러나 번한은 서기전 323년에 기씨가 번조선왕이 되면서 기씨가 대를 이어 서기전 194년까지 이어졌다. 즉, 단군조선이 사실상 망한 서기전 238년 이후에도 번조선은 여전히 존속하고 있었던 것이다. 그래서 한반도로 이동한 단군조선의 유민은 대체적으로 진한의 유민이 된다.

서기전 249년에 주나라의 제후국으로서 세력을 키운 진(秦)나라가 주나라 천자를 폐하고 사실상 주나라의 주인으로 행세하였으며, 서기전 240년경에 진시황이 등장하면서 서기전 221년에 제나라를 합병하고 중국내륙을 통일하여 시황제라 칭하였다. 진시황은 만리장성을 쌓으면서 폭정이 심하였는데, 이 만리장성 부근에 살던 단군조선의 유민이 되는 진한유민들이 동쪽으로 이동하여 다시 남하하여 마한 땅이던 한반도 동쪽으로 이동하여 경주에 자리 잡고 진한을 세운 것이다.

서기전 209년에 소백림(蘇伯琳: 蘇伯孫이라고도 함)이라는 사람이 진한유민을 이끌고 한반도 경주에 도착하여 진한을 세웠다. 아마도 서기전 238년경부터 동쪽으로 이동한 단군조선의 진한유민들이 된다.

만리장성은 연나라시대인 서기전 311년경에 북쪽의 조양(造陽)과 남동쪽의 양평(襄平)까지 장성을 축조하였고, 만번한을 조선과 경계로 삼았으며, 이후 진나라가 서기전 222년에 연나라를 멸망시키고 연나라 땅을 차지하여 장성을 축조하게 된 것인데, 서기전 202년에 한나라 때 연왕 노관이 번조선과 패수가 되는 난하를 경계로 한 것으로 보면 진나라의 장성은 난하 서쪽에 이른 것이 되며, 이때 수많은 진한유민들이 강제노역을 당하였을 것이고, 이를 피하여 수많은 유민들이 동쪽으로 도망한 것이 된다.

대략적으로 진한유민은 지금의 대동에서 난하 사이에 걸치는 지역에 살던 구려, 서화(기자국), 고죽, 낙랑, 난하 서쪽의 번한 지역의 사람들이 된다. 연나라와의 경계가 되었던 만번한은 지금의 고하와 난하 사이에 위치한 것이 되며, 지금의 당산부근을 흐르던 강이 되고, 이 지역이 나중에 대방군이 되는 지역이 된다. 대방군의 북쪽에 낙랑군이 위치한다.

이리하여, 서기전 238년경부터 동으로 이동한 진한에 속하는 구려유민들과, 번한에 속하는 고죽, 낙랑, 번한의 유민들이 대거 한반도로 유입되어 동쪽에는 진한이 서고 남쪽에는 변한이 서게 된 것이다. 진한은 서기전 209년에 소백림이 진한을 건국한 기록이 진주 소씨 족보에 보이는데, 변한에 관한 건국연대는 아직까지 나타나지 않고 있다.

그리고 서기전 195년에 한나라 연왕 노관이 흉노로 망명하므로 그 수하이던 위만이 망명을 요청하였는데, 북부여 해모수 천왕은 이를 받아들이지 않고 번조선왕 기준에게도 경고를 하였으나 기준왕이 위만을 박사로 모시는 오류를 범하여 결국 서기전 194년에 배신한 위만에게 나라를 **빼앗**기고, 배를 타고 남하하여 한반도의 금마에 도착하여 나라를 열어 마한이라 하였던 것이며, 이해에 기준왕이 붕하고 상장군이던 탁이 대를 이어 마한왕이 되어 이후 후삼한의 진왕(辰王)이 되었던 것이다.

진왕이란 가장 센 왕이란 의미이다. 단군조선의 삼한에서 진한, 마한, 번한 중 진한이 가장 중심이 되는 것에서 후대에 진왕이 가장 센왕으로 불리는 것이 된다. 국명은 마한, 진한, 변한이나 진왕(辰王)은 마한왕이 차지한 것이 된다.

이렇게 한반도의 삼한이 시작되어 서기전 57년에 진한에서 신라가 건국되고, 서기전 18년에 백제가 건국되어 서기 9년에 마한이 망하고 서기전 42년에 가야가 변한 땅에 건국된 것이다.

1) 진한(辰韓)

한반도의 동쪽에 자리 잡은 진한은 단군조선 유민이다. 서기전 209년에 소백림이라는 자가 진한을 세우고 6촌의 촌장이 되어 자치를 하였다. 나라 이름을 진한이라고 한 이유는 단군조선의 진한에서 온 유민들이기 때문이다. 진(秦)나라나 연(燕)나라의 경계에 가까이 살던 단군조선의 구려의 유민들이 된다.

한편, 진한(辰韓)을 진한(秦韓)이라고도 적는 이유를 진(秦)나라 사람들이 한(韓)의 땅으로 간 것이기 때문이라고도 하는데, 이는 서기전 238년경 단군조선이 사실상 망하고 서쪽의 구려, 고죽국, 기후국, 번조선 땅의 유민들은 진나라나 연나라의 경계에 살다가 진시황이 중국을 통일하고 서기전 215년경 만리장성을 축조하면서 폭정을 펼치자 만리장성 부근에 살던 진조선 땅 사람들이 이를 피하여 동으로 다시 남으로 한반도로 피난한 것도 되고, 또 서기전 209년에 진승이 진(秦)나라에 반기를 든 변란이 일어나 이미 진나라 백성이 된 연(燕), 제(齊), 조(趙) 등의 유민들이 번조선으로 망명하여 귀화하고서 한반도로 유입되었기 때문이기도 하다.

즉, 서기전 238년경부터 서기전 209년경에 한반도 경주 땅으로 이동한 단군조선의 유민들은 진한의 백성들이 중심이 되어 나라를 세운 것이 바로 진한인 것이다. 물론 연, 제, 조 사람들도 섞여 있는 것이 된다.

진한은 소벌공(蘇伐公)에 이르러 박혁거세가 등장하였는데 서기전 57년에 소벌공이 박혁거세를 추천하고 6부가 모두 추대하여 왕으로 모시고 사로국이라 하였으며, 다만, 왕호를 왕이라 하지 않고 거서간이라 하였던 것이다. 거서간은 박혁거세의 아버지의 직을 이은 것이며, 북부여의 거서간임을 나타내는 것이 된다. 거서간이라는 말은 서쪽의 경계를 지키는 방어장을 의미하는데 서쪽의 침략군은 바로 북부여시대에서는 한(漢)나라가 된다.

2) 마한(馬韓)

단군조선시대에 한반도 전체가 마한 땅이었다. 즉 지금의 평양을 백아강(白阿岡)이라 하여 마한의 수도로 삼고 서기전 238년 단군조선이 망할 때까지 단군조선의 마한으로서 존속하였다. 그런데 기록상으로는 서기전 323년경 기후가 번조선왕이 되자 연나라가 마조선을 방문하여 함께 번조선을 치자고 하였으나 마한은 거절하였고 이후 연나라는 번조선과 국경을 다투었던 것이 되고, 마한은 더 이상 기록에 나타나지 않아 서기전 238년경 단군조선이 망할 때까지 알 수 없다.

그런데 서기전 195년 위만이 번조선에 망명할 때 낙랑의 부자였던 최숭(崔崇)이 보물을 배에 싣고 발해만을 건너 한반도의 평양 부근에 도착하여 나라를 열어 낙랑이라 하였다. 이리하여 한반도에 낙랑국이 생긴 것이다. 그런데 다음 해인 서기전 194년에 번조선의 기준왕이 위만에게 속아 나라를 빼앗기고 배를 타고 한반도의 평양에 도착하였다가 토착인들의 저항에 부딪혀 다시 배를 타고 남하하여 금마에 도착하여 마한을 세우고 마한왕이 되었다.

서기전 238년 이전에 이미 마한은 대가 끊기어 망한 것이 되고, 이후 각 지역이 자치를 하다가 서기전 195년에 번조선의 낙랑에서 온 최숭이 마한의 백아강 부근에 낙랑국을 열고 보물로 민심을 산 것이 되며, 기준왕은 이미 차지한 최숭의 낙랑과 토착인들의 저항에 부딪혀 정착하지 못하고 다시 남하하여 금마에 자리 잡은 것이 된다.

기준왕은 서기전 194년에 곧 붕하고 대를 이은자는 상장군 탁이다. 탁이 제2대 마한왕이 되어 한반도 삼한의 진왕 노릇을 하여 대를 잇게 한 것이 된다. 마한의 마지막 왕이 학왕의 성씨가 기씨인 것으로 보아 상장군 탁의 성씨가 기씨인 것으로 되는데 탁은 곧 기준왕의 종실이 되는 셈이다. 금마(金馬)의 기준왕을 월지(月支)의 탁이 이어받은 것이 된다.

한반도의 마한은 서기전 194년에 세워져 서기 9년에 백제에게 완전히 망하게 된다. 그런데 서기전 18년에 온조가 위례성에 도착하자 마한은 온조에게 땅을 떼어 주어 살도록 하였다. 이후 백제는 마한 땅을 서서히 잠식하게 되었으며, 결국 서기 9년에 마한을 멸망시킨 것이 된다.

3) 변한(卞韓)

　만리장성 부근의 진한 유민들이 동으로 남으로 이동 할 때 낙랑, 번한 백성들도 함께 이동하여 한반도의 남쪽을 중심으로 모여들어 변한을 세워 자치를 한 것이 된다. 진한 유민들이 서기전 238년에서 서기전 209년경 사이에 이동한 것이 되는데, 낙랑, 번한의 백성들도 이때 이동한 것으로 보인다.

　단군조선의 번한관경은 발해만 유역을 중심으로 하여, 서쪽으로 산동반도와 태원의 동쪽 지역이 모두 해당되는데, 산동반도와 태원 동쪽에 있던 고죽국은 주나라 초기와 춘추시대에 제나라와 연나라에 합병된 것이 되고, 연나라 북쪽의 요수가 되는 지금의 영정하 동쪽에 있던 번한 지역은 연나라와 진나라와의 격전지였으며, 이러한 이유로 번한의 서쪽 지역 백성들이 살 곳을 찾아 동쪽으로 이동한 것이 되며, 결국 진한의 유민들과 함께 단군조선의 유민이 되어 피난한 것이 된다.

　번한에는 9간이 연합으로 정치를 한 것으로 되며, 서기전 39년경에 신라에 병합된 적이 있다고 기록되고, 서기 42년에는 김수로왕 등 6명이 변한을 흡수하여 땅을 나누어 가야를 연 것이다. 김수로왕은 서기 23년생이며, 20세이던 서기 42년에 금관가야왕이 되었다. 김수로왕의 선대가 되는 김일제는 서기전 121년에 한무제에게 투항한 흉노족의 휴도왕의 아들이며, 서기전 87년에 산동지역에 투후(秺侯)로 봉해진 자이다.

　그런데 한나라가 도를 잃자 이들 김씨족의 무리인 왕망이 나라를 빼앗았으며, 서기 23년에 왕망이 후한에 망하자 김씨들이 대거 탈출하여 한반도로 유입된 것이며, 이후 김수로는 어린 나이로 김해에 도착하여 살다가 서기 42년에 6명의 친족들이 연맹으로 가야를 열고 자치를 한 것이 된다. 김수로의 일파에 김알지가 있어 서기 65년에 경주로 진출하였고 경주김씨의 시조가 되었다.

어떤 기록에서는 김알지가 김수로의 아들이라고도 하나, 다른 기록에 의하면 김수로의 방계혈족이 된다. 변한이나 진한이 원래 단군조선의 서쪽 지역에 살던 사람들의 후손이므로 김씨족이 원래 단군조선 백성이었다는 것을 역사적으로 알고 있었다고 보인다. 그래서 씨족 간에 큰 전쟁이 없이 융화되었다고 보이며, 역사적으로 단군조선은 망명한 타 백성들을 모두 받아 주었던 기질을 가지고 있었는데, 이는 서기전 209년에 연제조 사람들이 번조선에 망명할 때도 그렇고 후대에 중국사람들이 난을 피하여 귀화한 사례가 많은 데서도 알 수 있다.

변한의 9간들이 계불의식을 행한 것은 서기전 7197년경 파미르 고원의 마고성에서 사방분거할 당시에 황궁씨가 행한 계불의식과 맥을 같이하는 것이 된다. 계불은 목욕재계를 의미한다.

3. 고구려와 서토(西土)와 신라

1) 고구려와 다물정책

고주몽은 서기전 58년에 졸본에서 북부여를 이어 소위 졸본부여로서 북부여를 계승하였으며, 서기전 37년에 고구려라 칭하였다.

고주몽 성제(聖帝) 또한 단군(檀君)으로서 서기전 37년경 조서를 내리셨으니, 아래와 같다.

천신(天神)이 만인(萬人)을 하나의 모습으로 만드시고, 골고루 삼진 (三眞)을 나누어 주시니, 이에 사람이 하늘을 대신하여 능히 세상에 섰도 다. 하물며 우리나라의 선조는 북부여로부터 나시어 천제(天帝)의 아들 이 되었도다. 철인(哲人)은 비우고 고요한 계율로 오래도록 사악한 기 (氣)를 끊어 그 마음이 편안하고 태평하다. 스스로 뭇사람들과 함께 하여 일마다 마땅함을 얻는다. 군사(軍師)를 쓰는 것은 침범을 늦추기 위함이 며, 형(刑)을 집행하는 것은 죄악을 없애는 것을 기하기 위함이다. 그러 므로 비움이 지극하면 고요함이 생기고, 고요함이 지극하면 앎이 충만 한다. 앎이 지극하면 덕이 융성한다. 그러므로 비움으로써 가르침을 듣 고, 고요함으로써 조용히 재며, 앎으로써 사물을 다스리고, 덕으로써 사 람을 구제한다. 이것이 곧 신시(神市)의 개물교화(開物敎化)이며, 천신 (天神)을 위하여 본성(本性)을 통하고, 중생(衆生)을 위해 법(法)을 세우 고, 선왕(先王)을 위해 공(功)을 완수하고, 천하만세를 위하여 지혜와 삶 을 함께 닦음을 이루는 교화이다.

서기전 28년에 연호를 다물(多勿)이라 하고, 송양의 비류를 공격 하여 굴복시켜 다물도(多勿都)로 삼고 송양을 다물후(多勿侯)로 봉하 였으며, 서기전 27년 10월에 북옥저를 멸망시키고, 서기전 26년에 수도를 졸본에서 상춘(늘봄, 訥見=눌현, 눌견)으로 옮겨 북부여를 회 복하였다.

이후 유리명제(琉璃明帝)는 서기 1년경 수도를 국내성으로 옮기어 한나라 정벌을 진행하게 되었는데, 대무신열제(大武神烈帝)는 고구 려의 남쪽에 있던 한반도의 최씨 낙랑국을 우선 멸망시켰다.

서기 48년경 모본제(慕本帝)는 요동을 회복하였는데, 이때 요동지 역은 지금의 난하 동쪽을 가리키며, 당시에는 낙랑군의 일부와 진번,

임둔이 속해 있었다. 이로써 진번과 임둔이 고구려에 복속되었다.

서기 55년경에 태조무열제(太祖武烈帝)는 졸본, 국내성, 제1환도성을 축조하여 3경을 두었고, 난하 서쪽의 요서지역을 회복하여 요서10성을 축조하였으며 서기 57년에 백암성과 통도성을 축조하였다.

태조무열제가 한(漢)나라의 10성에 대비하기 위하여 쌓은 고구려의 요서10성은 안시(安市), 석성(石城), 건안(建安), 건흥(建興), 요동(遼東), 풍성(豊城), 한성(韓城), 옥전보(玉田堡), 택성(澤城), 요택(遼澤)의 10성이다. 또 고려성(高麗城)을 하간현(河間縣) 서북 12리에 축조하였다.

여기서 안시성(安市城)은 개평(開平, 蓋平, 당나라의 蓋州)의 동북쪽 70리에 있으며, 지금의 천안(遷安) 지역으로서 난하(灤河) 서편에 위치한 것이 된다. 고구려의 안시성은 단군조선의 요중 12성 중의 하나인 탕지성(湯池城)이며, 구안덕향이라 불리는 곳이고, 후대에 탕지보(蕩池堡)라고도 불린다. 서기전 339년에 연나라가 번조선을 침공하였을 때 안촌홀(安村忽)과 관련되는 곳이 된다.

석성(石城)은 건안의 서쪽 50리에,

건안(建安)은 안시의 남쪽 70리에 있으며 당산(唐山)의 경내에 있다.

건흥(建興)은 난하의 서쪽에, 요동(遼東)은 창려(昌黎)의 남쪽에,

풍성(豊城)은 안시의 서북 100리에,

한성(韓城)은 풍성의 남쪽 200리에,

옥전보(玉田堡)는 한성의 서남쪽 60리에 위치하며 옛 요동국이라고 한다.

택성(澤城)은 요택의 서남쪽 50리에,

요택(遼澤)은 황하의 북류좌안에 있다.

백암성은 지금의 갈석산 남쪽에 있으며,

통도성은 지금의 북경 근처 동쪽에 위치한 성이다. 또 서기 105년

경에서 서기 121년 사이에 낙랑과 현도군을 공격하여 요동을 회복하였다. 이 시기의 낙랑과 현도는 고구려와 한나라의 서로 뺏고 뺏기는 격전지가 된다.

서기 168년에 신대제(新大帝)가 다시 요동을 정벌하였고, 서기 197년에 산상제(山上帝)의 동생 계수가 요동태수 공손도를 토벌하여 현도와 낙랑을 정벌함으로써 요동을 평정하였다. 산상제는 서기 209년에 국내성 산상(山上)에 제2환도성을 축조하여 수도로 삼았다.

산상제 때 국상 을파소는 선인도랑(仙人徒郎)을 양성하였는데, 선생이 지은 참전계경(參佺戒經) 총론에는 고구려 건국과 다물의 역사가 기록되어 있다.

옛날 우리 시조 고주몽 성제께서 북부여로부터 나시어 스스로 천제의 아들이라고 하셨다. 햇빛을 받아 태어나시니 해를 성으로 삼았다. 태어남에 신과 같은 용맹이 있었고 골격이 영웅상이었으며, 7살 때 스스로 활을 만들었고 백발백중이었으며 천하무적이었다. 때에 사람들이 주몽이 나라에 불리하다고 하여 죽이려고 하였다(동부여에서 있었던 일). 이에 오이, 마리, 협보와 더불어 후덕한 친구로 삼고 모돈곡에 이르러 재사, 무골, 묵거 세 사람을 만났다. 이에 주몽이 무리들에게 이르길, 나는 명을 받들어 나라를 세우고자 한다, 이 세 사람의 현인을 얻었으니 어찌 하늘이 주신 바가 아니겠느냐라고 하였다. 드디어 소, 돼지, 양의 피로 삼신에게 제사지내며 하늘에 고하였다.

한한상존(桓桓上尊)이시여!
구한(九桓)에 비추어 내리시사, 밭을 일구고 황무지를 바꾸어, 우리 땅에 우리 곡식으로, 오직 우리 진한(辰韓)이 융성하고 부강하게 하소서!

7인이 같은 덕(德)으로 큰 원(願)을 회복하고자 맹서하며, 도적들을 물리쳐, 우리 옛 강토를 완전하게 하고, 오래된 숙병(宿病)을 제거하며, 우리의 누적된 원한을 풀고, 기근과 병란을 일거에 없애며, 도(道)를 따라 백성을 사랑하고, 삼한(三韓)이 함께 다스려져, 서에서 동으로, 북에서 남으로, 어려서는 반드시 전(佺)을 따르고 늙어서는 종(倧)이 있을 바이다!

노래와 춤으로 마땅히 취하고 배부르게 되오며, 구한(九桓)이 하나의 땅으로서 오래오래 계승되오리다!

이제 소자 과덕하여 근면에 힘쓸에, 머리를 조아려 받드니, 신(神)께선 흠향을 마다하지 마시고, 소자들이 가는 정벌에 이롭게 하시고, 공을 빛나게 하소서! 우리나라를 도우시사 우리 백성들이 오래 살게 하소서!

桓桓上尊 照臨九桓 旳旳闢荒 我土我穀 惟我辰韓 旣殷且富 七人同德 誓復弘願 斥逐寇掠 完我旧疆 去彼宿病 解我積寃 飢饉兵亂 一幷掃盡 引道愛民 三韓同治 自西而東 自北而南 幼必從佺 老有所倧 以歌以舞 且醉且飽 九桓一土 齊登壽域 今朕寡德 甚勤而時 叩頭薦供 神嗜飮食 以利我征 俾光我功 佑我國家 壽我人民

－다물흥방 고천문

고천문을 낭독한 뒤, 이어 7인이 피 속에 손을 넣고 맹세하여 이르기를, 7인이 같은 덕(德)으로써 가히 다물흥방(多勿興邦)이로다, 그 능력에 따라 각기 일을 맡노라 하였다.

함께 졸본천에 이르렀을 때, 북부여의 고무서(서기전 59년-서기전 58년 왕임)가 주몽이 보통 사람이 아님을 알고 딸을 주어 사위로 삼았다. 왕이 즉위한 후 2년째에 돌아가시니 아들이 없어 나라 사람들이 논의하여 주몽이 대를 잇게 되었다.

이에 국호를 고구려라 했다. 高(높을 고)라는 말은 대광명이 비치는 세계의 한 가운데라는 뜻이다. 송양이 항복하여 나라를 넘겨주니 그 땅을 다물도라고 하고 송양을 다물후로 제후로 삼았다. 다물오계(다섯 가지 계율)를 세우니, 사친이효, 사군이충, 교우이신, 임전무퇴, 살생유택이었다(단군조선시대 삼한에 이미 오계가 있었음).

단군 고주몽께서 이르시길, 천신(天神)이 만인(萬人)을 하나의 모습으로 만드시고, 골고루 삼진(三眞)을 나누어 주시니, 이에 사람이 하늘을 대신하여 능히 세상에 섰도다. 하물며 우리나라의 선조는 북부여로부터 나시어 천제(天帝)의 아들이 되었도다. 철인(哲人)은 비우고 고요한 계율로 오래도록 사악한 기(氣)를 끊어 그 마음이 편안하고 태평하다. 스스로 뭇사람들과 함께 하여 일마다 마땅함을 얻는다. 군사(軍師)를 쓰는 것은 침범을 늦추기 위함이며, 형(刑)을 집행하는 것은 죄악을 없애는 것을 기하기 위함이다. 그러므로 비움이 지극하면 고요함이 생기고, 고요함이 지극하면 앎이 충만하다. 앎이 지극하면 덕이 융성한다. 그러므로 비움으로써 가르침을 듣고, 고요함으로써 조용히 재며, 앎으로써 사물을 다스리고, 덕으로써 사람을 구제한다. 이것이 곧 신시(神市)의 개물교화(開物敎化)이며, 천신(天神)을 위하여 본성(本性)을 통하고, 중생(衆生)을 위해 법(法)을 세우고, 선왕(先王)을 위해 공(功)을 완수하고, 천하만세를 위하여 지혜와 삶을 함께 닦음을 이루는 교화이다.

또, 신성지역인 태백산 밑에 옛날에 사선각이 있었는데, 이는 발귀리, 자부선인, 대련, 을보륵 네 선인이다. 모두 하늘에 제사 지내고 수련하여, (…중략…) 도를 넓히고 백성을 이롭게 하고, (…중략…) 이것이 사나이 대장부의 의로움이다.

—이상 참전계경 총론 중 일부, 을파소 전수

선인 발귀리는 서기전 3500년경 태호복희와 동문수학한 분으로 삼태극경을 시로 읊었으며, 자부선인은 서기전 약 2700년경 치우천황 때 황제헌원에게 삼황내문을 가르쳤고 역법을 재정리하여 칠정운천도와 칠회력과 윷놀이를 완성하였으며, 선인 대련은 공자가 말씀하신 효도의 대명사인 대련, 소련 중의 대련으로서 서기전 2239년 단군조선 제2대 단군 부루께서 대련과 소련에게 정치의 도를 물었고, 일명 묘전랑이라고도 하며, 선인 을보록은 서기전 2182년 단군조선 제3대 단군 가륵께서 신왕종전의 도를 물었으며 가림토 38자를 정립한 분이다.

서기 242년에 동천제(東川帝)는 서안평을 공격하였다가 서기 246년에 위나라 관구검의 역습을 받아 제2환도성을 함락당하기도 하였는데 이때 밀우와 유유의 애국으로 나라를 지킬 수 있었다. 동천제는 제2환도성이 폐허가 되었으므로 하는 수 없이 서기 247년에 평양으로 천도하였는데 이때부터 제3환도성을 축조한 것으로 된다.

이후 선비족의 침입을 받기도 하였고, 서기 313년경 미천제(美川帝)는 서안평을 공격하여 점령하고 차례로 대방과 낙랑을 축출하고 현도를 정벌하여 8,000명의 포로를 평양으로 이송하였다. 이리하여 서기 313년에 낙랑, 대방, 현도를 없애어 요동과 요서 지역을 모두 회복한 것이 된다. 낙랑군은 지금의 난하의 중류지역에서 고하지역까지 서남쪽에 걸친 지역이 되고, 남부에 대방군이 있었으며, 현도는 낙랑군의 서북에 위치하고 서안평의 서남쪽에 위치한 것이 된다.

서기 342년에 고국원제(故國原帝)가 전연(前燕)의 모용씨의 침입을 받아 제3환도성을 함락당하고 미천제 묘를 도굴당하였으며 5만명의 포로를 빼앗기는 등 수모를 당하였으며, 백제의 근초고왕과 한강에서 전쟁하다 전사하였다.

이후 소수림제(小獸林帝)가 다시 주도권을 잡게 되었다.

드디어 서기 391년에 18세의 광개토경호태황이 등장하였다. 광개토경호태황은 연호를 영락(永樂)이라 하고 서기 392년에 백제의 10성을 점령하는 등 한강이북을 차지하였고, 서기 395년에는 패수에서 백제군 8,000명을 전사시켰으며, 서쪽으로는 후연을 격파하여 요동을 확보하고, 동북으로는 읍루를 정벌하고, 거란, 백제, 신라, 가락(가야), 임나(대마도), 이왜(伊倭: 일본 본토. 천조대신의 나라 야마토)를 복속시키고, 서기 400년에 다시 왜를 격퇴하여 삼가라(三加羅: 대마도)를 복속시켰던 것이다. 서기 408년에 북연과 수호하였다. 서기 412년 39세의 나이로 전쟁으로 인한 후유증으로 병사하였다. 광개토경호태황 시기에 고구려는 단군조선의 북보(北堡)가 되는 진한(眞韓) 땅을 거의 회복한 것이 된다.

서기 412년에 즉위한 장수홍제호태열제(長壽弘濟好太烈帝)는 연호를 건흥(建興)이라 하고, 서기 414년에 아버지 광개토경호태황비를 건립하였고, 서기 427년에 수도를 평양으로 삼았다. 서기 475년에 백제의 위례성을 함락시키고 개로왕을 전사시켰으며, 서기 480년에 신라를 정벌하여 죽령이북을 탈취하였다.

광개토호태황비의 비문을 풀이하면 아래와 같다.

생각컨대, 옛날에 시조 추모왕께서 나라의 바탕을 여셨도다! 북부여에서 나오시어 천제(天帝)의 아들이며, 어머니는 하백여랑(河伯女郞)이시다.

<그림 21>
국강상광개토경평안호태황비

알을 갈라 세상에 내려오니, 나면서 성스러운 덕[德?]이 있으셨다. 뒷날에 어머니의 명을 받들어[後日奉母命?] 가마를 타고 동남쪽 아래로 길을 가다 부여의 엄리대수를 만나니, 왕께서 나루에 임하여 말하여 가라사대, 나는 황천(皇天)의 아들이요, 어머니는 하백여랑이며, 추모왕이니, 나를 위하여 자라를 잇고 거북을 뜨게 하라 하셨으며, 소리에 응한 즉, 자라가 잇고 거북이 떠오르게 된 연후에 비류곡으로 건너게 되셨다. 홀본서성의 산위에 도읍을 세우셨다.

세상의 자리를 즐거워하지 않자, 하늘이 황룡을 보내 내려오게 하여 왕을 영접하게 하였다. 왕은 홀본의 동강(東岡) 황룡산(黃龍山)의 머리(首: 꼭대기)에서 하늘로 오르셨다. 고명세자 유류왕은 이도여치(以道興治)하셨다.

대주류왕께서 그 업을 이어셨으며, 전하여 17세손 국강상광개토경평안호태왕에 이르러 18세에 즉위하여 연호(年號)를 영락(永樂)이라 하셨다.

태왕의 은혜와 혜택은 황천(皇天)에 넘쳐 적시고 위무(威武)는 사해(四海)에 떨치고 덮어, 원한과 부끄러움을 없애고 그 업을 모두 평안하게 하며, 나라는 부강하고 백성들은 부유하며, 오곡은 풍년들어 익었도다.

하늘이 돌보지 않아 39세에 수레를 탄 채 나라를 버리셨고, 갑인년(甲寅年: 서기 414년) 9월 29일 을유일(乙酉日)에 취산릉으로 옮겨 드렸으며, 이에 비를 세우고 공적을 새겨 후세에 보이노라. 그 글은 말한다.

영락5년 을미년(서기 395년)에 왕께서는 비려(碑麗)가 조공하지 않으므로, 군사를 정돈하여(整師?) 몸소 이끌고 가서 토벌하셨으니, 부산(富山)과 부산(負山)을 지나[過?] 염수(鹽水) 위에 이르러 그 언덕에 있는 부락 6~7백의 무리를 쳐 부수었는바, 소와 말과 무리의 양이 헤아릴 수 없는 숫자였다.

이에 수레를 돌려 가평도(駕平道?)를 지나는 길에 동쪽으로 오시는데, 액다력성(額多力城?)의 북쪽은 오곡[五穀?]이 풍년들었으니, 오히려 토지의 경계를 둘러보고 밭에서 사냥하고 돌아오셨다.

백잔과 신라는 예로부터 속민으로 조공을 하여 왔으며, 왜는 신묘년(서기 391년)이 오자 바다를 건너 쳐부수셨고, 백잔이 신라를 계속 침략하여 신민(臣民)으로 삼으므로, 6년 병신년(丙申年: 서기 396년)에 왕께서 몸소 수군을 이끌고 백잔국의 군대를 토벌하여 굴수(馘首)가 있었으며, 일팔성(壹八城: 堂八城?: 당팔성?), 구모로성(臼模盧城), 각모로성(各模盧城: 岩모로성?), 간궁리성(幹弓利城?), 상리성(上利城?), 각미성[閣彌城: 關彌城: 관미성?], 모로성(牟盧城), 미사성(彌沙城), 고사조성(古舍蔦城?), 아단성(阿旦城: [아차성?]), 고리성(古利城), 곤리성(困利城?), 잡진성(雜珍城: 雜彌城?), 오리성(奧利城?), 구모성(勾牟城), 고모야라성(古模耶羅城: 고모龍라성?), 하산성(夏山城?), 미성(味城?), 가고이야라성(家古而耶羅城?: 가고이龍라성?), 양성(楊城?), 취곡성(就谷城?), 두노성(豆奴城), 사노성(沙奴城), 비내성(沸乃城?), 이성(利城?), 미추성(彌鄒城?), 야리성(也利城), 태산한성(太山韓城), 소가성(掃加城), 돈발성(敦拔城), 보려성(輔呂城?), 구루매성(久婁賣城?), 산나성(散那城), 나단성(那旦城), 세성(細城), 모루성(牟婁城), 우루성(于婁城), 소회성(蘇灰城), 연루성(燕婁城), 석지리성(析支利城), 암문지성(巖門至城?), 임성(林城), 성루성(盛婁城?),

남소성(南蘇城?), 누리성(婁利城?), 취추성(就鄒城), 거발성(居拔城?), 고모루성(古牟婁城), 윤노성(閏奴城), 관노성(貫奴城), 삼양성(彡穰城?), 교성(交城?), 압본성(鴨本城?), 로성(盧城: 羅城?: 라성?), 구천성(仇天城), 우산성(禹山城?), 문성(文城?), 기국성(其國城) 등 58개성을 공격하여 취하셨다.

적들은 기가 죽지 않고 감히 백번을 싸우려 나오자, 왕께서는 위엄으로 불같이 노하시어, 아리수를 건너 자박성을 남겨두고 가로로 질러 바로 돌격하여 국성(國城)의 백제왕으로 하여금 곤궁에 빠지게 하여 남녀 1,000명과 가는 베 1,000필을 바치며 왕께 귀의토록 하셨다. 스스로 맹서하기를, 이제부터 영원히 노객이 되겠나이다 하니, 태왕께서 은혜를 베푸시어 이전의 허물을 사면하시고, 그 후의 순종의 정성을 기록하셨다. 이에 58개의 성촌과, 700의 장수와, 백잔왕의 아우와 더불어 대신 10명을 취하여, 군사를 돌려 환도하셨다.

영락 8년 무술년(서기 398년)에 편사(偏師)를 보내어 식신(息愼)의 땅과 골짜기를 관찰하도록 교시하시니, 막신라성(莫新羅城)을 편이하게 취하게 되어 태라곡(太羅谷)의 남녀 300인을 더하니, 이로부터 줄곧 조공을 논하는 일이 되었다.

영락 9년 기해년(서기 399년)에 백잔(百殘)이 서약을 위배하여 왜(倭)와 화통하니, 왕께서 아래쪽 평양성으로 순행하시자, 신라가 사신을 보내어 왕께 아뢰기를, 왜인들이 나라의 국경에 넘쳐 성과 못을 파괴하여 노객으로 백성을 삼았으니 왕께 돌아와 명을 청하옵니다 하였다. 태왕은 은혜를 베푸신 후, 그 충성이 특별하다 칭찬하시고서 사신으로 하여금 돌아가서 알리게 하고, 군사를 내게 윤허하셨다.

영락 10년 경자년(서기 400년)에 교서(敎書)로 보기(步騎) 5만을 보내어 신라로 가서 구하게 하시니, 남거성(南居城)으로부터 신라성(新羅城)

까지 왜인들이 그 안에 넘쳤는데, 고구려의 관병이 바야흐로 이르러니 왜적들이 물러가고, 관병(官兵)들이 뛰어 협곡을 넘어 공격하여 오며 뒤로 급박하게 임나가라(任那加羅)의 종발성(從拔城)에 이르니 성은 즉시 귀복하였으며, 안라인 수병은 신라성을 빼앗고 도성(都城)에는 왜인들이 넘쳤으나, 왜인들이 성을 무너뜨려 아군의 공격을 크게 당하여 괴멸되어 남김이 없게 되니, 왜는 결국 나라로 쳐서 항복하거나 죽은 자가 10중 8~9였으며, 모두 신하로서 따라왔다. 안라인 수병이 거짓으로 왜가 전쟁하려 한다는 생각이 들도록 하고, 훼기탄(喙己吞)과 탁순(卓淳)의 모든 적들이 다시 거병을 모의하니, 고구려의 관병이 먼저 제압하여 바로 탁순을 취하고 좌군(左軍)은 담로도(淡路島)를 거쳐 단마(但馬)에 이르고, 우군(右軍)은 난파(難波)를 거쳐 무장(武藏)에 이르렀으며, 왕께서는 곧바로 축사(竺斯)를 건너시니, 모든 적들이 모두 스스로 무너지고 나뉘어져 고구려의 군국(郡國)이 되었다. 안라인 수병은, 옛날에 신라매금(新羅寐錦)이 아직 직접 조공하지 않다가 이제 조알을 시작하니, 광개토경호태왕께서 능히 덕으로서 구제하고 교화하시어 모두 신복이 되었으며, 구다천(勾茶川)도 역시 조공하여 왔다.

영락 14년 갑진년(서기 404년)에 왜가 법도를 어기고 대방의 경계를 침입하여 변민을 불사르고 약탈하고, 석성(石城)의 도련(島連)으로부터 배들이 바다를 덮어 크게 이르니, 왕께서 이를 듣고 노하시어, 평양의 군사를 보내어 곧 바로 싸우게 하고 왕당의 군사와 서로 만나게 하여 끊고 쓸어버리고 무찌르게 하시니, 왜구는 무너져 패하고 무수히 참살되었다.

영락 17년 정미년(서기 407년)에 교서(敎書)로 보기 5만을 보내시어 숙군성(宿軍城)으로 가서 토벌케 하니, 태뢰(太牢)로써 군사를 내어 제(祭)를 지낸 후 합하여 싸워 참살하여 쓸어버리어, 갑옷을 노획한 것이

1만여이고, 군수물자와 기계등을 손에 넣은 것이 셀 수 없이 많았으며, 돌아와 사구성(沙溝城)과 누성(婁城)을 격파하고 군현(郡縣)을 삼았으며 독발(禿髮)을 항복시키고 이에 양주성(凉州城)을 기습하여 취하였다.

영락 20년 무술년(서기 410년)에, 동부여는 옛날에 추모왕의 속민이었다가 배반하여 조공하지 않으므로, 왕께서 몸소 군사를 이끌고 가서 토벌하셨는데, 군사가 여성(동부여성)에 이르니 동부여성의 국병이 준비가 안되어 곤란을 당하자 드디어 항복하고 조공을 바치니, 왕의 은혜가 널리 퍼졌다. 이에 머리를 돌려 돌아오는데 그 숭모교화되어 고구려의 관리를 따라 온 자가 미구루압로, 비사마압로 성입루압로, 숙사사압로, 송사루압로인데, 무릇 공격하여 격파한 것이 성이 64개이며 마을이 1,400개이다.

묘를 지키는 사람인 연호(煙戶)는, 매구여민(賣勾餘民)의 국연(國烟)은 2, 간연(看烟)은 3이고, 동해가(東海賈)의 국연은 3, 간연은 5이며, 돈성(敦城) 14가는 모두 간연이고, 우성(于城) 1가는 간연이며, 비리성(碑利城) 2가는 국연이고, 평양성민(平穰城民)의 국연은 1, 간연은 10이며, 도련(島連) 2가는 간연이고, 주루인(住婁人)의 국연은 1, 간연은 32[卅二?]이며, 양곡(梁谷) 2가는 간연이고, 양성(梁城) 2가는 간연이며, 안부련(安夫連) 22(卄二)가는 간연이고, 개곡(改谷) 3가는 간연이며, 신성(新城) 3가는 간연이고, 남소성(南蘇城) 1가는 국연이며, 새로 온 한예(韓濊)의 사수성(沙水城)의 국연은 1, 간연은 1이고, 모루성(牟婁城) 2가는 간연이며, 두비압잠한(豆比鴨岑韓) 5가는 간연이고, 구모액두(勾牟額頭) 2가는 간연이며, 빙저한(氷底韓: 求저한?) 1가는 간연이고, 사조성(舍蔦城) 한예(韓濊)의 국연은 3. 간연 21(卄一)이며, 고가야라성(古家耶羅城: 고가龍라성?) 1가는 간연이고, 경고성(炅古城)의 국연은 1, 간연은 3이며, 객현한(客賢韓) 1가는 간인이고, 아단성(阿旦城)과 잡진성(雜珍城)의 합10가

는 간연이며, 파노성한(巴奴城韓) 9가는 간연이고, 구모로성(臼模盧城) 4
가는 간연이며, 각모로성(各模盧城: 岜모로성?) 2가는 간연이고, 모수성
(牟水城) 3가는 간연이며, 간궁리성(幹弓利城)의 국연은 2, 간연은 3이고,
미구성(彌鄒城)의 국연은 6, 간연은 2이며, 구다천(勾茶川)과 구막한(寇
莫韓)의 합 9가는 간연이고, 두노성(豆奴城)의 국연은 1, 간연은 2이며,
오리성(奧利城)의 국연은 2, 간연은 8이고, 수추성(須鄒城)의 국연은 2,
간연은 5이며, 백잔(百殘)의 남거한(南居韓)의 국연은 1, 간연은 5이고,
대산한성(大山韓城) 6가는 간연이며, 농매성(農賣城)의 국연은 1, 간연은
1이고, 윤노성(閏奴城)의 국연은 2, 도연(都烟)이 22(卄二)이며, 고모루성
(古牟婁城)의 국연은 2, 간연은 8이고, 탁성(涿城)의 국연은 1, 간연은 8이
며, 미성(味城) 6가는 간연이고, 취자성(就咨城) 5가는 간연이며, 삼양성
(彡穰城) 24(卄四)가는 간연이고, 산나성(散那城) 1가는 국연이며, 나단성
(那旦城) 1가는 간연이고, 구모성(勾牟城) 1가는 간연이며, 어리성(於利
城) 8가는 간연이고, 비리성(比利城) 3가는 간연이고, 세성(細城) 3가는
간연이다.

국강상광개토경호태왕께서 생존시에 교시하되, 단지 선조왕들께서는
원근의 옛 백성들에게 묘를 지키고 주소(酒掃) 즉 술을 올리고 청소를
하도록만 교시하셨는데, 짐이 염려함은 옛 백성들이 옮겨서 많아지고
적어지는 것은 당연하므로, 짐의 만년 후에라도 안전하게 묘를 지킬 자
는 단지 짐이 몸소 이끌고 취하여 온 한예(韓濊)이니라 말씀하셨으며,
주소(酒掃)를 명령으로 준비하여 이렇게 말씀으로 교시하셨다. 이로써
교시의 명령과 같이 한예(韓濊)의 220가(家)를 취하고, 그 법칙을 알지
못할까 염려되어 다시 옛(舊) 백성 110가를 취하니, 합하여 신구(新舊)의
수묘호(守墓戶)가 국연이 30, 간연이 300으로 도합 330가(家)이다. 윗 선
조왕 이래로 묘위에 비석이 안전하지 못하여 수묘인(守墓人)으로 하여

금 연호(烟戶)에 어긋남이 이르게 되었다. 생각건대, 국강상광개토경호태왕께서는 선조왕들께 다하기 위하여 묘위에 비를 세우고 그 연호(법)를 기록하여 명령에 어긋남이 없도록 하고 수묘인(법)을 제정하셨으며, 지금부터 이후로는 다시 서로 전매(轉賣)하지 못하며, 비록 부유하고 풍족한 자라 할지라도 역시 함부로 사지 못하느니, 명령을 어겨 판 자가 있으면 그를 형벌에 처하고, 산 사람은 명령을 제정하여 묘를 지키게 하노라.

광개토황의 비문의 중반부는 영토확장에 대한 내용으로 되어 있다. 이로써 고구려의 다물정책이 거의 완성 단계에 이른 것이다. 이때 고구려는 단군조선 북보(北堡)가 되는 진한(眞韓)의 땅을 거의 회복한 것이 된다.

단군왕검이 9이의 추대에 응하여 임금이 되어 전쟁을 하지 않고도 반란자 요임금과 불효불충자 순을 복속시키고, 하은주(夏殷周)가 비록 전쟁광의 나라이나 대대로 천자국(天子國)으로서 자리를 지켰는데, 단군조선이 망하고 전국시대에 돌입한 이후 시대는 흘러 사람들의 심성이 점점 악하게 변하였고, 반드시 전쟁을 동원하여야만 복속하는 시대로 변하여 버렸다. 고두막한이 한나라와 전쟁을 하고, 고주몽이 다물정책을 시행한 후 광개토황에 이르러 전쟁을 통한 다물을 한 것이다. 고구려의 계승국 대진국(발해)이 망한 후 고구려의 땅은 거란, 여진, 몽고, 만주가 서로 바뀌어가며 차지하다가 오늘에 이르러 다물 정신은 온데간데없이 역사 속으로 사라지게 되었다. 과연 지금의 시대에 다물(多勿)을 할 수 있을까? 진실된 역사 복원이 다물을 대신할 것이다.

서기 491년에 즉위한 문자호태열제(文咨好太烈帝)는 연호를 명치

(明治)라 하고, 서기 493년에 연나부 낙씨의 부여를 완전히 복속시켰다. 이에 서기 86년에 동부여가 서고 서기 22년에 대소왕이 대무신열제에게 망한 후 고구려 서쪽 지역이 되는 연나부에 봉해져 백랑산 부근으로 거주를 옮겨 부여로 불리면서 이어져 오다가 이때 완전히 제사가 끊긴 것이다. 처음 연나부에 봉해진 부여는 점차 독립하기 시작하여 고구려에서 이탈되어 고구려의 적국과 협조하는 등하여 오다가 문자제에 의하여 완전 복속된 것이다. 서기 501년에 제(齊: 산동반도), 노(魯: 산동서부), 오(吳: 양자강 유역), 월(越: 양자강 남부)의 땅을 복속하였으며, 백제의 동성왕을 폐하고, 서기 503년에 백제가 조공을 하지 아니하므로 요서군과 진평군을 병합하고 백제군을 폐지하여 버렸다.

서기 559년에 즉위한 평강상호태열제(平崗上好太烈帝)는 연호를 대덕(大德)이라 하고, 서기 576년에 온달장군이 갈석산(碣石山)과 배찰산(拜察山)의 적을 토벌추적하여 북주(北周)를 대파하였으며, 유림진(楡林鎭)의 동쪽을 평정하였다. 여기의 갈석산과 배찰산은 지금의 영정하 서편의 요서지역에 있는 것이 되고, 유림진은 산서성(山西省)에 있는 것이 된다.

서기 590년에 즉위한 영양무원호태열제(瓔陽武元好太烈帝)는 연호를 홍무(弘武)라 하고 서기 598년에 요서를 공격하였으며, 이해에 연개소문의 할아버지 서부대인 연태조(淵太祚)가 등주를 정벌하였고, 수나라 문제의 30만 대군과 전쟁을 하였다.

또 서기 612년에는 수양제의 100만 대군과의 전쟁에서 을지문덕장군이 살수대첩으로 몰살시켰다. 수나라는 이어 서기 613년에 2차 침입하고 서기 614년에 3차 침입을 하였다가 실패하고 결국 서기 618년에 당나라에게 멸망하게 되었다.

서기 603년에 연개소문이 출생하고 9세에 조의선인에 선발되었는데, 연개소문은 김춘추와 동년배가 된다.

서기 624년에 영류제는 중국의 도교를 수입하고 요동반도 남북으로 부여현(부여성)과 남해부(비사성)에 이르는 천리장성을 축조하였는데, 연개소문이 이를 반대하고 결국 서기 642년에 왕을 폐위시키고 보장제를 옹립하였다.

서기 642년에 즉위한 보장제는 연호를 개화(開化)라 하였으며, 대막리지이던 연개소문이 신라의 김춘추와 회담에 실패하고 백제의 성충과 회담하여 맹약을 맺었는데, 이 자리에서 연개소문은 삼한이 원래 단군조선의 한 핏줄인데, 서쪽의 적을 무찌른 후 땅을 나누어 연맹으로 다스리자 제의 하였으나 김춘추는 듣지 않고 성충은 동의하였다 한다. 이후 신라는 당나라의 도움을 얻어 백제와 고구려를 침공하여 멸망시키게 된다.

서기 644년에 당나라가 1차 침입하여 안시성 전투를 벌인 후 연개소문의 역습으로 산서(山西: 서안 이북), 강좌(江左: 양자강 북동지역), 하북(河北: 황하 이북지역), 산동(山東) 지역을 고구려가 차지하였다.

서기 648년에 당나라가 2차 침입에 실패하고, 서기 649년에 3차 침입에 실패하였으며, 서기 657년에 연개소문이 55세로 병사하였고, 서기 668년에 드디어 연개소문이 없는 고구려는 당나라 이세적이 이끄는 50만 대군과 신라의 김인문이 이끄는 27만의 당나라 군사에게 평양성을 함락당하면서 망하였다.

서기 668년에 고구려가 망하자 고구려 서방 경계의 영주 땅에서 소식을 들은 대중상(大仲象)이 곧 후고구려라 칭하고 연호를 중광(重光)이라 하고 군사를 모아 동으로 옮기고 동모산(東牟山)에 웅거하였다. 이후 대중상이 서기 699년에 붕하자 아들 대조영(大祚榮)이 당나라 땅에 있다가 동쪽으로 이동하면서 말갈장수 걸사비우와 거란장수 이진영과 손잡고 당군을 대파하였고 동모산에 이르러 대를 이어 나라를 대진국(大震國)이라 칭하고 연호를 천통(天統)이라 하였으며, 수도를 상경용천부인 홀한성으로 옮기고 동모산은 중경(中京)으로 삼았다.

서기 670년에 고연무, 검모잠이 안승(安勝)을 옹립하는 고구려 부흥운동이 일어났으나 안승이 검모잠을 살해하고 신라에 투항함으로써 고구려 땅에서의 부흥운동은 끝났다. 그러나 안승과 그 무리들이 신라 땅에서 수차례 부흥운동을 시도하였던 것으로 전해진다.

2) 고구려의 정신문화

고구려 건국세력의 철학적 정신은 바로 단군조선의 천부경, 삼일신고, 참전계경에 담겨 있는 홍익인간(弘益人間), 이화세계(理化世界) 사상이다. 고구려의 계승국인 대진국(발해)의 건국세력의 철학적 정신 또한 단군조선의 홍익인간 사상이다. 대진국 시조 대조영은 고구려 때 찬한 삼일신고에 찬(讚)을 썼고, 대야발이 서문을 쓰고, 문적원감(文籍院監)이던 임아상이 주해(注解)를 달았다.

마의(麻衣) 극재사(克再思)는 고구려 시조 고주몽(서기전 79~서기전 19) 등 7인(주몽, 오이, 마리, 협보, 재사, 무골, 묵거)이 고구려(서기전 37~서기 668)를 건국할 때의 한 사람인데, 삼일신고를 읽는 방법을 지어 고주몽 성제께 바친 글은 아래와 같다.

나는 무리(일반인)들에게 말한다. (삼일)신고를 읽으려면 반드시, 먼저 깨끗한 방을 택하여, 진리도[원리도]를 벽에 걸고, 손을 씻고 양치질을 하고, 몸을 깨끗이 하여, 옷과 관(冠)을 가지런히 하고, 냄새나는 술 [냄새나고 더러운 것]을 끊고, 향을 피우고, 무릎을 모아 꿇어 앉아, 조용히 일신(一神, 한얼, 하늘님)에게 기도해야 한다. 큰 믿음과 맹세를 세우고, 모든 사악한 생각을 끊고, 366알의 대단주(大檀珠)를 지니고서, 한마음으로 바른 글인 366자의 말씀의 진리[원리]를 읽어, 위 아래로 철저히 조합하여 일관되게 해야 한다. (읽기를) 3만회에 이르면 액(厄)이 점차 소멸하고, 7만회에 이르면 질병과 전염병이 침범하지 못하고, 10만회에 이르면 칼과 병기를 피할 수 있으며, 30만회에 이르면 날짐승과 길짐승이 길들여져 엎드리고, 70만회에 이르면 사람과 귀신이 공경하여 두려워 하며, 100만회에 이르면 영철(靈哲. 神將과 神官. 武와 文에 해당)이 지도하고, 366만회에 이르면 366개의 뼈를 바꾸어 366개의 혈(穴)을 모으게 하고 366도(度)를 회전시켜, 고통을 떠나 즐거움(쾌락)으로 나아가는데, 그 신묘함을 다 적을 수 없다. 만약 입으로만 외우고 마음으로는 거슬리면 사악한 견해가 생기게 된다. 외설되고 게으름이 있으면 비록 억만번을 읽더라도 바다로 들어가 호랑이를 잡는 것과 같이 끝내는 성공치 못하고 도리어 목숨과 복록이 감소하여 잘라져 나가고, 재앙과 피해가 다가와 이르러 고통과 어두움의 세계로 굴러 떨어져, 아득하게 벗어날 기회도 없게 된다. 가히 두려워하지 않으랴. 힘쓰고 힘써야 한다.

여기서 신선(神仙)의 경지와 오늘날의 무속(巫俗)의 경지가 상호 관련성이 있음을 알 수 있다. 삼일신고를 통하여 건강을 얻고, 무(武)에 통달하게 되고, 짐승을 임의대로 부리고, 사람과 귀신이 두려워하며, 신령이 지도하는 단계를 거쳐 환골탈태(환골이신, 뼈를 바꾸어 신선으로 됨)하게 되는데, 환골탈태하면 철인(哲人) 즉, 신선(神仙)이 되는 것이며, 신령이 지도하는 단계가 무(巫)의 단계가 된다. 신령이 지도하게 되면 다른 사람이나 만물의 과거 미래를 훤히 볼 수 있게 된다. 대진국 임아상의 삼일신고 주해의 마지막 부분을 보면 이해가 될 것이다.

大神機는 가로되, 신의 틀(神機)을 본다는 것은 가깝게는 자기와 다른 사람의 내장과 털의 뿌리와, 멀게는 하늘 위와 무리를 이룬 세계에 이르기까지, 땅속과 물속의 모든 뜻과 모습을 똑똑히 보는 것이고, 가로되 神機를 듣는다는 것은 하늘 위 땅 위와 무리를 이룬 세계에 이르기까지 사람과 만물의 말과 소리를 모두 들음이며, 가로되 神機를 안다는 것은 하늘 위 하늘 아래와 몸 앞 몸 뒤와 과거와 미래의 일과, 사람과 만물의 마음 속에 숨겨져 있는 일과, 신의 비밀과 마귀가 숨긴 것을 남김없이 모두 안다는 것이다. 가로되 神機를 행한다는 것은 귀 눈 입 코의 功으로 능히 서로 사용하여 다함이 없는 무수한 무리의 세계를 電氣가 갔다가 돌아옴과 같이 공중과 땅속과 쇠 돌 물 불에 이르기까지 장애가 없이 통하여 몸을 나누어 행하여 그 변화가 뜻에 따라 행해지는 것이다.

고구려는 삼족조(三足鳥), 즉 삼족오(三足烏)를 신성시하였다. 삼족조는 세발 달린 새를 의미하고, 삼족오는 세발 까마귀를 의미하나, 원래는 벼슬을 가진 세발 달린 봉황(鳳凰)이 되며, 태양신(太陽神)이자 삼일신(三一神), 즉 삼신(三神)을 상징한다.

〈그림 16〉
삼족오(三足烏)

단군조선 초기인 단군왕검과 요순(堯舜)시대에 이미 삼족오가 등장하고 있으며, 단군조선 전기인 서기전 1987년에도 삼족오가 이미 출현하고 있다. 고구려는 단군조선의 사상철학(思想哲學)이나 종교(宗敎)를 계승한 나라이므로 당연한 것이 된다.

3) 서토(西土)의 한(漢), 위(魏), 진(晉), 수(隋), 당(唐)

고구려는 고대 중국의 한, 위, 진, 수, 당의 시대에 걸쳐 존속하였는 바, 고구려가 고대 중국의 속국이라는 주장은 터무니없는 망발이라는 것을 알 수 있다. 고구려가 고대 중국을 서토라 부른 것은 고구려가 원래 중국이라는 나라이름이기 때문이다. 참전계경 총론에 "高句麗 言 天帝大日 高大光輝於世界之中也…[참전계경 총론]"라 하여 고구려는 하늘님의 태양이 높게 크게 빛나는 세계의 중심을 나타낸다라고 적고 있다.

한(漢)은 서기전 206년에 진(秦)을 멸하고, 한무제가 서기전 120년에 흉노족을 항복시키고, 서기전 108년에 위씨조선을 멸망시켰는데, 이때 고구려의 전신인 북부여의 고두막한이 의병을 일으켜 위씨조선 땅을 지키기 위하여 한나라와 전쟁을 하였으며, 이때 수많은 백성들이 호응하여 한나라를 물리쳤다. 이리하여 소위 한사군은 이름만 있을 뿐 실제로는 단군조선 유민들의 자치가 이루어진 것이 된다.

한나라가 도를 잃자 왕망이 서기 8년에 흉노 왕족의 후손인 김씨족과 더불어 나라를 빼앗았고, 광무제에 의하여 서기 23년에 후한이 일어섰다. 후한시대에 소위 한사군 중 진번과 임둔은 고구려에 복속하였으며, 낙랑군과 현도군 지역은 격전지가 되었다.

서기 50년경에 고구려가 요동을 회복하였고, 서기 55년경에는 요서지역을 회복하였으며, 서기 105년~서기 121년경에 다시 낙랑, 현도를 공격하여 요동을 회복하였으며, 서기 168년에 다시 요동정벌을 하였고, 서기 197년에 다시 낙랑과 현도를 정벌하여 요동을 평정하였으며, 서기 242년에 서안평을 공격하고 서기 313년에 낙랑, 대방을 축출하고 현도를 정벌하였다고 기록되고 있는 것으로 보아, 서기전 108년부터 서기 313년까지 약 420년에 걸쳐 낙랑, 대방, 현도의 땅은 서로 뺏고 뺏기는 격전지가 된다. 광개토황 이후 대체적으로 요동요서 지역은 거의 고구려 차지가 된 것이다.

고구려의 요동요서의 구분선은 지금의 난하가 된다. 원래의 요수는 지금의 영정하인데, 연나라가 팽창하던 서기전 360년경부터 난하가 패수로서 요동과 요서의 구분선이 되었고, 중국의 기록으로는 여전히 영정하가 요수가 되며, 서기 250년경 기록이 되는 중국의 수경(水經)의 기록을 보면 요수는 영정하, 패수는 난하가 되는데, 서기 520년경의 역도원이 지었다는 수경주(水經注)를 보면, 원래의 강 명과 지명이 이동된 사례가 많으며, 영정하, 난하, 대릉하, 지금의 요하, 압록강을 대요수(大遼水)로 대입하는 느낌을 주고 있으며, 해석에 혼동을 일으키게 하고 있고, 심지어 패수(浿水)를 대동강 패수(浿水)로 억지로 대입하고 있어 역도원의 기록이 아니라 후대인의 날조라는 느낌을 지울 수 없게도 한다.

4) 신라의 건국 경위와 후삼한통일 시도

(1) 고두막한 북부여와 고구려의 한(汗, 干: 天子)국 신라(新羅)

서기전 108년에 졸본의 한(汗)이던 고두막(高豆莫)은 북부여를 부흥시키기 위하여 위씨조선이 한나라에 의하여 망하자 의병을 일으켜 동명(東明)이라 칭하고 한나라 군사와 전쟁을 하였으며, 위씨조선 땅의 수많은 백성들이 호응하였고 이에 서안평에까지 이르렀다. 이로써 북부여는 부흥하여 단군조선의 서쪽 땅이던 서쪽의 진한과 번한 땅을 회복한 것이 된다.

그런데 중국기록에서는 낙랑, 진번, 임둔, 현도를 소위 한사군이라 하고 있으면서 서기전 108년에 낙랑군, 진번군, 임둔군을 두었고, 서기전 107년에 현도군을 두었으며 이후 진번과 임둔을 낙랑군에 붙였다는 식으로 적고 있다. 그러나 진번과 임둔은 곧바로 북부여에 복속한 것이 되고, 낙랑군과 현도군은 서안평 남쪽의 땅으로서 북부여와 한나라의 격전지가 되며, 고구려와 한나라의 격전지이기도 하다.

서기전 194년에 번조선을 차지한 위만이 낙랑, 진번, 임둔을 차지하였으며, 우거왕에 이르러 북부여의 해성(海城) 이남 50리까지 동침을 하였다가 패퇴되었는데, 위씨조선이 서기전 108년에 한나라에 망하자, 고두막한이 군사를 이끌고 위씨조선 땅으로 진격하여 토착인들의 호응을 얻어 한나라 군사들을 물리친 것이며, 서안평까지 이르렀던 것이 된다. 서안평은 옛 구려국의 땅으로서 현도군의 북쪽에 위치한 것이 된다. 이리하여 고두막한은 난하 서쪽의 한나라 낙랑군과 현도군을 두고 때때로 전쟁을 한 것으로 보인다. 서기전 87년에 한무제가 죽자 진번과 임둔은 완전히 북부여에 속한 것이 되고, 낙랑군과 현도군도 북부여에 복속한 것으로 보인다.

서기전 86년에 북부여를 차지한 고두막한이 단군이 되어 서쪽 지역에 거서간(居西干)을 두어 서보(西堡)로 삼고 한나라를 방어하도록 하였다. 거서간은 서쪽을 지키는 방어장으로서 단군천왕 아래 제후가 되는 천자(天子)를 가리키는 것이다. 고두막단군시대에 거서간을 지낸 사람이 바로 박혁거세의 아버지였던 것이다.

서기전 86년경에 거서간이 되어 고두막단군의 손녀인 파소의 남편으로서 한나라 침입을 막다가 서기전 69년경에 박혁거세를 유복자로 두고 사망한 것으로 된다. 이에 난하 서쪽과 고하 부근에 머물던 파소가 동쪽의 북부여 수도인 상춘으로 돌아와 지내다가 뜻을 품고 측근을 데리고 연고를 찾아 한반도 남쪽의 진한 땅으로 가게 된 것이다.

파소는 고두막단군의 아들인 고무서 단군의 딸이 된다. 고무서에게는 아들이 없었다. 서기전 69년 파소가 박혁거세를 낳았을 때 고무서는 그냥 태자로 있었다. 이때 고무서는 파소, 소서노, 그리고 셋째 딸을 두었다. 파소는 아들을 데리고 남쪽의 진한으로 갔고, 소서노는 해부루의 서손이 되는 우태와 혼인하여 비류를 두었다가 서기전 59년에 동부여에서 졸본으로 도망하여 온 고주몽과 재혼하여 온조를 낳았다. 셋째 딸은 미상이다.

한반도 진한 땅에 도착한 파소는 단군조선 유민들로 이루어진 진한(辰韓)에서 우대를 받았으며, 통치자 소벌도리가 박혁거세를 돌보면서 서기전 57년에 드디어 왕으로 추천하고 6부가 모두 추대하니 신라 시조가 된 것이다.

박혁거세는 왕이라 칭하지 아니하였다. 거서간이라 칭하였다. 거서간이란 바로 아버지의 직을 세습한 것이 된다. 북부여의 거서간으로서 천자로서의 직을 수행한 것이다. 왕은 독자적인 군사권을 가지나, 간(干)은 비왕으로서 독자적 군사권을 가지지 않고 명을 받아 군사를 부린다. 이렇게 신라는 북부여를 상국으로 모시고 스스로 낮추어 거서간의 나라로서 출발하였던 것이다.

이는 바로 단군조선의 제도를 이은 것이 된다. 단군왕검은 천왕으로서 삼한을 통할하였고 그 아래 진한, 마한, 번한의 비왕을 두어 섭정하게 하였으며, 그 아래 한(汗)에 해당하는 수많은 제후국을 두었다. 각 제후국들은 원칙적으로 세습자치를 하였다. 단군천왕에게는 조공을 바쳤다.

서기전 58년에 북부여는 고주몽에게 대통을 잇게 하였다. 고주몽은 고무서 단군의 둘째 사위로서 북부여의 대를 이은 것이다. 이후 신라는 북부여의 정통성을 이은 고주몽의 고구려를 상국으로 받들었다. 그러나 시대가 흐르면서 도를 어기는 경우가 많아져 결국 신라도 살아남기 위하여 왕권을 수행할 수밖에 없었다. 즉, 군사를 부려 나라를 지켜야 하였기 때문이다.

신라가 고구려와 전쟁하기 이전에는 백제와 왜의 침략을 많이 받았는데, 고구려가 신라를 지켜 주었다. 신라는 거서간, 차차웅, 이사금, 마립간 등으로 왕호를 쓰다가 서기 500년 지증왕에 이르러 왕(王)이라 하고 국호를 신라(新羅)로 칭하였다. 신라는 고구려의 장수왕 때부터 백제와 동맹을 맺으면서 살아남기 위한 전략을 쓰게 되었다.

(2) 신라의 칭왕과 삼한통일 시도

신라는 처음 서기전 57년에 박혁거세가 왕이 된 때에 왕호를 거서간이라 하였으며, 남해왕은 차차웅, 유리왕부터 흘해왕까지는 이사금, 내물왕부터 소지왕까지는 마립간이라 하였다. 차차웅은 스승(師)과 같은 말이고, 이사금은 임금이라는 말이며, 마립간(馬立干)은 간(干) 중의 간(干)이라는 의미가 된다. 원래 임금은 군사권을 가진 왕이 아니라 백성을 다스리는 직책을 의미하는 것이 된다. 단군왕검은 원래 왕검(王儉), 임검(壬儉), 임금(이사금)의 직에 있었으므로 한 자로 표기하여 왕검(王儉)이라 하는 것이 된다.

신라의 22대 지증왕은 왕호와 국호를 왕(王), 신라(新羅)라 하였다. 박혁거세는 국호를 사로(斯盧: 설)라 하였고, 수도는 서라벌(徐羅伐: 설벌)이라 하였는데, '설'이라는 말은 새(新), 새 또는 동(東)의 뜻이며, 서라벌은 설벌로서 새발, 새밝, 동명(東明)과 같은 말이다. 그래서 신라는 바로 북부여 고두막한의 땅인 졸본의 동명(東明)과 같은 것이며, 신라 시조가 북부여 고두막한의 손녀이므로 고두막한의 동명을 신라의 옛 땅이라 하는 것이 된다.

신라 4대 석탈해왕은 국호를 계림(鷄林)이라 하였다. 계림은 당시 김알지가 출현하였기 때문에 지은 국호가 된다. 신라15대 기림왕은 서기 307년에 국호를 한때 신라(新羅)라 하였다. 이후 22대 지증왕이 서기 503년에 왕호와 국호를 왕(王), 신라(新羅)라고 확정한 것이 된다. 이후 신라는 급성장을 하였다. 지증왕은 서기 506년에 소가야를 평정하였고, 23대 법흥왕은 연호를 건원(建元)이라 하여 황제국이라 칭한 것이나 다름없으며, 서기 515년에 아라가야(함안)를 토벌하였고, 서기 532년에 금관가야를 평정하였다.

제24대 진흥왕은 연호를 개국(開國), 대창, 홍제라 하였고, 서기 551년경에 가야를 정벌하기 시작하여 비사벌가야(창녕 曹씨의 나라)를 합병하여 김씨성을 하사하고, 서기 562년에는 사다함이 대가야를 평정함으로써 가야를 모두 합병하였다.

제26대 진평왕은 연호를 건복(建福)이라 하였으며, 고구려의 온달 장군을 아차산에서 전사시켰고, 서기 631년 건복 48년에 비사벌가야 왕손인 김인평(金仁平)에게 조씨 성(姓)을 회복시켜 조계룡(曹繼龍)이라 사성명하고, 덕만공주로 하여금 안전한 왕위 인수를 위하여 사위이자 덕만공주의 남편인 조계룡을 음(飮)갈문왕에 봉하였다.

제27대 선덕여왕(성골)은 연호를 음갈문왕의 이전 이름인 인평(仁平)이라 하였는데, 선덕여왕은 서기 647년에 지병으로 병사하고 음갈문왕은 진덕여왕 시절인 서기 651년에 81세로 사망하였다.

제28대 진덕여왕(성골)은 연호를 태화(泰和)라 하였으며, 서기 654년에 진덕여왕이 붕하자 알천공(蘇閼川, 소벌공의 후손, 진골)이 왕으로 추대를 받았으나 김춘추(성골에서 진골로 강등. 이후 진골)에게 양보하였다.

김춘추가 서기 654년에 제29대 왕이 된 후 서기 660년에 백제가 나당연합군에 의하여 망하였고, 서기 661년에 김춘추 태종무열왕이 백제 땅을 순시하다가 백제의 자객단에 의하여 시해를 당하였던 것이다.

제30대 문무왕 때인 서기 668년에 고구려가 망하였고, 당나라가 약속을 위반하자 신라는 서기 676년에 당나라 군사를 축출하여 당나라와 국교를 단절하였고, 한반도 서쪽의 백제 땅과 고구려의 남쪽 땅을 차지하였는데, 북쪽에 고구려를 계승한 대진국이 차지하여 사실상 신라와 한반도 백제, 고구려 남쪽 지역의 극히 일부를 합한

나라가 되어 대진국과 남북국시대를 연 것이 되었다. 신라는 서기 670년경 고구려 부흥운동을 하던 고구려의 왕족 안승이 검모잠을 살해하고 투항하자 김씨성을 하사하고 보덕왕으로 봉하였다.

4. 백제와 가야

1) 졸본의 북부여와 고구려의 제후국에서 출발한 백제

서기전 59년에 동부여에서 북부여의 졸본으로 도망하여 온 고주몽은 동부여에 예씨부인(禮氏夫人)에게서 유리(琉璃)를 얻었으며, 졸본에서 고무서단군의 사위가 되어 소서노와 혼인하여 온조를 낳았다. 그래서 온조는 서기전 58년경 이후 출생이 된다. 온조왕은 서기전 18년부터 서기 28년까지 46년간 재위하였는데, 서기전 58년 이후 출생이면 86세 이하로 타당성이 있게 된다. 소서노는 고주몽보다 9세가 많았다고 하는바, 서기전 88년생이 되는데, 서기전 59년에는 30세가 되고 고주몽은 21세가 된다. 소서노는 이미 10세 정도의 아들 비류를 둔 것이 되고, 남편 우태가 죽은 후 혼자 지내다가 고주몽과 재혼한 것이 된다. 유리는 서기전 59년 이전 출생이 된다.

서기전 42년에 소서노는 약 27세가 된 비류와 17세가 된 온조를 데리고 남하하여 패대지역에 이르러 나라를 열었는데, 10여 년이 지난 서기전 31년에 고주몽에게서 어하라로 책봉을 받아 고구려의 제후국이 되었다. 패대지역은 패수와 대수 지역으로서 진번지역이라 하는데, 지금의 대릉하 동쪽으로 요동반도 서편의 땅이 된다. 단군조선의 진번국은 대릉하의 동쪽 요하의 서쪽에 위치하고 있었다.

백제의 왕을 어륙이라 하기도 하는데, 이는 어하라와 통하는 말이기도 하다. 신라의 왕은 매금(寐錦)이라 적는데 이는 뉘금(넘금)이라는 말로서 이사금(임금)을 나타낸 글자로 된다.

서기전 19년에 고주몽성제가 붕하고 유리태자가 대를 이었으며, 이해에 소서노도 훙하여 비류가 대를 이었고, 이때 온조는 다시 배를 타고 남하하여 한반도의 미추홀(인천)에 도착하여 한강을 거슬러 올라가 한강 남쪽의 하남위례성을 쌓고 서기전 18년에 온조백제를 열었다. 이때 온조왕은 약 40세가 되어 타당성이 있다. 하남위례성은 지금의 몽촌토성으로 추정된다.

그런데 온조가 백제를 세운 데에는 마한의 도움이 컸다. 이미 한반도의 서쪽 땅은 후삼한의 진왕노릇을 하던 마한 지역이었는데, 이때 마한왕은 온조에게 땅을 떼어주어 나라를 열게 하였다. 그러나 온조는 마한왕의 배려를 배신하고 마한을 정복하여 드디어 서기 9년에 병합하였다. 이에 마한왕이던 학왕(學王)의 세아들이 기(箕)씨에서 각각 기(奇), 선우(鮮于), 한(韓)씨로 나뉘었다라고 한다.

온조는 서기전 18년에 곧바로 동명왕묘(東明王廟)를 건립하였다. 동명왕은 고주몽을 가리킨다. 그래서 온조백제는 고주몽의 아들이 되는 온조가 세운 것이 되는 것이다. 물론 동명왕으로 불리는 사람이 또 있다. 바로 서기전 108년 북부여의 졸본의 한(汗)이던 고두막이다. 온조가 건립한 동명왕묘의 동명왕이 고주몽이냐 아니면 고두막한이냐는 온조 세력이 순수한 북부여 세력이냐 아니면 고주몽의 제후국이냐 하는 문제가 된다.

서기전 19년에 고주몽이 붕하였는데, 서기전 18년에 백제를 건국하면서 동명왕묘를 세운 것은 고주몽의 제사를 지내기 위한 것이 명백하다. 온조가 만약 고주몽의 아들이 아니라면, 아버지는 우태이며 우태는 동부여의 해부루왕의 서손이 되고, 어머니 소서노는 북부여 고무서의 딸로서 고두막한의 손녀가 되는데, 온조가 외증조가 되는 고두막한의 묘를 세운 것으로 보는 것은 논리에 맞지 않은 것이 된다. 그래서 동명왕묘의 동명왕은 고주몽이 틀림없는 것이 된다. 비류는 고주몽의 아들이 아니며, 나중에 비류가 죽은 후 패대지역의 비류백제는 온조백제에 귀부하게 되어 백제가 요서, 진평에 진출하는 데 논리적 근거가 되기도 한다.

그러나 후대에 나타나는 또 다른 부여가 있는데, 바로 고구려의 서쪽 연나부에 봉해진 동부여족의 부여가 있다. 서기 22년에 봉해졌다가 백랑곡 지역으로 진출하였으며 고구려에서 이탈하여 고구려를 괴롭히기도 하였는데, 서기 494년에 고구려 문자제(文咨帝)에게 완전히 망하였다.

백제도 연호를 사용한 것이 되는데, 이는 황제국이라 자칭한 것이 된다. 이로써 고구려, 신라, 백제가 모두 연호를 사용하였으므로 스스로 황제국임을 자처한 것이다. 그러나 신라는 처음에는 북부여의 천자국으로 출발하여 고구려의 제후국으로 지냈으며, 지증왕이 왕이라 칭하면서 전쟁을 통하여 살아남기 위한 전략으로 나아갔다. 백제는 일본땅의 왜(倭)와 통교하면서 사주하여 신라를 괴롭혔다. 이때마다 고구려는 신라를 구원해 주었다. 그러다가 장수왕이 남하정책을 시행하면서 신라는 백제와 동맹을 맺기 시작하는 등 삼국간의 전쟁이 지속적으로 이어졌다.

백제는 서기전 18년에 하남위례성에 도읍하였는데 몽촌토성으로 추정되고, 서기전 5년에 천도한 한성(漢城)은 풍납토성으로 추정되며 서기 371년에 수도로 삼은 한산(漢山)은 지금의 남한산성을 가리키는 것으로 된다. 그리하여 한수와 한산 부근에서의 백제의 수도는 하남위례성, 한성, 한산 3곳이 된다.

제8대 고이왕(古爾王) 때인 서기 237년에 연호를 태화(泰和)라 하였으며, 서기 250년경 일본 땅의 신공왕후의 나라 야마대국을 정벌하였다.

제9대 책계왕 때인 서기 286년에 위례성을 수리하였다.

제13대 근초고왕 때 발해만 유역에 있던 낙랑군의 남쪽 지역이 되는 대방군을 점령하기도 하였으며, 서기 246년 고구려가 위 관구검에게 패하여 제2환도성을 함락당하고 평양성으로 천도한 이후 이때 평양성을 공격하여 고국원왕을 전사시켰다. 근초고왕은 대방군을 비롯한 요서지역과 산동지역과 일본 지역을 식민지로 다스렸다. 서기 371년에는 수도를 한산(漢山)으로 천도하였다.

제16대 진사왕 때인 서기 392년에는 고구려의 광개토황이 군사 4만을 이끌고 백제의 10성을 함락하였으며 이에 한수(漢水) 이북을 잃었다.

제21대 개로왕은 서기 475년에 고구려의 장수왕에게 전사하였다.

제22대 문주왕은 서기 475년에 수도를 웅진(熊津: 곰나루, 고마나라)으로 옮겼다.

제25대 성왕은 서기 538년에 사비(부여)로 천도하였으며, 국호를 남부여(南夫餘)라 하였고, 한강 유역을 회복하였다. 서기 554년에 신라의 관산성(옥천)에서 전사하였다.

제30대 무왕 때인 서기 636년에 군사를 보내어 신라에 몰래 잠입시켰으나 우소가 옥문곡에서 사로잡힌바 되었다.

제31대 의자왕은 서기 660년 소정방과 김인문의 13만 당나라 군사와 백강(白江)에서, 신라 김유신의 5만 군사와는 황산벌(黃山伐)에서 전쟁을 벌였고, 이때 일본이 백제를 원조하였으나 계백장군의

5,000 결사대가 전멸하면서 전쟁에 패하고 의자왕과 귀족들이 모두 포로가 되어 망하였다. 이후 부흥운동이 일어났으나 내분으로 실패하였고, 서기 663년 백제와 일본의 군사가 나당연합군과 전쟁을 벌였으나 패함으로써 완전히 망하였다.

백제가 나당연합군의 침입을 받기 전에, 고구려의 대막리지 연개소문과의 회담에서 연개소문의 제의를 거절한 김춘추는 당나라 세력을 끌어들여 삼한을 통일하고자 하였다. 당나라도 이참에 고구려를 멸망시켜 주도권을 잡으려 하였는데, 당나라 왕족은 원래 선비족의 혼혈족으로서 순수한 한족이 아니었으며, 당태종 이세민이 한(漢)나라의 정통을 이은자로 자처하면서 고구려로부터 배척을 당하였던 것이다. 신라의 김춘추가 당과 교류하면서 백제와 고구려를 차례로 멸망시킨 것은 그 틈에서 살아남기 위하여 불가피한 것으로 역사적인 흐름으로써 인식되기도 한다.

그러나 신라는 고구려의 계승국인 대진국과 남북으로 대치하는 남북국시대를 열게 되었다. 백제 땅의 백성들은 서서히 신라화되어 갔다. 그러나 신라말기에 후백제, 후고구려가 건국되면서 백제의 혼이 되살아나게 되었다. 이후 고려가 서면서 고구려 신라 백제가 혼연일체로 되어갔던 것이 된다. 그러나 고려시대 초기에 신라왕족이 여진족이 사는 곳으로 가서 왕족이 되어 금나라를 세우게 되었고 급기야는 고려와의 사이에 부모관계에서 시작하여 형제관계로 다시 군신관계까지 가게 되었다.

2) 6가야 연맹

서기전 238년에 단군조선이 사실상 망하고 진시황의 폭정이 만리장성에 미치자 진한 땅과 번한 땅에 살던 단군조선 유민들은 이를 피하여 동으로 남으로 이동하여 한반도의 남쪽에 변한을 세우고 동쪽에는 서기전 209년에 진한이 건국되었다. 이후 자치를 해 왔다.

서기 8년에 전한의 도가 무너지자 왕망이 흉노왕족이던 김씨족과 나라를 빼앗았고 서기 23년에 광무제에게 나라를 넘기게 되었는데, 이때 김씨족들이 대거 한반도로 이동하게 되었다.

서기 23년에 출생한 김수로는 변한 땅에서 자리 잡고 변한의 구간(九干)들을 규합하여 드디어 서기 42년에 변한 땅을 6가야 연맹체제로 만들었다. 구간은 곧 9개국의 왕이란 말이다. 김수로왕은 김해를 중심으로 금관(金冠, 김해)가야를 세웠고, 이진아고는 대가야(高靈)를 세웠으며 그 외 고령(古寧)가야, 소가야(고성), 아라가야(함안), 성산(星山)가야 등의 6가야가 되었고, 이후 비사벌가야(창녕) 등의 가야국도 있었다.

변한에는 소국이 12국이 있었는데 9간(干)들이 각 나라를 자치한 것이 되며, 이들 구간의 나라가 6국으로서 6가야가 되고 그 외 소국이 있었던 것이 되며, 비사벌가야는 소국의 하나가 되고, 후대에 가야국의 하나로 불리어진 것이 된다. 비사벌가야의 왕족은 창녕을 본관으로 하는 조씨(曺氏)가 되는데, 진평왕의 부마이고 선덕여왕의 남편이 되는 김인평(金仁平)이자 진평왕에 의하여 음갈문왕으로 봉해진 조계룡(曺繼龍)은 비사벌가야의 왕손이고, 서기 551년에 진흥왕 때 복속되어 김씨성을 하사받았는데 원래 조씨였던 것이 된다.

창녕 남쪽에 위치한 밀양(密陽)은 변한시대에 미리미진국(彌離彌陳國)이 되며, 미리는 용(龍)을 의미하여, 용 모양의 강이 흐르는 벌판, 용의 벌판 즉 미리벌(推火)의 나라가 된다.

가야는 6가야로 연맹체로 다스려졌는데, 이는 중앙집권제가 아니라 지방자치제로서 단군조선의 제후국들의 기본 체제가 된다.

금관가야는 서기 46년에 신라의 석탈해의 침입을 받아 물리쳤고, 서기 48년에 허황옥이 금관가야로 와 김수로왕과 혼인하였다. 석탈해는 본래 일본 땅 용성국 사람으로서 신라에 들어가 서기 57년에 제4대 왕이 되었다. 서기 65년에 김알지가 가야 땅에서 신라로 진출하였고, 서기 94년과 서기 96년 신라 파사왕 때 신라를 공격하였으며, 서기 115년 신라 지마왕 때 신라를 공격하였다. 이는 신라의 석탈해가 가야를 공격한 것에 대한 반격이었다. 김수로왕은 서기 23생으로서 서기 42년 20세에 왕이 되었고 서기 162년에 태자 거등에게 섭정을 맡겼으며 서기 199년에 붕하여 177세를 살았다. 허황옥은 서기 33년생으로 서기 48년 16세 때 김수로왕과 혼인하였으며 서기 189년에 흥하여 157세를 살았다.

제2대 거등왕은 서기 209년에 포상 8국의 침입을 받자 신라의 나해왕에게 구원을 요청하였고, 서기 212년에 왕자를 신라에 볼모로 보냈으며, 서기 249년에 왜가 신라 장수 우로(于老)를 살해하자 가야가 구원병을 보내어 왜인 200명을 참수하였다.

김수로왕과 허황옥이 혼인한 때가 서기 48년이 되는데, 허황옥이 약 20세인 서기 52년에 거등을 낳았다면 서기 200년에는 149세가 되고 서기 253년에 붕하였으니 202세가 되어 김수로왕보다 오래 산 것이 된다. 허황옥이 자녀를 12명을 두었다고 하므로 3년씩 터울로 계산하면 합 36년이 되고 50세 이전에 모두 낳았다면 16세가 되는 서기 48년경부터 출산한 것이 된다. 김수로왕과 거등왕의 나이 계산에서 일반상식에 맞지 아니하는데, 이는 이것이 역사적 사실이거나 실제와는 다른 것이라 할 수 있는바, 만약 실사가 아니면 김수로왕이 오래 살았고 거등왕은 실제 김수로왕의 태자가 아니라 손자나 그 아래 손자일 가능성을 배제할 수 없는 것이 된다.

제4대 거칠미왕 때인 서기 297년 청도지방의 이서고국(伊西古國)이 신라의 서울을 공격하자 원병을 보냈다.

제8대 질지왕 때인 서기 481년에 고구려와 말갈이 신라의 북쪽 변방을 공략하자 가야와 백제가 고구려를 파하였다.

제9대 겸지왕 때인 서기 506년에 신라 지증왕이 소가야를 정벌하였고, 서기 515년에는 법흥왕이 아라가야를 토벌하였다.

제10대 구형왕 때인 서기 531년에 신라 법흥왕이 금해왕성을 공격하였고 서기 532년에 구형왕이 왕비와, 아들 무력 등과 함께 신라에 투항하여 망하였다.

이로써 서기 532년에 금관가야가 신라에 항복하였고, 서기 551년 경에 비사벌가야가 신라에 병합되었으며, 서기 562년에 대가야가 신라에 평정됨으로써 모두 신라에 병합되었다.

김수로왕의 태자 거등이 제2대 왕이 되었고, 그 외 아들 중 7형제는 어머니 허황옥의 오라버니인 장유화상을 따라 지리산으로 들어가 수도를 하였는데, 지리산에 7불사가 그 흔적으로 남아 있다. 김수로왕의 둘째 아들이 김알지라고도 하나 다른 기록에 의하면 김알지는 김수로와는 방계혈족이 된다. 김수로왕의 두 아들은 어머니의 성을 따라 허씨가 되었다. 김수로왕에게는 두 딸이 있었는데 그중 한 딸은 신라 석탈해왕의 며느리가 되었다. 나머지 딸은 아마도 일본 땅으로 가서 나라를 연 것이 되는데 신공왕후로 추정되기도 한다.

5. 대진(大震)과 신라(新羅)

1) 고구려의 후계국 대진(大震)

서기 668년 고구려가 평양성을 함락 당하고 보장제가 항복하여 망하자, 서쪽의 고려진(高麗鎭)을 지키던 대중상(大仲象)은 말갈장수 걸사비우와 거란장수 이진영과 더불어 당군을 대파하고 동으로 가서 동모산(東牟山)에 웅거하여 후고구려라 칭하고 연호를 고구려를 부흥시킨다는 뜻으로 재차 빛을 발한다는 글자를 써서 중광(重光)이라 하였다.

서기 699년 대중상이 붕하자 태자 대조영은 거란 땅에 머물다가 무리를 이끌고 동모산으로 향하면서 당나라 군사를 물리쳤고, 서기 699년에 상경용천부(홀한성)를 수도로 삼아 국호를 단군조선의 진한을 본떠 대진(大震)이라 하였다. 대중상을 세조(世祖)라 하고 진국열황제(振國烈皇帝)라 시호를 올렸다.

서기 699년 나라를 정비한 대조영은 연호를 하늘나라의 정통성을 이었다는 의미로 천통(天統)이라 하고, 국호를 대동방의 나라라는 의미로 대진(大震)이라 하였다. 고구려 때 찬한 삼일신고를 다시 찬하고 대조영의 동생 반안군왕 대야발이 서문을 쓰고, 문적원 감(監) 임아상이 주해를 달았다.

처음 삼일신고는 서기전 2333년경 단군왕검이 무리들에게 강연할 때 고시씨가 동해에서 청석을 캐어와 신지씨가 글을 새긴 것이 있어 이를 청석본(靑石本)이라 하고, 서기전 1122년경 은나라가 주나라에 망하고 은나라 왕족 기자가 조선으로 망명하여 태항산 서쪽에 자리 잡은 후 사사 왕수긍에게 부탁하여 삼일신고를 은문으로 단목판에 새기게 하여 읽었다 하는바, 이를 단목본이라 한다.

청석본은 단군조선을 계승한 북부여가 소장하였고, 단목본은 기자의 후손인 기후가 번조선왕이 되면서 번조선이 소장하고 있다가 서기전 194년 위만이 배신하여 나라를 차지하고 이에 위씨조선이 단목본을 소장하고 있었는데, 모두 그 후 병란 중에 잃었다고 한다. 그리하여 고구려 때 삼일신고를 한문으로 찬하였다. 이를 고구려의 계승국인 대진국 때 대조영이 다시 찬한 것이다. 그 후 문황제가 대진국의 삼일신고 본을 태백산(백두산)의 보본단에 보관하면서 쓴 삼일신고봉장기가 있다.

대진국의 반안군왕 대야발은 단기고사를 편찬하기 위하여 돌궐 땅을 13차례나 답사하였다. 이는 돌궐이 또한 단군조선의 후예로서 병란으로 잃은 역사기록을 돌궐에서 찾아보고자 하였던 것이다. 반안군왕은 황제 아래 봉해진 왕으로서 대진국은 황제국이 되어 당나라와 대등함을 나타낸 것이 된다. 단기고사에는 단군조선의 역사와 후기 단군조선의 번한이 되는 번조선의 역사를 기자조선(奇子朝鮮)이라 하여 기록하고 있다.

서기 713년 이후에 당나라 현종이 대조영을 발해왕이라 하여 대진을 발해라 부른 것이 된다. 대조영을 태조(太祖)라 하고 성무고황제(聖武高皇帝)라 시호를 올렸다.

제2대 무황제(武皇帝)는 서기 719년에 연호를 인안(仁安)이라 하고, 서기 719년에 신라와의 경계를 해주의 옹진에서 동쪽으로 니하(泥河)로 삼아 폭이 9,000리나 되었으며, 서기 710년에 개마, 구다, 흑수, 신라가 조공을 바쳤고, 서기 724년에는 구다, 개마, 흑수 등이 항복하여 5경 60주 1군, 38현을 두었다. 당과 왜와 신라가 모두 조공하였다. 장문휴는 등주를 공격하여 발해관을 설치하기도 하였다.

무황제를 광종(光宗)이라 한다.

제3대 문황제(文皇帝)는 서기 737년에 연호를 대흥(大興)이라 하고 서기 737년에 태학(太學)을 설립하였으며, 국사 125권을 편찬하였다. 서기 737년에 수도를 동경용원부에서 상경용천부로 옮겼다. 서기 786년에는 수도를 동경으로 삼았다. 이리하여 대진의 수도는 동모산(중경), 상경용천부, 동경용원부, 서경압록부, 남경남해부의 5개가 된다. 이는 단군조선의 번한 5덕지와 같은 이치가 된다. 번한의 5개 수도는 험독(險瀆), 탕지(湯池), 안덕향(安德鄉), 한성(汗城=番汗城=고구려 韓城?), 가한성(加汗城, 琅耶城)이다.

서기 739년 3월 15일 단군왕검 천제께서 승천하신 어천절(御天節)에 성무고황제께서 찬한 삼일신고를 태백산(太白山) 보본단(報本壇) 석실(石室)로 옮기면서 봉장기(奉藏記)를 지었는데 그 글은 아래와 같다.

고조선기(古朝鮮記)를 삼가 뵈니 가로되, 366갑자(甲子)에 임금께서 천부삼인(天符三印)을 지니시고 운사(雲師), 우사(雨師), 풍백(風伯), 뇌공(雷公)을 거느려 태백산(太白山) 단목(檀木) 아래로 내리시어, 산하(山河)를 개척하고 인간과 만물을 낳고 기르시다. 갑자가 두 번 돌아 무진년(戊辰年) 10월 3일에 어철궁(御喆宮)에서 신고(神誥)를 처음 가르치실 때, 팽우(彭虞)는 3,000의 무리를 이끌고 고개 숙여 받잡고, 고시(高矢)는 동해(東海) 물가에서 청석(靑石)을 캐오고, 신지(神誌)는 그 돌에 새겨 전하였다.

후조선기(後朝鮮記)에 기자(箕子)가 일토산(一土山) 사람인 왕수긍(王受兢)을 초빙하여 은문(殷文)으로 신고를 단목판(檀木板)에 써도록 하여 읽었으니, 이러한 즉 신고는 원래 석본(石本)과 단본(檀本)의 두 본이 있어 세상에 전하였다. 석본은 부여(扶餘)의 국고(國庫)에 보관되고, 단본은 곧 위씨(衛氏)가 가진 바 되었으나, 모두 병란 중에 잃었다.

이 본(本)은 고구려가 번역하여 전한 것인데, 우리 고고(高考, 대조영 태조 성무고황제)께서 읽으시고 찬(贊)한 것이다. 소자(小子, 문황제)가 신고를 받은 이래로 항상 잃어버릴 까 두려워 하였고, 또 석단(石檀)의 두 본이 세파에 탕진된 바를 느끼어, 이에 영보각(靈寶閣)의 어찬진본(御 贊珍本)을 받들어 태백산(太白山) 보본단(報本壇)의 식실(石室) 안으로 옮겨서 보관하노니, 불후의 자료로 삼을 따름이다. 대흥(大興) 3년 3월 15일 숨김(藏).

謹按 古朝鮮記 曰 三百六十六甲子 帝握 天符三印 將 雲師雨師風伯雷公 降于 太白山檀木下 開拓山河 生育人物 至 再週甲子之 戊辰歲上月三日 御喆 宮誕訓 神誥時 彭虞率 三千團部衆 俯首受之 高矢採 靑石於東海濱 神誌劃 其石而傳之 後朝鮮記 箕子聘 一土山人 王受兢 以殷文 書神誥于 檀木板而 讀之然則 神誥原有 石檀二本 而世傳 石本藏於 餘國庫 檀本則爲 衛氏之有 竝失於兵燹 此本乃 高句麗之 所譯傳而 我高考之 讀而贊之者也 小子自 受誥 以來 恒恐失墮 又感石檀 二本之爲 世波所盪 玆奉 靈寶閣 御贊珍本 移藏于 太白山 報本壇 石室中 以爲 不朽之資云爾 大興三年三月十五日 藏

위 삼일신고봉장기의 내용에서 보듯이, 이처럼 대진국은 단군조 선(檀君朝鮮)의 정신역사적 정통성과 영토적 정통성을 함께, 고구려 의 대를 이어 계승한 나라가 된다. 참고로, 역사상 소위 고대 중국이 라는 나라에는 한배달조선에서 전수되어 온 천부경(天符經)이나 삼 일신고(三一神誥)나 참전계경(參佺戒經)의 세 비경(秘經)이 전해진 바 없는 것이 된다.

제5대 성황제(成皇帝)는 서기 794년에 연호를 중흥(中興)이라 하였고, 이때 수도는 상경이었다. 제6대 강황제(康皇帝)는 서기 795년에 연호를 정력(正曆)이라 하였다.

제7대 정황제(定皇帝)는 서기 809년에 연호를 영덕(永德)이라 하였다.

제8대 희황제(僖皇帝)는 서기 813년에 연호를 주작(朱雀)이라 하였다.

제9대 간황제(簡皇帝)는 서기 818년에 연호를 태시(太始)라 하였다.

제10대 선황제(宣皇帝)는 서기 820년에 연호를 건흥(建興)이라 하였고, 이때 당, 왜, 신라, 거란이 복종하여 해동성국(海東盛國)이라 불리었다. 땅은 5경 15부 62주로 사방 9,000리였다.

제11대 화황제(和皇帝)는 서기 830년에 연호를 함화(咸和)라 하였다.

제12대 안황제(安皇帝)는 서기 858년에 연호를 대정(大定)이라 하였다.

제13대 경황제(景皇帝)는 서기 870년에 연호를 천복(天福)이라 하였다.

제14대 애제(哀帝)는 서기 901년에 연호를 청태(清泰)라 하였는데, 서기 926년 봄 1월에 거란의 야율배와 요골이 밤에 수도 상경용천부의 홀한성을 포위하므로 애제가 항복하여 대진국은 망하였다.

이리하여 대진의 왕족 대광현(大光顯)이 고려에 망명하였고 왕씨 성을 하사받아 왕계(王繼)라 불리었다.

대진국의 왕족 대씨는 고구려 때 고씨(高氏)에서 파생된 성씨로 보인다. 지금은 태(太)씨로도 전해지고 있다. 서기 926년 대진국이 거란에 망하자 대진국의 왕족이 고구려의 후계국인 고려에 망명하였다.

2) 대진(大震)과 당(唐)

대진국은 고구려의 후계국이며, 고구려는 당나라에 망하였으므로 대진국은 원칙적으로 당나라와 적대적인 관계를 유지하였다. 대진국 초기에는 당나라의 산동반도의 등주를 공격하기도 하였다. 또 고구려 출신인 이정기가 세운 평로치청을 원조하기도 하였다. 그러나 이정기의 나라는 신라의 장보고에 의하여 망하였다.

당나라는 대진국을 발해라 불렀는데, 나중에는 해동성국이라 부르게 되었다.

3) 대진과 신라: 남북국시대

신라는 당나라를 끌어들여 고구려를 망하게 하였으므로 고구려의 계승국인 대진국은 원칙적으로 신라와는 적대적인 관계를 유지하였다. 한반도의 중북부 지역까지 차지하였으며, 신라는 고구려의 최남단 지역과 한반도 백제 땅을 병합한 나라에 불과하였다. 실제로 대진국과 신라는 남북국을 이룬 것이다.

신라는 이후 제53대 신덕왕(神德王)에 이르러 박씨가 왕이 되었으며, 제54대 경명왕, 제55대 경애왕도 박씨이며, 제56대 말왕은 경순왕으로 김씨가 다시 왕이 되었다.

박씨가 왕이 된 데에는 연유가 있었다. 즉, 신라는 박석김의 왕족이 왕위에 올랐는데 내물왕 이후로 줄곧 김씨가 왕위를 이어왔으나, 박씨가 처음 신라를 열었으며 개국당시의 건국이념이 홍익인간, 이화세계로 단군조선, 북부여의 간(干)의 나라로서 정신적 정통성을 이었던 것이고, 신라가 나라를 연 것은 단군조선을 부흥시키기 위한 것이었는데, 시대가 흐를수록 전쟁이 더 심해져 심성이 악해져 갔던 것이다.

그러던 차에 신라가 건국초기의 이념을 되돌아보고 박씨를 왕으로 추대한 것이며, 신라의 건국이념이자 정신적 기초는 바로, 단군조선이 일국의 나라가 아니며 단군조선의 수도는 사해(四海)의 공도(公都)로서, 단군조선은 곧 일개 씨족이나 일개 부족이나 일개 민족의 나라가 아니라 온 인류를 위한 나라였음을 상기시켰던 것이다.

신라가 1000년의 역사를 이어오면서 지킬 수 있었던 것은 박혁거세의 건국정신이 살아 있었기 때문이다. 박혁거세는 단군조선의 유습을 이어 강원도 태백산에 제천단(天符小都, 천부단)을 쌓고 사방에 사보를 설치하였다. 단군조선의 제도를 이어 조시(朝市)와 해시(海市)를 설치하고 화백(和白) 제도를 시행하였다. 이러한 제도가 신라가 망할 때까지 계속되었던 것이다.

제51대 진성여왕 때인 서기 892년에 견훤이 후백제를 칭하였다.

제52대 효공왕 때인 서기 901년에 궁예가 송악에 수도를 정하고 후고구려라 칭하였고 연호는 무태(武泰)라 하였으며, 서기 904년에 철원에 수도를 두고 국호를 마진(摩震)이라 하고 연호를 성책(聖冊)이라 하였으며, 서기 911년에는 국호를 태봉(泰封)이라 하고 연호는 수덕만세(水德萬歲), 정개(正開)라 하였다.

이후 서기 918년에 왕건이 송악을 수도로 삼고 고려(高麗)로 국호를 정하고 연호를 하늘이 내려 주었다는 의미로 천수(天授)라 하였다.

서기 927년에 견훤이 경애왕을 시해하였고 공산전투에서 고려의 신숭겸이 전사하였다.

서기 935년에 신라 경순왕(김부)이 왕건에게 항복하였다.

서기 936년에 견훤이 고려에 투항하고, 장자 신검이 선산(善山)에서 패하여 후백제는 멸망하였다.

6. 고려(高麗)와 송(宋), 요(遼), 금(金), 원(元)

1) 고려의 국명은 고구려 계승국의 뜻

신라말기에 후삼국시대가 되었는데, 서기 918년 고구려의 계승국이라는 뜻에서 국호를 고려라 한 왕건이 궁예를 몰아내고, 서기 935년에는 신라, 서기 936년에는 후백제를 병합하여 한반도 내의 삼국을 통일하였다. 이때까지 북쪽에는 대진국이 존속하고 있었는데, 서기 926년에 거란이 대진국을 멸망시키자 대진국의 왕족 대광현(大光顯)을 비롯하여 백성들이 대거 고려로 망명하였으며, 고려는 대광현에게 왕씨성을 하사하고 왕계(王繼)라 사성명하였다.

거란이 고려를 침범하여 고려의 북쪽 지역을 내놓으라 하니, 고려 조정에서는 모두가 겁을 먹고 나서지 않을 때 서희장군이 홀로 거란 진영에 들어가 담판으로 고려는 고구려의 계승국이므로 고구려의 땅이 고려의 땅인 것은 마땅한 것이 아니냐 하여 거란을 찍소리 못하게 하여 물러나게 하였다. 거란도 고려가 고구려의 계승국임을 인정한 것이 된다. 실제 거란의 왕족은 고구려 왕족의 후손인데, 거란이 고구려를 계승한 나라이니 땅을 내놓으라고 고려에 압박을 가한 것이 된다.

제1대 태조 왕건은 서기 918년에 국호를 고려(高麗)라 하고 연호를 천수(天授)라 하였다. 발해유민을 포섭하여 대우하였고 왕족 대광현에게 왕씨성을 하사하였다. 서기 935년에 신라 경순왕이 항복하였고, 서기 936년에는 견훤이 투항하였고 견훤의 장자 신검과 선산전투에서 승리하여 후백제를 멸망시켜 삼국을 통일하였다.

제4대 광종(光宗)은 연호를 광덕(光德), 준풍(峻豊)이라 하였으며, 개경(開京)을 황도(皇都)로 삼고 서경(西京)을 두었다.

2) 송(宋)

서기 907년부터 시작된 5대 10국 시대를 끝내고 서기 960년에 중국대륙을 통일한 송나라는 조씨(趙氏)의 왕조로서 서기 1279년까지 18대 320년간 존속하였다.

조씨의 시조는 조보(趙父)로서 서기전 1000년경에 주(周)나라 목왕(穆王)으로부터 조성(趙城)에 봉해져 조(趙)를 성씨로 삼았는데, 조보의 조부(祖父)가 진(秦)나라와 영씨(嬴氏)와 함께 공동조상이 되는 비렴(蜚廉)이며, 비렴의 선대에 백예(伯翳)가 순(舜)임금으로부터 영(嬴)의 성(姓)을 하사받았으며, 그 선대는 전욱고양씨(顓頊高陽氏)이고 전욱고양씨의 조부가 황제헌원(黃帝軒轅)이다. 황제헌원은 배달나라 웅족(熊族) 출신이다.

3) 거란(요) 왕은 고구려 왕족 고씨 후손

거란의 초기 주무대는 서안평 지역이다. 이 서안평은 원래 단군조선의 구려지역에 속하며, 북부여시대 이후 격전지에 속하고 고구려 광개토황 때 거란이 고구려에 복속하였다. 고구려가 망하고 대진국이 건국된 후 거란부족의 지도자는 고구려 왕족이던 고씨가 되었으며 성씨를 야율씨로 바꾸었다. 이후 거란은 세력을 키워 대진

국을 멸망시켰다. 거란이 대진국을 차지하였으나 특히 동단국의 제
도는 대진국의 제도를 그대로 따랐다 한다.

제1대 태조는 야율아보기(耶律阿保機)인데 야율은 성씨이고 아보기
는 아버지의 이두식 표기이다. 아버지는 족장을 의미한다. 서기 907
년에 거란을 세우고 서기 926년 1월에 대진(발해)을 멸망시켰는데,
2월에 장자 야율배를 동단국 인황왕(東丹國人皇王)으로 봉하였다.

서기 927년에 발해가 망한 직후 열만화(烈萬華)가 정안국(定安國)
을 세웠다.

제3대 세종(世宗)은 국호를 요(遼)라 하였고, 서기 952년 12월에 동
단국의 동경(東京) 중대성(中台省)을 파하고 동단국을 폐지하였다.

제5대 경종(景宗) 때인 서기 985년에 군사를 출병시켜 정안국을
쳐서 멸망시켰다.

제6대 성종(聖宗) 때인 서기 1029년에 대연림(大延林)이 국호를 흥
요(興遼)라 하고 연호를 천경(天慶)이라 하였으며 수도를 동경(東京)
에 두었다. 대연림은 대조영의 먼 후손이라 한다.

제9대 천조제(天祚帝) 때인 서기 1116년에 고영창(高永昌)이 수도
를 동경(東京)에 두고 대발해국(大渤海國)을 세워 연호를 융기(隆基)라
하였다. 천조제 때인 1125년에 요가 망하였다.

4) 여진(금) 왕은 신라 왕족 김씨 후손

이후 고구려와 대진국의 땅에는 여진족(女眞族)이 서서히 움직이
고 있었다. 여진족은 같은 소리의 다른 글자로 려진족(麗震族)으로서
고구려와 대진의 백성들이라는 뜻이 된다. 여진족이 역사적으로 말
갈, 읍루, 숙신의 후예라 하는데, 단군조선의 숙신국이었으며, 고구

려의 백성이었고, 대진국의 백성이었던 것이다.

고려 초기에 신라 왕족이 여진으로 들어갔다. 그의 이름은 바로 김준(金俊) 또는 김함보(金函普)라고 기록되는데, 신라왕족의 외손이라고도 하고, 경순왕의 아들인 마의태자 김일의 후손이라고도 한다. 실제로 마의태자는 고려에 귀순하지 않고 금강산으로 들어갔는데, 마의태자의 아들이 되는 자가 후에 여진으로 들어갔을 수도 있다. 또 신라왕족의 외손이 되는 안동김씨의 출신인 김준이 신라를 부흥시키기 위하여 여진으로 들어간 것으로 보이기도 한다. 여하튼 신라의 잔존세력이 고려에서 여진으로 들어가 여진족을 규합하여 금나라를 세운 것이 된다. 금나라 태조 김아골타는 바로 신라김씨의 후손인 것이다.

제1대 태조는 김아골타(金阿骨打)인데, 김은 신라 김씨이고 아골타는 아버지의 이두식 표기이다. 서기 1115년에 건국하였다.

제2대 태종은 서기 1125년에 요(遼)를 멸망시켰고, 서기 1127년에 송나라를 침공하여 남송으로 축소시켰다.

제7대 동해후(東海侯) 때가 되는 서기 1216년에 포선만노가 대진국(大眞國)을 세우고, 야사부가 대요수국(大遼收國)을 세웠다.

제9대 애제(哀帝) 때인 서기 1234년에 몽고(원)에게 망하였다.

5) 몽고(원)는 흉노, 돌궐, 단군조선의 핏줄

단군조선 초기에 단군 오사구는 오사달을 몽고리한(汗)으로 봉하였다. 몽고리는 지금의 몽골지역이 된다. 내몽골지역에는 선비족의 나라가 있었으며, 동쪽의 내몽골 지역에 구려가 봉해졌다. 선비국은 서기전 3897년 이전의 한국(桓國)시대 12한국의 하나로서 대를 이어 단군조선까지 이르렀다. 단군조선은 서기전 1600년대에 선비국의 남쪽 지역에 남선비를 봉하였다.

서기전 2177년 열양의 욕살이던 색정이 죄를 지어 약수에 종신금치 되었다가 나중에 사면되어 그 땅에 봉해져 흉노의 시조가 되었는데, 약수지역은 선비의 남쪽으로 황하북단 부근 지역이 된다.

서기전 6~7세기경에 흉노는 동서로 세력을 펼치기 시작하였으며, 서쪽으로 간 흉노는 훈족으로 불리면서 유럽에 정착하여 지금의 형가리, 핀란드가 되었고, 동쪽으로 이동한 흉노족은 몽골지역과 선비지역을 통합하였으며, 서기 3세기경에 진(秦)나라와 연(燕)나라를 압박한 역사를 가지고, 서기전 120년경 한나라의 무제에게 항복하였다.

한무제에게 항복한 휴도왕은 김씨였으며, 그 아들 김일제가 한무제로부터 서기전 87년에 투후로 봉해져 산동지역에 근거를 두었다가, 서기 8년에 왕망이 김씨족과 더불어 나라를 차지하고 서기 23년에 후한 광무제에게 나라를 빼앗기게 되었는데 이때 김씨족들이 대거 한반도로 망명하여 남쪽의 변한지역에 정착하여 가야를 열었고, 일파는 경주로 진출하여 김알지가 경주김씨 시조가 되었으며 박석김(朴昔金)의 하나로 신라왕족이 되었다.

흉노족은 이후 돌궐에 규합되어 돌궐이라는 이름으로 몽골지역과 내몽골지역을 활동무대로 하였으며, 서기 7세기경에 서쪽으로 이동하면서 투르크제국을 세우면서 계속 서진하여 지금의 터키(Turkey)로 남게 되었다. 돌궐은 고구려와 동맹을 맺어 당나라를 물리쳤고 대진국과는 우호관계를 유지하였는데, 이에 지금의 터키는 한국을 형제국이라 역사에서 가르치고 있으며, 6.25전쟁 때는 형제의 나라를 살린다고 자진하여 참전하였다.

돌궐의 주체세력이 서쪽으로 간 후 동쪽의 돌궐은 몽골족으로 통합되어 거란과 여진의 통치를 받다가 징기스칸이라는 영웅이 나타나 송, 금을 멸망시키고 아시아와 유럽에 걸치는 초대제국을 만들었다.

제1대 태조는 테무진(鐵木眞: 철뭉치?)이 서기 1206년에 나라를 열었다.

제7대 세조(世祖)가 서기 1260년에 국호를 원이라 하였고, 서기 1279년에 남송을 멸망시켰다.

제16대 순제(順帝) 때에 명나라가 건국되어 북원(北元)으로 밀려났다.

7. 조선과 명, 청

1) 조선은 기자조선의 후예? 단군조선의 후예?

이성계가 서기 1392년에 조선을 건국하였으며, 조선과 화령이라는 두 국호를 두고 명나라의 윤허를 받기로 되었는데, 명나라는 주나라의 제후국이라 기록된 기자조선을 이은 나라임을 염두에 두고 조선이라 정해 주었다. 물론 조선의 본뜻은 단군조선을 내세운 것이 분명하다. 태종 이방원은 강화도 마리산 참성단에 올랐는데 이를 기념하여 읊은 시가 있다. 여기서 그는 단군왕검이 참성단을 쌓아 하늘에 제사를 지낸 일을 찬양하고 있다.

이후 주자학이 뿌리를 내리면서 기자조선이 강조되어 이율곡은 기자실기를 짓기도 하였다. 그러나 기자실기는 역사적 사실과는 다르며 기자의 세계(世系)를 왕으로 적은 것이며, 서기전 1122년경 기자로부터 서기전 323년까지는 그 세대가 소위 기자조선의 왕이 아니라 서화라는 땅의 왕이 되는 것이고, 서기전 323년부터 번조선왕이 된 기씨가 있었던 것은 사실이다. 즉 기자조선은 단군조선의 삼한 중의 하나인 번한의 기자조선이 아니라 고죽국의 서쪽에 있던 서화(西華)라는 기자 망명지에서의 기자국(箕子國)이 된다. 이 기자국 또는 기자의 후손들을 수유(須臾)라고 부른다.

기자국은 서기전 1120년경부터 서기전 650년경까지 이어졌고, 이후 후손들이 남하하여 선우중산국을 세워 전국시대인 서기 296년에 조나라 무령왕에게 망하였고, 일부는 동으로 이동하여 번한 땅에 들어와 살다가 서기전 323년에 읍차 기후(箕詡)가 번조선왕이 되면서 서기전 194년 기준왕까지 이어졌다.

2) 훈민정음 28자

세종대왕은 기자조선이 아닌 단군조선의 역사적 정통성을 강조하였으며, 평양에 단군사당을 짓고 제사를 지내게 하였다. 또 구월산에 삼성사(三聖祠)를 짓고 사당에는 한인(桓因), 한웅(桓熊), 단군왕검을 모시면서 북쪽에는 한인, 동쪽에 한웅, 서쪽에 단군을 모셨다. 소위 기자조선이라는 기자가 설 자리는 없었다. 구월산은 아흐달산이라는 말로서 아사달이라는 말과 통하는 글자가 된다.

세종대왕은 명나라를 내심 경계하고 있었지만, 단군조선이 시행하였던 역사적 문화적 제도를 부활시키기 위하여 여러모로 모험을 하였다. 그중에서 가장 대표적인 것이 조선 자체의 역법을 제정하는 것이고, 또 다른 것이 바로 우리말에 맞는 우리 글자를 만드는 것이었다.

단군조선시대에 이미 달력을 역의 원리에 따라 만들어 쓰고 있었다. 이 역법은 배달나라의 역법을 계승한 것이다. 칠회제신력(七回祭神曆)은 이미 서기전 3897년경 배달나라 초기부터 사용되어온 것이었다.

단군왕검시대에 중국의 천자였던 순임금에게 역법의 원리를 담은 선기옥형을 전수한 것에 염두를 두고 세종대왕은 선기옥형(璿璣玉衡)을 만들기로 하였다. 선기옥형은 북두칠성의 이름이다. 즉 선기옥형은 바로 칠성력(七星曆)을 상징하는 천체운행의 측정기구이다. 오음칠조(五音七調)가 바로 오행과 칠성의 운행과 관련된 자연의 소리이다. 과학자 장영실 등의 비밀작업에 의하여 드디어 만들어지니 혼천의(混天儀)인 것이다. 그동안 중국에 의지하였던 역법을 독자적으로 재정립한 것이다. 이로써 조선이라는 나라는 실질적으로 진정한 황제국의 자리를 정립한 것이 된다.

세종대왕은 중국문자인 한자가 우리말을 표기하는 데 부족함을 일찍이 깨닫고 백성들의 편리를 위하여 우리말에 맞는 우리 글자를 만드는 작업에 착수하였다. 세종대왕은 우선 고대문자를 담고 있는 진귀한 서책들을 소장하고 있던 영해박씨의 문중 사람을 초빙하여 역사적 고증을 들었다. 그 서책에 있는 글자들은 바로 세종대왕이 찾던 그 글자였다. 영해박씨가 세종대왕에게 내민 그 서책은 바로 징심록(澄心錄) 중 하나인 음신지(音信誌)였다. 징심록은 모두 15지로 되어 있었는데, 소리와 글자에 관하여 정리한 책이 바로 음신지였다. 음(音)은 소리, 신(信)은 부호로서 바로 글자였다.

그런데 세종대왕은 화폐를 발행할 당시에 이미 단군조선의 화폐라 전해지던 칼 모양의 화폐와 엽전 등 많은 돈을 본 적이 있었다. 아니나 다를까 칼 모양의 돈에 새겨져 있는 글자가 바로 음신지에 실려 있는 글자와 모두 일치하지 않는가? 세종대왕은 바로 이것이 다라고 결심을 하고 영해박씨를 측근에서 일하도록 명하고 연구를 시작하였다.

세종대왕은 음신지의 서책을 모두 세밀히 살펴 본 후, 성삼문 등 신하들에게 단군조선과 관련된 나라나 지역을 방문하게 하여 글자를 수집하게 하였다. 그런데 그 글자들은 모양이나 소리가 삼재의 원리와 음양의 이치에 맞지 않았다. 이리하여 세종대왕은 집현전 학자들에게 글자의 모양과 글자의 소리를 음양오행의 원리에 맞추도록 하였다. 세종대왕이 직접 주도하였다.

세종대왕은 글자의 모양이 우선 자연의 이치에 맞는지 점검하였다. 자연의 모습에는 무수한 형태가 있어 정리하기가 쉽지 않았다. 이를 가장 간략하게 정리하는 방법을 찾았다.

세종대왕은 사람이 곧 천지자연임을 되새기는 순간, 바로 생각이 떠올랐다. 바로 입이었다. 이에 세종대왕은 말을 할 때 입과 혀와 목구멍 모양을 세밀히 살펴 모양을 그려보았다. 드디어 결론이 내려졌다. 바로 말을 할 때 변하는 입술, 혀, 목구멍의 모양과 위치를 글자의 모양으로 정리하는 것이었다. 드디어 자음이 완성되었다. 모두 17자였다. 그 글자들의 모양이 모두 ㅇ, ㅁ, △의 변형된 형태였다. 음신지에 있는 글자의 모양과 거의 일치하였다.

그리고 음신지에 있는 자음의 글자를 모두 포함하여 더 많은 소리를 나타낼 수 있도록 글자들을 조합하여 시험하였다. 기본 17자 외에 조합된 글자는 무수히 많아 천지자연의 소리를 모두 적을 수 있게 되었다. 즉 삼재의 원리를 모두 담고 있는 글자였다. 그리고 모음을 정리하였다. ㆍ, ㅡ, ㅣ로 구성된 모음의 형태는 음신지에 있는 모양과 다르지 않게 만들 수 있었다. 천지인 삼재의 원리를 그대로 반영

한 모양으로서 음양의 이치를 눈으로도 명백히 보여 주고 있었다.

ㄱ, ㄴ, ㄷ, ㄹ, ㅁ, ㅂ, ㅅ, ㅇ, ㅈ, ㅊ, ㅋ, ㅌ, ㅍ, ㅎ, ㆆ, △, ㆁ[17자]
ㆍ, ㅏ, ㅑ, ㅓ, ㅕ, ㅗ, ㅛ, ㅜ, ㅠ, ㅡ, ㅣ[11자]

　기본 자음과 모음이 모두 28자가 되었다. 그 외의 글자는 모두 조합하여 만들면서 자연의 소리를 모두 적을 수 있도록 원리를 설명하였다. 적지 못할 소리가 없었다. 세종대왕은 단군조선의 글자를 분석하여 기본자 38자에서 ✕를 목구멍소리인 ㅎ으로 통일시키고, 입술소리인 ㅐ를 ㅂ으로 정리하고, 유성음 ㅇ이 되는 꼭지달린 ㆁ을 추가하고, 나머지는 별도의 조합 원리에 따라 만들 수 있도록 하여 기본자를 28자로 줄여 정리하였다. 세종대왕은 당시 백성들이 내는 소리에 맞도록 완벽을 기하여 단군조선의 소리글자를 재현함으로써, 단군의 백성을 위한 홍익인간 이념에 따르게 된 것과, 그동안 백성들과 조정(朝廷) 사이에 소통이 안 되었던 것을 치유하게 되었다는 생각에 저절로 기쁨이 넘쳤다.

〈그림 12〉 단군조선 가림토 38자

　위 가림토 38자의 각 글자는 순서대로 ㆍ, ㅣ, ㅡ, ㅏ, ㅓ, ㅜ, ㅗ,

ㅑ, ㅕ, ㅛ, ㅠ[11자], ㄨ(ㆆ), ㅋ, ㅇ, ㄱ, ㄷ, ㅁ, ㄴ, ㅿ, ㅈ, ㅉ, ㅽ, ㅺ,

ㆆ, ㅅ, ㅼ, ㆇ, ㄹ, ㅐ(ㅂ), ㅒ(ㅃ), ㅿㅿ, ㄲ, ㅊ, ㅆ, ㅋ, 쌍ㄴ(ㄴㄴ: ㄸ), ㅍ,

쌍ㅍ(ㄸ)[27자]가 된다.

가림토의 ㅐ, ㄨ는 훈민정음의 ㅂ, ㆆ에 각 대응되고, 가림토의 모음과 훈민정음의 모음은 완전히 일치하고 있으며, 단지 훈민정음의 ㆁ(꼭지달린 ㅇ)만 빼면 훈민정음의 글자가 가림토 38자 안에 다 있는 것이 된다. 즉, 기본모음과 기본자음으로 볼 때, 훈민정음 28자에 각 대응되는 가림토의 글자는 27자가 되어, 96% 이상 일치하는 것이 된다.

세종대왕은 훈민정음 28자를 백성들을 위하여 반포하였다. 그 와중에는 자신의 뜻을 왜곡하여 반대하는 선비들이 있었다. 그러나 세종대왕은 뜻을 굽히지 않고 훈민정음을 신제(新制), 새로이 만들었다라고 반포하였다.

세종대왕은 신하들이 옛 글자의 소리와 맞지 않다는 주장을 한 데 대하여, 이미 단군조선 이후 사방의 땅이 나뉘어지고 왕래가 끊기어 습속이 달라져 말도 서로 달라진 것을 감안한 것이었다. 어느 누구보다도 심혈을 기울여 천지자연의 이치에 맞는 글자를 재정리한 것이었다. 삼재(三才), 오음칠조(五音七調), 음양오행(陰陽五行)의 원리를 모두 담은 글자였던 것이다.

세종대왕은 오음칠조에 맞추어 음조를 조절하여 발음하는 방법을 정리하였다. 바로 거성(去聲), 상성(上聲), 평성(平聲), 입성(入聲)이다. 거성은 높은 음조이며, 상성은 낮은 소리에서 차츰 높은 소리로 변하는 음조이고, 평성은 보통소리로서 편하게 나오는 음조이며, 입성은 높은 소리에서 낮은 소리로 빠르게 끝내는 음조이며 상황에 따라 변하는 소리이므로 일정하게 정하지는 않았다. 거성은 점을 하나 찍고 상성은 점을 두개 찍고 평성과 입성은 점을 찍지 않았다.

훈민정음의 글자들은 쓰기에 너무나 편하였다. 이후 백성들 사이에 급속도로 퍼져 나가 부녀자들도 쉽게 배울 수 있었다. 어떤 이는 하루 만에 깨친 자도 있었고 아무리 늦어도 1주일이면 모두 깨쳤다. 한자를 배우는 기간에 비하면 엄청난 속도였다. 그리하여 백성들은 자신들의 억울함을 호소하거나 송사를 벌이거나 소통을 하는 데 너무나 편하였다.

이후 조선 말기에 주시경 선생은 훈민정음을 단군조선의 진한, 마한, 변한의 삼한(삼한)과 후삼한시대의 진한, 마한, 변한의 삼한에서 공통 글자가 되는 한(韓)을 따서 한국(韓國)의 글자라 하여 한글이라 불렀다. 이후 한글로 통하게 되었다. 이리하여 세종대왕에 의하여 완벽히 재현된 단군조선의 소리글자인 가림토가 훈민정음으로, 한글로 재탄생하여 문화적 번성을 누리고 있는 것이다.

3) 명 시조 주원장은 고려인? 고주몽의 후예?

주원장은 서기 1368년에 명나라를 건국하였다. 그런데 주원장의 출신지에 대하여 논란이 많다. 그래서 주원장의 출생지가 고려라는 설이 있다. 그런데 이 설이 아주 타당성이 있다. 실제로 중국 땅에는 주원장의 고향이 없는 것이나 마찬가지이며, 반대로 한국 땅에는 주원장에 관한 이야기가 많이 내려오고 있다.

이에 더하여 주원장을 고주몽의 먼 후손이라는 기록도 있다. 주원장의 성씨인 주(朱)는 고주몽의 주와 같은 글자이며, 실제로 고주몽의 두 번째 수도인 상춘에 주가성자(朱家城子)라는 유적이 있기도 하다.

한국에는 주원장과 이성계와 관련한 설화가 내려오고 있는데, 묘

자리와 관련된 것이다. 풍수지리와 관련한 것이긴 하나 주원장의 고향이 한반도라는 데 확신을 주기도 한다.

4) 청 시조 누루하치는 여진족 김씨의 후예

만주족을 규합하여 세운 청나라는 누루하치가 세운 나라인데, 누루하치의 누루는 김알지(閼知)의 김과 같은 성씨가 되며, 하치는 알지와 같은 소리로서 결국 김(金)의 후손이라는 말이 된다.

누루, 누렇다 등의 말에 해당되는 금속으로는 금(金)이 있으며, 색으로는 황(黃)색이 있는데, 성씨로 보면 만주족은 여진족의 후예로서 여진족의 왕족이던 김씨임이 분명하다.

청나라 왕족의 성씨를 애신각라(愛新覺羅)라 하여 여진말로 "김씨"라는 말이고, 이는 우리말 김씨를 여진말로 나타낸 이두식표기가 되는 것이다. 한자로 풀이하여 "신라를 사랑하고 신라를 잊지말라"는 뜻이 되어 신라김씨와 연관이 깊은 글이 된다. 여하튼 청나라 왕족은 신라 김씨임이 분명한 것이다.

신라김씨가 되는 경주김씨 시조 김알지도 원래는 김수로의 일파로서 서기 65년에 신라의 경주에 출현하였던 사람이고, 김수로는 서기 42년에 금관가야를 세운 사람이다. 즉, 김알지는 김수로왕의 무리였다가 가야건국 후 약 20년이 지난 때에 신라의 왕성으로 진출한 것이 된다. 김알지가 김수로왕의 둘째 아들이라는 기록에 의하면 약 15세 정도에 경주로 진출한 것이 된다.

그래서 신라김씨나 김해김씨나 원래 같은 김씨이며, 신라시대 김유신의 여동생 김해김씨 문희가 김춘추의 부인이 되어 대를 이었던 것이 되므로, 이후 신라왕족의 김씨 후손들의 조상은 김해김씨와 경주김씨가 되는 것이다.

8. 여론

단군조선이 망한 후 사실상 하늘나라 역사는 끝이 나고 지방의
제후들이 왕을 칭하는 땅나라 역사로 되었다. 즉 단군조선 삼한시대
는 단군이 천제(天帝), 천왕(天王)으로서 천신(天神)에게 제사를 지내
던 신정(神政)정치의 하늘나라시대였으며, 이후 북부여시대부터는
각 열국들이 왕을 칭하고 마음대로 하늘에 제사를 지내는 시대로
변하였던 것이며, 진정한 권한을 가진 천왕, 천군(天君)이 아니었다.

고대 중국은 서기전 2698년부터 일찍이 나라가 있었으나 천왕의
나라가 아니라 제후국인 천자의 나라로서 마음대로 하늘에 제사를
지내지 못하였고 천제나 천왕의 명령 없이는 천제를 지낼 권한을
가지지 못하였다. 그러나 하나라 시조 우(禹)는 도를 위반하여 상국
을 반역하여 참칭왕이라 하였으며, 시대를 건너 주나라 전국시대에
제후국들도 천자를 무시하고 칭왕을 하였던 것인데, 고대 중국의
임금은 천하의 왕인 천자에 불과하였다. 그래서 왕이 하늘과 백성
을 이어주는 역할을 하지 못한 존재로서 다만 땅의 인간을 다스리
던 나라에 불과하였던 것이다.

하늘나라라는 말이 하늘님의 나라라는 말이며, 하늘과 땅을 모두
다스리는 나라를 가리킨다. 또 한편으로는 하늘나라가 상국(上國)을
가리키기도 한다. 즉 상국은 천국(天國)을 의미하기도 하고 제후국
들의 상국을 의미하기도 한다. 하늘님에게 제사를 올리는 권한은
상국만이 가진다. 그래서 제후국은 땅의 나라인 것이다. 이러한 의

미에서의 진정한 상국(上國)은 단군조선 이후 북부여, 고구려, 대진국까지 이어진 것이 된다.

단군조선 이후 북부여 후삼한시대부터는 열국시대이므로 진정한 하늘나라시대가 아니라 땅나라시대가 된다. 단군을 천왕이라 하고 돌아가시면 천제(天帝)로 받든다. 한인천제가 곧 하늘님이며, 한웅천왕은 한인을 천제로 모신 것이고, 단군천왕은 한인, 한웅을 천제로 모신것이며, 북부여 이후는 단군천왕을 천제로 받든 것이 된다. 그리하여 단군의 후손이 되는 해모수도 천제자, 단군조선 마지막 고열가단군의 현손이 되는 고두막한도 천제자, 해모수단군의 현손이 되는 고주몽도 천제자가 되는 것이다. 천제자는 곧 단군의 후손으로서 천왕이 될 자격이 있음을 나타낸 말이 된다. 천자는 천제자와 다르다. 천자(天子)는 천제(天帝), 천왕(天王)이 봉하는 제후인 자작(子爵)일 뿐이다.

제7편 인류 정신문명의 고향인 한국(韓國)

세계 4대 성인(聖人)을 석가모니, 공자(孔子), 소크라테스, 예수라 한다. 그러면, 한인, 한웅, 단군왕검은? 우리기록에는 신인(神人)이라 적고 있다. 성인(聖人)의 윗자리가 신인(神人)이다. 신왕종전(神王倧佺)이라는 글자에서 보면, 종(倧)이 종교의 교조(敎祖)로서 성인(聖人)에 해당한다고 보면, 신인(神人)은 성인보다 훨씬 윗자리가 되는 셈이다. 신(神)은 천신(天神) 즉, 하늘님을 가리키며, 왕은 하늘님을 대리하여 땅의 백성들을 다스리는 임금이며, 종(倧)은 종교를 가르치는 지도자이고, 전(佺)은 종(倧)의 가르침을 따르며 완전한 인간이 된 사람을 가리킨다. 선(仙)은 종전(倧佺)에 도달한 도학자(道學者)를 의미한다. 한인, 한웅, 단군왕검은 천부경, 삼일신고, 참전계경(參佺戒經)으로써 무리들을 가르쳤기 때문에 이미 종(倧)이며, 백성들을 다스렸기 때문에 왕(王)이며, 하늘님(神)의 화신(化身)으로서 신인(神人)인 것이다.

석가부처는 네팔 땅에서 서기전 624년 탄생하여 서기전 544년에 돌아가시어 81세를 살았고, 공자는 주나라 춘추시대에 동이족의 무대였던 노(魯)나라 땅에서 서기전 551년에 탄생하여 서기전 479년에 돌아가시어 73세를 살았다. 소크라테스는 서기전 4세기경 그리스의 철학자이며, 예수는 이스라엘 땅에서 서기전 4년경에 탄생하여 서기 30년경까지 살았고 기독교의 교조(教祖)가 되었다.

아래에서 보는 천부경(天符經), 삼일신고(三一神誥), 참전계경(參佺戒經)의 가르침에는 석가의 가르침과 공자의 가르침과 소크라테스의 가르침과 예수의 가르침과 통하는 내용이 많다. 특히 공자는 유교(儒教)의 시조가 되는데, 자신이 쓴 책들이 창작이 아니라 하은주(夏殷周) 삼대를 이어 오면서 엮은 것이라 하고 있고, 특히 예기(禮記)에서 대련(大連)과 소련(少連)의 효(孝)에 관한 기록은 곧 공자시대보다 약 1700년 이전이 되는 단군조선 초기의 인간의 효에 관한 기록인바, 유교의 기본은 이미 단군조선 초기에 중국에 전파된 것이 된다. 실제로 대련과 소련은 부모 3년 상으로 유명한데, 이때부터 중국은 왕에 대한 상을 3년 상으로 하여 기본으로 하였다.

천부경의 가르침은 고대 중국의 도교(道教)와 통한다. 노자(老子)는 서기전 2698년경 유웅국(有熊國)의 왕으로서 자부선인(紫府仙人)으로부터 삼황내문경(三皇內文經)을 전수받은 황제헌원의 도(道)를 이어 중국의 도교를 부흥시켰다. 천부경의 가르침은 한마디로 역학(易學)의 원조가 된다. 불교, 유교, 기독교와 관련된 가르침이 삼일신고 안에 고스란히 담겨 있다. 삼일신고의 가르침은 한마디로 종교철학의 원조가 된다. 유교와 관련된 가르침은 참전계경에 많이 있다. 참전계경은 인간이 하늘과 땅과 인간의 도리로서 살아가는 이치를 싣고 있다. 참전계경은 성(誠), 신(信), 애(愛), 제(濟), 화(禍), 복(福), 보(報), 응(應)이라는 8개 조목으로 이루어져 있는데, 불교와 유교와 기독교의 기본 원리가 모두 담겨져 있다. 즉, 사랑(愛)을 주덕목으로 가르치는 예수 기독교의 원리도 또한 포함하고 있는 것이다. 성(誠)과 신(信)은 유교의 기본 덕목일 뿐 아니라 도리를 지키는 모든 인간생활의 기본 덕목이다. 애(愛)와 제(濟)는 국가나 사회를 다스리거나 가정을 꾸리는 기본 덕목이다. 화(禍)와 복(福)과 보(報)와 응(應)은 나라를 다스리거나 인간의 마음을 다스리면서 행동을 제어하는 기본규율이 되며 모든 종교나 도덕이나 법(法)의 내용에 해당되는 조목이 된다.

천부경과 삼일신고와 참전계경의 가르침은 서기전 3897년에 한웅이 웅족과 호족의 난을 진압할 때 가르친 내용이며, 이는 이미 한웅시대 이전이 되는 하늘나라 한국(桓國)에서 가르치고 행해지던 것이 된다. 한국은 서기전 7197년부터 서기전 3897년까지 존속한 나라로서 서기전 7197년경 파미르고원의 마고성(麻姑城)에서의 사방분거 이후 동서남북의 모든 무리들을 다스린 나라이다. 9황(皇)은 구족(九族)을 다스린 임금이며, 12한국(桓國)은 이 구황(九皇)의 나라에 3개의 나라를 포함한 것이 된다. 구황이 한인의 형제들이라 하는 바, 이는 구족이 원래 한 핏줄이었다는 것으로서 당연한 것이 된다. 파미르고원의 동쪽에 위치하는 9황은 나중에 고대 중국에 의하여 그들의 뿌리나라 즉, 조상의 나라로서 9이(夷)라고 불린다.

천부경, 삼일신고, 참전계경은 천부삼인(天符三印)에 속하는 말씀이다. 천부삼인은 하늘의 뜻에 부합하는 세 가지 증거라는 의미인데, 말씀으로 된 증거는 천부경, 삼일신고, 참전계경이고, 그림 즉 도형(圖形)으로는 원방각 즉, ㅇ, ㅁ, △이 되며 ㅇ은 하늘, ㅁ은 땅, △은 사람을 상징한다. 천부삼인에 해당하는 유형의 물건으로는 거울, 방울, 칼이다. 거울은 하늘을 상징하며 일극(一極) 즉, 무극(無極)

을 나타내고, 방울은 이극(二極), 양극(兩極), 반극(反極) 즉 태극(太極)을 나타내고, 칼은 삼극(三極) 즉, 삼태극을 나타낸다.

서기전 7197년 사방분거시에 황궁씨(黃穹氏)는 천부(天符)를 신표(信標)로 각 형제족들에게 나누어 주었으며, 서기전 6100년경 유인씨(有因氏)에게 천부삼인을 전수하였다는 기록으로 보면, 황궁씨가 유인씨에게 전수할 때는 이미 왕권을 상징하는 칼을 더한 것이 된다. 파미르고원에 살던 당시가 되는 서기전 7197년 이전에 이미 오금(烏金)으로 된 귀고리를 하고 다녔다는 기록이 있는바, 이때 이미 구리합금을 만들 수 있었다는 것이 되어, 거울도 만들었던 것으로 판단된다. 다만, 칼은 백성들을 다스리는 악을 응징하는 도구이므로 사방분거 이후 필요악으로 생긴 것으로 된다. 이리하여 천부삼인은 유인씨에서 한인씨(桓因氏)에게 전수되고 다시 한인씨에서 한웅씨(桓雄氏)로, 다시 한웅씨에서 왕검씨(王儉氏, 壬儉氏)로 전수되었던 것이다. 한배달조선시대에 제후를 봉할 때 거울, 방울이나 북, 칼을 하사하여 모두가 원래 한 형제임을 잊지 말고 홍익인간, 이화세계를 구현하도록 하였다고 보인다. 특히 단군조선 영역에서 출토되는 청동거울, 청동방울, 청동검은 단군조선시대에 단군이 각 제후들에게 하사한 것으로 된다. 다만, 청동검은 전쟁도구이기도 하여 군사권을 부여하는 상징물이기도 하므로 청동거울, 청동방울과는 독립적으로 하사한 경우도 있는 것이 된다. 그래서 청동거울, 청동방울이 출토되지 않고 청동검만 출토되는 지역은 아마도 왕권만 부여한 경우가 될 것이다. 청동거울과 청동방울은 천군(天君) 이상에 해당하는 직을 가진 사람에게 하사한 것이 되고, 청동검은 천자(天子) 등의 일반 제후에게 하사한 것으로 된다.

1. 우주만물의 창조적 진화를 가르쳐 주는, 역(易)의 기본인 조화경(造化經): 천부경(天符經)

천부경은 하늘의 뜻에 부합하는 원리를 담고 있는 가르침이 된다.

一始無始一
析三極無盡本 天一一 地一二 人一三
一積十鉅無櫃化三 天二三 地二三 人二三
大三合六生七八九
運三四成環五七
一妙衍 萬往萬來用變不動本
本心本太陽 昂明人中天地一
一終無終一 〈81자〉

一은 시(始: 시작)와 무시(無始: 시작이 없음)의 일이다.

나누면 삼극(三極)인데, 다함이 없는 근본이며, 천일(天一)이 一, 지이(地二)가 二, 인일(人一)이 三으로서 곧 모습이 없는 신(神)으로서의 삼극(三極)이다.

一은 쌓여서 十으로 커지면서, 궤짝처럼 구분됨이 없이 원만하게 三으로 변화하니, 천이(天二)가 삼(三), 지이(地二)가 삼(三), 인이(人二)가 삼(三)으로 각각 세 가지로 또한 삼극(三極)이 되니 모습이 있는 삼극(三極)이다.

모습이 있는 큰 삼의 천이(天二), 지이(地二), 인이(人二)는 모습이 있는 이극(二極)으로 모두 합하면 6이 되고, 여기서 또 하나의 一이 생겨나와 차례로 완성된 천이삼(天二三)이 되는 7, 완성된 지이삼(地

二三)이 되는 8, 완성된 인이삼(人二三)이 되는 9가 된다.

운행(運行)하는 천이(天二)와 지이(地二)는 인이(人二)가 있어 방향이 주어져 상중하 방향의 삼(三)과 전후좌우 방향의 사(四)가 돌고 돌면서 원을 이루어 다섯 방향의 오(五)와 구(球)를 이루어 일곱 방향의 칠(七)이라는 고리를 이루어 우주천체는 7방향으로 이루어진다.

一은 신묘하고 넘쳐나서 만 번 가고 만 번 와도 쓰임은 무한히 변하나 근본은 움직이지 않는다.

본래 사람의 마음(心)은 하늘로부터 부여받은 본래의 무한히 밝은 태양이니, 밝음을 숭상하고 받들어 함께하면 사람이 곧 하늘과 땅과 하나가 된다.

一은 종(終: 끝)과 무종(無終: 끝이 없음)의 一이다.

一에서 시작하여 一로 끝나며 다시 一로 시작되고 무한히 변화하며 무한히 되풀이 한다. 그리하여 크게 분류하여 나타낸 세 가지 삼태극이 바로 하늘, 땅, 사람이다.

하늘은 우주전체를 가리키며, 땅은 지구를 가리키고, 사람은 인간을 가리킨다. 우주전체는 우주 속에 있는 모든 존재를 가리킨다. 땅은 지구상의 사람 외의 모든 만물을 가리킨다. 그리고 하늘과 땅과 구별되는 최종적인 존재가 바로 사람인 것이다. 사람은 하늘과 땅의 조화로 만들어진 존재이면서 하늘과 땅의 본성을 모두 지니고 있으며 하늘과 땅과 구분되는 존재인 것이다. 그래서 우주세계에서 세 가지로 크게 나눈 것이 바로 삼태극이며, 이는 사람이 없으면 아무 의미 없는 것이므로 사람을 완성된 존재로 보고, 사람이 사는 곳인 땅을 사람 이전의 완성된 존재로 보며, 땅 이전의 완성된 존재는 바로 하늘 그 자체인 것이다. 그래서 하늘, 땅, 사람이 원래 하나로서 순서대로 하늘, 땅, 사람으로 나타난 것을 삼태극으로 개념화한 것이 된다.

一은 존재이다. 그래서 (有)에 해당한다.

一의 반대에 해당하는 것은 부존재(不存在) 즉, 무(無)가 될 것이다. 그러나 무(無)는 유(有)의 상대적인 개념이며, 유(有)를 유형적으로 볼 때는 상대적인 개념이 된다. 무형(無形)의 상태는 상대적으로 무(無)로 표현될 수 있는 것이다. 그리하여 무(無)와 유(有)는 절대적인 개념이 아니라 상대적으로 구별하는 개념으로서 一은 곧 유(有)이면서 무(無)이기도 한 것이다. 즉, 一은 무(無)에서 나온 것이 된다. 즉, 유(有)는 무(無)에서 나온 것이다. 유(有)가 무(無)로 되돌아가면 이를 무(無)라 하는 것이며, 무(無)에서 유(有)로 변한 것을 유(有)라 하는 것이다. 그리하여 무(無)는 절대적인 무(無)가 아니라 절대적인 유(有)가 된다. 왜냐하면 유(有)의 시작점이 되는 一은 무(無)에서 나온 것이기 때문이다. 무(無)는 절대적으로 없다는 의미가 아니라 상대적으로 없다라는 의미로 쓰이며, 유(有)의 상대적인 의미인 것이다.

一은 유(有)의 시작으로서 만물의 원천이며, 곧 우주만물의 원천인 신(神)이다. 그래서 일신(一神)이라 한다. 일신(一神)은 삼극으로 나누어 천신, 지신, 인신이 되며 이를 삼신(三神)이라 한다. 사람이 우주세계에 나타나 있는 지극한 만물을 크게 분류하여 세 가지로 나누니 하늘, 땅, 사람인데, 하늘의 별들이 생겼다가 사라지고, 땅의 만물이 생겼다가 다시 땅으로 되돌아가며, 사람이 태어나서 자라고 죽고 하는 무한한 과정에서 모든 것은 원래대로 되돌아가는 것을 알게 된 것이고, 유형(有形)의 원래의 모습은 되돌아간 때의 모습인 무형(無形)이므로 이를 신(神)이라 한 것이 된다. 즉, 일신(一神)이 작용을 하여 삼신(三神)이 되고 삼신이 각각 하늘, 땅, 사람으로 모습을 나타낸 것이 된다. 모습이 없는 하늘, 땅, 사람이 곧 천신, 지신, 인신이며 보이는 하늘, 땅, 사람은 허울에 불과하고 참모습은 보이지 않는 신(神)으로서의 존재인 것이다. 이 보이지 않는 신으로서의 하늘, 땅, 사람이 천일일(天——), 지일이(地—二), 인일삼(人—三)이다. 天一, 地一, 人一이 곧 천신(天神), 지신(地神), 인신(人神)인 것이며, 이 천신, 지신, 인신의 세 가지를 차례로 나타낸 것이 된다.

一이 계속 모이면 二, 三, 四, 五, 六, 七, 八, 九, 十이 되는데, 十은 다시 시작되는 一이다. 그리하여 일신(一神) 즉, 삼신(三神)이 변하여 된 1, 2, 3, 4, 5, 6, 7, 8, 9는 十에 이르러 三으로 변하고, 하늘의 모습 3가지, 땅의 모습 3가지, 사람의 모습 3가지로 나타난다. 이것이 천이삼(天二三), 지이삼(地二三), 인이삼(人二三)이다. 10이라는 숫자를 보면 더 쉽게 나타난다. 1은 유(有)가 되는 만물의 원천으로서의 모습이고, 0은 모습이 없는 원래의 존재인 무(無)로서의 모습을 나타낸 것이 된다. 그래서 10은 무한한 존재인 무(無)에서 다시 시작되는 유(有)로서의 一을 나타내고 있는 것이 된다. 11은 다시 땅의 숫자(2)가 되며, 12는 다시 사람의 숫자(3)가 된다. 13은 다시 땅의 숫자(4)가 되고 15는 다시 사람의 숫자(6)이 되고 16은 다시 하늘의 숫자(7)이 된다. 이런식으로 一이 계속 쌓여서 하늘, 땅, 사람의 삼태극으로 나타나는 것이다. 하늘의 3가지 모습은 양, 음, 중으로서 해, 달, 별이 되고, 땅의 모습 3가지는 육지, 바다, 생물이 되며, 사람의 모습 3가지는 남자, 여자, 자녀가 된다. 물론 각각의 존재는 그 자체 내에 음양중이 되는 천지인 삼신이 존재하고 있다. 천일일(天——)은 신(神)으로서의 존재이고, 천이삼(天二三)은 모습이 있는 하늘로서의 존재이다. 지일이(地—二)는 신(神)으로서의 존재이고 지이삼(地二三)은 모습이 있는 땅으로서의 존재이다. 인일삼(人—三)은 신(神)으로서의 존재이고 인이삼(人二三)은 모습이 있는 사람으로서의 존재이다. 물론 모습이 있는 하늘, 땅, 사람의 원래의 존재는 곧 천지인 삼신(三神)이며 일신(一神)으로서의 一이고 곧 절대적 존재로서 一의 원래 모습인 무(無)이다.

대삼(大三)은 천이삼(天二三), 지이삼(地二三), 인이삼(人二三)을 가리키며, 천이(天二), 지이(地二), 인이(人二)의 존재는 양음으로 이루어진 유형(有形)의 존재로서 모두 합하면 6이고, 양음에서 파생된 존재를 합하면 차례로 7, 8, 9가 되는 것이고, 7은 완성된 하늘의 숫자이며, 8은 완성된 땅의 숫자이고, 9는 완성된 사람의 숫자이다. 이로써 하늘, 땅, 사람의 존재가 삼태극으로서 완성되었음을 가르치고 있는 것이다.

運三四成環五七

하늘(천체)과 땅(지구)의 운행(運行)을 가르친 것이 된다. 즉, 완성된 사람이 사는 지구를 기준으로 완성된 우주천체를 숫자로 나타낸 것이다. 사람은 서서 방향을 잡으면 상중하 전후좌우로 7방향이 된다. 이것은 지구도 마찬가지이고 하늘의 천체도 마찬가지이다. 그러나 기준은 사람이 사는 지구를 중심으로 설정하여 이를 우주전체에 대입한 것이 된다. 원래 하늘은 상하 사방이 없다. 그런데 사람이 지구에 살면서 방향을 정하여 상중하 전후좌우라 한 것이다. 이리하여 지구상의 사람을 기준으로 상중하 동서남북이 있는 것이며, 지구는 자전하고 공전하므로 상중하 사방도 일정하게 움직이게 된다. 이를 우주공간에도 상중하 전후좌우라는 방향을 대입하여 7방향을 설정한 것이 된다. 지구를 우주의 중심이라 보면 지구의 자전축을 기준으로 북극이 윗자리인 상이 된다. 북극은 작은곰자리가 있는 북극성이 된다. 그러나 북극성도 정 북극이 아니며, 북극은 윷놀이판에서 중앙의 태극으로 표시된다. 지구와 천체는 일정하게 운행한다. 그리하여 상중하 전후좌우라는 7방향을 가지고 있다. 즉, 지구는 북극을 축으로 하여 자전하므로 북극성을 바로 보는 곳이 북, 지구의 중심이 중, 북의 반대쪽이 남, 태양이 뜨는 방향이 동, 태양이 지는 방향이 서, 태양이 하늘의 중앙에 떴을 때 상, 그 반대쪽이 하, 이렇게 7방향이 된다. 이를 우주천체에도 대입하면 똑같이 7방향이 되는 것이다. 이는 지구와 천체가 둥글기 때문에 7방향이 되는 것이다. 상중하 전후좌우 또는 동서남북의 방향을 평면으로 보면 상중하 남북, 상중하 동서, 동서남북중이라는 5개의 점으로 된 고리로 표현되며, 표면이 둥근 球로 보면 상중하 동서남북으로 7개의 점으로 된 고리가 되는 것이다. 그래서 사람에게도 삼사 오칠이 있고, 지구에도 삼사 오칠이 있으며, 우주천체에도 삼사 오칠이 있는 것이다. 이 원리를 파악하여 선기옥형과 윷놀이판이 만들어진 것이 된다. 三은 상중하 또는 천지인의 삼방(三方), 四는 사방(四方), 오는 오방(五方), 7은 자전하거나 공전하는 구(球)의 7방(七方)을 나타낸다.

一은 무한히 반복하면서 만물로 변하고 다시 원래의 모습으로 되돌아오는 과정을 거치는데 원래의 모습은 변하지 않는 무(無)로서의 절대적인 유(有)로서 근본은 변함이 없는 것이다.

사람의 본래의 마음(心)은 삼신으로부터 부여받은 성(性)을 지니고 있으며, 이는 하늘의 본성이고 하늘의 대표인 태양으로서 무한히 밝은 것이다. 그래서 만물의 원천인 신(神)도 무한히 밝은 존재이다. 그래서 신명(神明)이라 한다. 사람이 밝음을 우러러 받들면 사람이 곧 하늘과 땅과 하나가 된다. 즉, 사람이 천지인 삼신을 받들면 무한히 밝게 되고, 하늘과 땅과 하나로 일치하게 되는 것이다. 바로 천지인 삼신(三神)이 되어 일신(一神)이 되는 것이다. 사람이 곧 하늘이라는 인내천(人乃天) 사상이 여기서 나오는 것이다. 삼일신고에서 이를 다시 자세하게 가르치고 있는데, 성통공완(性通功完)을 하면 크게 길하고 크게 밝은 천궁(天宮)에 들어가 일신(一神)과 군령제철(群靈諸哲)과 함께 영원한 복락을 누린다고 가르치고 있다. 이는 곧 하늘님(一神)과 함께 함을 일러 주는 것이다.

一로 되돌아가지만 여기서 끝나는 것이 아니라 또다시 시작하게 되어 一은 시작도 끝도 없이 무한히 반복하면서 변하는 것이다. 이렇게 무한히 변하면서 나타난 존재가 바로 삼태극인 천, 지, 인이며, 이 큰 세 가지로 하늘, 땅의 우주만물의 창조와 진화의 원리를 가르친 것이 된다. 무(無)에서 유(有)가 되는 것은 창조적(創造的)이며, 어떤 존재라는 유(有)에서 더 나은 존재로 변화하는 것은 진화(進化)에 해당한다.

2. 사상, 종교, 철학 등의 기본인 교화경(教化經): 삼일신고(三一神誥)

삼일신고는 삼일신(三一神)인 삼신(三神)의 가르침으로서, 세 가지 참이 원래 하나이며 신(神)은 곧 밝음이므로, 삼진(三眞)을 원래의 하나로 되돌리는(歸一), 말씀으로 된 밝음(神) 가르침(誥)인 것이다.

1) 하늘(天)이라는 존재

帝曰爾五加衆 蒼蒼非天 玄玄非天 天無形質 無端倪 無上下四方 無不在無不容

임금께서 가라사대, 너희들 오가의 무리들아, 저 푸르고 검은 것이 하늘이 아니며, 저 누르끼리하고 가마득한 것이 하늘이 아니며, 하늘은 모습도 바탕도 없고 끝도 시작도 없으며 아래와 위와 전후좌우의 사방도 없으며, 있지 아니한 것이 없고 담지 아니한 것이 없느니라.

임금은 한인천제(桓因天帝), 한웅천제(桓雄天帝), 단군왕검 천제(天帝)이다. 여기서 제(帝)는 천제의 천(天)을 생략한 것이 된다. 왜냐하면, 한웅, 단군이 모두 하늘나라의 작은 임금이므로 하늘나라 본 임금을 그냥 제라고 부르는 것이다. 그러나 지방의 나라는 중앙의 임금을 천제(天帝), 천(天)이라고 하여야 한다.

삼일신고는 천부경, 참전계경과 함께 이미 배달나라 이전의 한국(桓國)시대에 있었던 것이며, 한웅이 하늘나라에서 이러한 가르침을 배우고 실현하였던 것이다. 서기전 3897년경 호족과 웅족의 난이 일어나자 한웅이 하늘나라에서의 가르침을 땅의 나라에 구현하기 위하여 무리 3,000을 이끌고 하늘나라 한국에서 땅의 나라인 박달로 내려간 것이다. 그리고 한웅이 연 배달나라는 개천(開天)을 하여 하늘나라와 연결하였으므로 배달나라 또한 하늘나라가 되는 것이다. 한국은 한인천제가 다스린 나라이고, 배달나라는 한인천제의 아들인 한웅천왕이 다스린 나라이다. 한웅천왕이 한인천제를 제(帝)라고 받드는 것이며, 굳이 천제(天帝)라 하지 않는 것이다. 천왕은 천제를 그냥 제라고 하고, 땅의 나라 임금인 제, 왕 등이 천제, 천왕이라 받드는 것이 된다.

서기전 2333년경 단군왕검이 삼일신고를 풍백팽우에게 가르치실 때 고시씨가 동해에서 청석을 캐오고 신지가 글을 새겼다 하는데, 이 삼일신고는 "帝曰元輔彭虞…"로 시작된다. 여기서도 단군조선은 또한 배달나라를 정통으로 이은 하늘나라이므로, 그냥 제(帝)라 한다. 즉, 팽우, 고시, 신지와 그 외 단군조선의 백성들은 하늘나라 백성들이므로 단군왕검을 그냥 제(帝)라고 하는 것이며, 제후국에서는 천제, 천왕이라 받드는 것이다.

하늘나라인 한국에 이미 오가(五加)제도가 있었다. 한웅은 한국의 제도를 본떠 배달나라를 열었다. 단군조선도 기본적으로는 오가제도가 있었으며, 8가, 9가가 있었다고도 한다. 오가는 저가(猪加), 구가(狗加), 양가(羊加), 우가(牛加), 마가(馬加)이며, 8가와 9가는 여기에 다시 웅가(熊加), 봉가鳳加), 노가(鷺加), 응가(鷹加), 호가(虎加) 등이 추가된 것이 된다.

하늘을 쳐다보면 낮에는 푸르게 보이고 밤에는 검게 보인다. 푸른 것이 짙어지면 검게 된다. 蒼은 검은 색을 가리키는데, 푸른 것이 짙어서 검게 보이는 것을 나타낸다. 玄은 누르끼리한 색인데 가마득하게 멀어 검게 보이는 것이 된다.

하늘은 모습도 바탕도 없다. 즉, 모습이 있기 이전의 하늘을 의미하며 모습을 갖추기 이전의 하늘을 가리킨다. 모습이 있는 하늘이란 유형의 하늘로서 해, 달, 별, 구름, 바람, 비, 서리, 이슬 등을 가리킨다.

하늘은 시작과 끝이 없이 무한히 펼쳐져 있고, 기준점이 없어 위와 아래를 구분할 수 있는 것이 아니며, 전후좌우나 동서남북을 설정할 수 없는 것이다. 무한한 공간에 펼쳐진 것이므로 방향이 없는 것이다. 만약 방향이 있는 것이라면 천부경에서의 운삼사성환오칠 (運三四成環五七)과 같은 맥락이 되는데, 이는 사람이 사는 지구와 태양계를 기준으로 하고, 북극, 북극성을 기준으로 삼은 것이고, 태양계를 벗어나면 방향이 없게 되는 것이며, 7방향으로 본다면 구(球)의 모양으로 개념화할 수 있을 것이다.

하늘은 텅텅 비고 비어서 우주만물의 공통분모로 모든 만물에 존재하고 모든 만물을 담고 있는 것이다. 이는 하늘이 모든 곳에 존재하고 모든 것을 담고 있다는 것이다. 이를 비유적으로 예를 든다면, 스펀지가 물에 잠겨 있다라고 한다면, 스펀지는 모습을 가진 유형의 천체가 되고 물은 그 천체를 담고 있으면서 그 천제속에도 물이 스며들어 있어 물이 없는 곳이 없게 되는바, 물은 곧 하늘로 비유되는 것이다.

여기의 하늘은 유형의 무언가가 있기 이전의 하늘이며, 천부경에서 말하는 일(一)의 원래 모습인 무(無)가 된다. 그러나 하늘(天)은 절대적인 존재인 것이다.

2) 하늘님(神)이라는 존재

神在無上一位 有大德大慧大力 生天主無數世界 造신신物 纖塵無漏 昭昭
靈靈 不敢名量 聲氣願禱 絶親見 自性求子 降在爾腦

신은 위가 없는 가장 윗 자리에 계시며, 큰 덕과 큰 지혜와 큰 힘을 지니시어, 하늘을 낳고 무수한 세계를 다스리며, 만물을 만드시니 가늘고 티끌처럼 작은 것에 이르기까지 빠짐이 없고, 밝고 밝아서 신령스러워 감히 이름을 붙이고 헤아릴 수 없으며, 소리와 기운을 바라고서 기도를 하여도 친히 보이심을 끊으시니, 스스로 본성에서 그 씨를 찾으면 이미 너희들 머릿골에 내려와 계시느니라.

신(神)은 일신(一神)이며, 곧 천신(天神)으로서 천일(天一)이며, 만물의 원천으로서의 삼신(三神)이다. 하늘님(神)은 하늘(天)의 하늘(天)로서 모습이 없는 하늘이며, 절대적인 존재로서의 무(無)이고 유(有)가 되는 일(一)의 원천이다. 참전계경에서는 모습이 있는 하늘을 천(天)이라 하고 모습이 없는 하늘을 신(神)이라 하며 신(神)은 곧 천지천(天之天)이라 적고 있다.

신(神)은 일신(一神)으로서 천지인(天地人) 삼신(三神)이며, 모습이 있는 유형의 하늘을 낳고, 무수한 세계를 주관하시며, 아주 미세한 먼지까지 빠짐이 없이 만드신 조물주이다. 유형의 하늘은 천이(天二)가 되는데, 최종적으로 세 가지로 나눌 수 있는바, 천이삼(天二三)으로서 사람 기준으로 크게 나누면 해, 달, 별이 된다. 해는 태양을 가리키고 낮에 보이는 것이며, 달은 밤에 보이는 것으로 가장 밝은 것이고, 별은 해와 달 외의 생사고락을 겪는 무수한 존재가 된다.

신은 보고 싶다고 기도를 한다고 하여 모습을 보이시는 존재가 아니어서 친히 모습을 보이는 것을 하지 않으시나, 신의 씨 즉, 신의 아들(子)이 되는 존재가 이미 사람의 머릿속, 본성(本性)에 존재하는 것이다. 그리하여 사람마다 머리 속에는 하늘님의 아들이 되는 존재가 이미 존재하고 있는 것이므로, 모습을 보이지는 않지만 절대적으로 항상 존재하고 있는 것이 되며 보통사람은 이를 알지 못하거나 깨닫지 못하는 것뿐이다. 하늘님의 아들(子)은 하늘님 전체가 아니라 하늘님의 모든 본성을 모두 지닌 극히 일부가 되는 존재를 의미한다. 그래서 누구나 깨닫는 순간 하늘님의 아들이 되는 것이다. 이는 곧 사람이 하늘과 땅과 원래 하나임을 알려주는 것이 된다. 즉, 하늘님이 멀리 있는 것이 아니라 하늘이 모든 곳에 존재하고 모든 것을 담고 있는 것처럼 하늘님도 모든 곳에 존재하고 모든 만물과 함께 하는 것이다. 하늘님을 천제(天帝)라 하면 하늘님의 아들은 천제자(天帝子)이며, 이를 자(子)라 한 것이 된다.

'聲氣願禱 絶親見'을 소리와 기운을 바라고서 기도를 하면 절친히 보이시니로 풀이하게 되면, 친히 보이심을 끊으시니라는 풀이와 정반대의 뜻이 되나, 神은 절대적 존재이므로 결국은 그 뜻이 상통하는 것이 된다.

하늘님이라는 존재는 절대적인 존재로서 기독교에서 창조주로 기록되는 여호와 이전의 원래의 하늘님으로서 이러한 하늘님 사상이 전파되어 여호와는 창조주라는 사상이 후대에 생긴 것이 된다.

3) 하늘나라 신국(神國)과 천궁(天宮)

天神國 有天宮 階萬善 門萬德 一神悠居 群靈諸哲 護侍大吉祥 大光明處 唯性通功完者 朝永得快樂

하늘(天)은 신(神)의 나라(國)이며, 하늘궁전(天宮)이 있어 계단은 만 가지 선(善)으로 문(門)은 만 가지 덕(德)으로 되어 있으며, 하늘님(一神)이 유유히 머물어 계시고, 성통공완을 이룬 영(靈=神將)과 철(철=神官, 仙官)들이 호위하고 모시는 크게 길(吉)하고 상(祥)스럽고 크게 빛나는 밝은 곳이니라. 오직 하늘이 부여한 본성(本性)을 통(通)하고 ,지감(止感) 조식(調息) 금촉(禁觸)의 수련으로 공(功)을 완수한 자, 성통공완(性通功完)한 자만이 천궁(天宮)에 들어가(朝) 영원한 기쁨과 즐거움을 얻느니라.

우주전체는 하늘이며, 하늘은 하늘나라로서 하늘님의 나라이다. 하늘나라에 하늘님이 계시니 하늘궁전이 있으며, 여기는 하늘님과 함께 하며 하늘님을 모시는 영철(靈喆)들이 영원한 기쁨과 즐거움을 누리는 곳이다.

서기전 7197년경부터 서기전 3897년경까지 존속한 한국(桓國)의 桓은 하늘에서의 광명을 뜻하는바, 바로 하늘의 태양을 가리킨다. 무한히 밝은 나라로서 하늘님의 나라인 것이다. 그리하여 한국은 곧 하늘나라라는 의미이다. 하늘나라의 임금은 바로 천제(天帝)이다. 천제(天帝)는 천신(天神)의 화신(化身) 또는 동일한 존재이다. 한국의 임금이 되는 한인(桓因)은 곧 천제이다. 즉, 하늘나라의 임금인 것이다. 이러한 사상은 바로 한인천제(桓因天帝)가 곧 천신(天神)이라는 맥락이다. 또한 배달나라, 단군조선의 나라도 바로 하늘나라이다. 신선(神仙)들이 나라를 다스리는 곳이다. 천왕(天王)은 신(神)이 되어 그 아래 선(仙)과 성령(聖靈)을 두고 인간 백성들을 다스렸다. 곧 하늘나라를 땅에서의 하늘나라로 삼은 것이다. 바로 지상천국(地上天國)인 것이다.

하늘나라에서의 천신(天神), 천신을 모시는 영철(靈哲)이 머무는 곳이 천궁이며, 이를 지상으로 옮기어 곧 한배달조선의 조정(朝廷)이 되고, 백성들은 하늘나라의 백성들이 되는 것이다. 백성들은 배달나라와 단군조선의 천왕(天王)을 천신(天神), 천제(天帝)로 받들었고, 삼한(三韓)은 하늘나라의 관경이 되었다. 삼한의 밖에 해당하는 지역은 천하(天下)가 되어 즉 땅의 나라가 된다. 천하에 봉해진 임금이 곧 천자(天子) 등의 제후이다. 그래서 고대 중국은 바로 한배달조선의 제후국이 되는 천자의 나라인 것이다.

4) 우주와 지구와 생물

爾觀森列星辰 數無盡 大小明暗苦樂不同
一神造群世界 神勅日世界使者 轄七百世界
爾地自大一丸世界 中火震湯 海幻陸遷 乃成現像
神呵氣包底 煦日色熱 行著化游載物 繁殖

너희들은 저 빽빽이 널려 있는 별들을 보아라, 그 수는 다함이 없으며, 크고 작고 밝고 어둡고 괴롭고 즐거움이 같지 아니하니라.

하늘님이 온갖 무리의 세계를 만드시고, 밝은 태양이 있는 세계의 사자, 일세계사자(日世界使者)에게 조칙을 내려 상중하 전후좌우의 일곱방향의 온(百) 세계인 칠백세계를 다스리게 하였느니라.

너희들의 땅은 스스로 크다 하나 한 알맹이의 세계에 불과하며, 가운데의 불이 터져 끓어올라 바다가 바뀌어 육지가 되고 육지가 바뀌어 바다가 되어 이에 지금의 모습이 되었느니라.

하늘님이 기를 불어넣고 밑을 싸서 햇빛과 햇볕을 쪼여 따뜻하게 함으로써, 걷고 날고 변하고 헤엄치고 심어져 자라는 생물들이 번식하게 되었느니라

모습이 있는 하늘과 땅 즉, 천이(天二)와 지이(地二)의 모습을 가르친 말씀이다. 하늘에는 무수한 별들이 있다. 그 별들의 생사고락은 모두 다르다. 즉, 우주에 널려 있는 별들도 나고 자라고 밝고 어둡고 크고 작은 모습이 모두 다르다는 것이다. 우주의 별들도 무한히 생사고락을 되풀이 하고 있는 것이다.

일신(一神) 즉, 천신(天神), 삼신(三神)이 온갖 무리의 세계를 만드시

고, 각각의 태양이 존재하는 세계에 사자(使者)를 임명하여 다스리게 한 것이다. 우리은하계에 천억 개의 태양이 있다 한다. 그리고 우주에는 은하계가 천억 개 이상이 있다 한다. 어마어마한 수가 되며 상상을 초월하는 것이다. 태양 즉 별이 있는 곳마다 생명이 존재할 천체가 있을 수 있다. 하늘님은 사자로 하여금 우주전체의 방향인 상중하, 전후좌우 등 일곱 방향의 모든 곳이 되는 칠백세계를 다스리게 한 것이다. 백(百)은 모두, 온전하다는 뜻을 지닌 말이다. 그리하여 칠백세계는 칠백 개의 세계를 숫자로 나타낸 것이 아니라, 일곱 방향의 온 세계라는 의미가 된다.

지구는 우주속의 먼지에 불과한 존재이다. 알맹이와 같은 하나의 존재인 것이다. 속 불이 마그마로 끓어올라 화산으로 폭발하고, 이에 바다가 모습을 바꾸어 육지가 되고, 반대로 육지는 가라앉아 바다가 되는 등으로 지금과 같은 모습을 가진 것이다.

하늘님이 지구에 생물이 자랄 수 있도록 생기(공기)를 불어넣고, 열이 빠져나가지 않고 나쁜 기(氣)가 들어오지 않도록, 지구의 둘레를 보호막으로 싸서, 햇빛을 쪼이고 하여 따뜻하게 함으로써, 수많은 생물들이 나고 자라고 번식하게 된 것이다.

5) 사람(人)과 물(物)과 무리(衆)와 밝은이(哲)

人物同受三眞 曰 性命精 人全之物偏之 眞性 無善惡 上哲通 眞命 無淸濁
中哲知 眞精 無厚薄 下哲保 反眞一神

惟衆迷地 三妄着根 曰 心氣身 心依性 有善惡 善福惡禍 氣依命 有淸濁
淸壽濁夭 身依精 有厚薄 厚貴薄賤

眞妄對作三途 曰 感息觸 轉成十八境 感 喜懼哀怒貪厭 息 芬爛寒熱震濕

觸 聲色臭味淫抵

衆 善惡淸濁厚薄 相雜從境途任走 墮生長消病歿苦

哲 止感調息禁觸 一意化行 反妄卽眞 發大神機 性通功完 是

사람과 물(物)은 함께 하늘로부터 세 가지 참, 삼진(三眞)을 받으니 가로
되, 성(性) 명(命) 정(精)이며, 사람은 온전하게 받고 물(物)은 치우치게
받느니라. 참성품(眞性)은 선과 악이 없으며 상철(上哲)이 통(通)하고, 참
목숨(眞命)은 맑고 탁함이 없으며 중철(中哲)이 알고, 참 정기(眞精)는 두
터움과 얇음이 없으며 하철(下哲)이 보존하며, 통성(通性) 지명(知命) 보정
(保精)하여 진성, 진명, 진정의 참(眞)으로 돌이키면 일신(一神)이니라.

무리(衆)은 미혹한 땅에서 세 가지 허울(妄)이 뿌리를 내리나니 가로
되, 심(心) 기(氣) 신(神)이며, 마음(心)은 성품(性)에 의거하여 선과 악이
있어 선하면 복을 받고 악하면 화를 입으며, 기(氣)는 목숨(命)에 의거하
여 맑고 탁함이 있어 맑으면 오래 살고 탁하면 일찍 죽으며, 몸은 정기에
의거하여 두터움과 얇음이 있어 두터우면 귀하게 되고 얇으면 천박하게
되느니라.

참(眞)과 허울(헛것, 거죽, 거짓)이 마주하여 세 가지 길(三途)를 만드
나니 가로되, 감(感) 식(息) 촉(觸)이며, 굴러서 18경을 이루며, 마음의
느낌(感)에는 기쁨, 두려움, 슬픔, 화냄, 탐함, 싫어함이 있으며, 숨쉼(息)
에는 기(氣)의 상태로 향내, 뜬내, 한기, 열기, 마름, 축축함이 있으며,
몸에 닿임(觸)에는 귀의 소리, 눈의 빛깔, 코의 냄새, 입의 맛, 욕정(慾精)
의 음탕함, 피부의 닿음이 있느니라.

무리(衆)는 선, 악, 맑음, 탁함, 두터움, 얇음이 서로 섞이어 18경의 길
(途)을 따라 마음대로 달아나 나고 자라고 시들고 병들고 죽는 고통에
떨어지느니라.

밝은이, 철(哲)은 느낌을 그치고(止感), 숨쉼을 고르게 하고(調息), 닿임을 멀리하여(禁觸), 한 뜻으로 행하고 허울(妄)을 되돌려 참이 되고 큰 신기(神機)를 발하니 성통공완(性通功完)이 이것이니라.

사람과 생물은 함께 하늘로부터 세 가지 참을 부여받는데 사람은 골고루 받고 생물은 치우치게 받는바, 성(性)을 통(通)하여 상철(上哲)이 되고, 목숨(命)을 알아(知) 중철(中哲)이 되고, 정기(精)를 보존하여 하철(下哲)이 되어 진성(眞性), 진명(眞命), 진정(眞精)의 세 가지 참, 삼진(三眞)으로 돌이키면 일신(一神)이 된다.

사람의 마음(心)은 천성(天性)을 담고 있는 허울이며, 기(氣)는 목숨(命)을 감싸고 있는 허울이며, 몸(身)은 정기를 담고 있는 허울이다. 성명정은 참(眞)으로서 알맹이며, 심기신은 망(妄)으로서 거죽 즉 허울이다. 보통사람의 마음은 선과 악을 가지게 되고, 기는 맑음과 탁함을 가지게 되고, 몸은 두터움과 얇음이 있다. 마음이 선하면 복되고 악을 행하면 화를 입으며, 기가 맑으면 오래 살고, 기가 탁하면 일찍 죽으며, 몸이 실(實)하면 귀하게 되고 몸이 허(虛)하면 천하게 된다.

성명정의 삼진과 심기신의 삼망이 서로 마주하여 감식촉(感息觸)의 삼도(三途)를 만들며, 삼도의 감식촉은 각 6경씩 18경을 이룬다.

무리(衆)는 마음(心)의 선과 악, 기(氣)의 맑음과 탁함, 몸(身)의 두터움과 얇음이라는 삼망(三妄)의 6경(境)이 서로 섞이어 감식촉 삼도(三途)의 18경의 길을 따라 마음대로 달아나 모두 108경을 이루면서, 생장소병몰(生長消病歿)의 고통 속에 떨어진다. 이 108경은 바로 불교에서 말하는 108번뇌와 상통한다.

철(哲)은 지감(止感)으로 삼망의 마음(心)을 다스려 선과 악을 없애어 진성(眞性)으로 돌이키고, 조식(調息)으로 삼망의 기(氣)를 다스려 맑음과 탁함을 없애어 진명(眞命)으로 돌이키고, 금촉(禁觸)으로 삼망의 몸(身)을 다스려 두터움과 얇음을 없애어 진정(眞精)으로 돌이키는 것을 한뜻으로 지속적으로 행함으로써 크나큰 신기(神機)를 발하게 되는데, 이를 성통공완(性通功完)이라 한다. 성통공완의 경지가 바로 대신기(大神機)를 발하는 경지이다. 신기(神機)의 기(機)는 비밀(秘密)을 의미하며 보이지 않는 틀로서, 신(神)의 작용인 기(氣)가 만물의 바탕(質)을 이룬 뒤의 단계에 해당한다. 즉 신(神)의 작용이 기(氣)이고 기(氣)가 바탕(質)을 이루며, 바탕에서 틀(機)이 이루어지며, 틀(機)에서 몸(體)이 완성되어 외부에 형(形)으로 나타나는 것이다. 그리하여 틀(機)은 만물의 몸이 완성되기 이전의 뼈대에 해당하는 것이다. 성통공완의 경지는 바로 신의 틀(機)을 보고 듣고 알고 행하는 경지로서 신(神)을 자유자재로 부리고 무한한 수명을 누리는 경지이다. 신기(神機)를 본다는 것은 하늘님이 만드신 모든 만물의 겉과 속을 모두 본다는 것이며, 신기(神機)를 듣는다는 것은 천지자연의 소리를 모두 듣는다는 것이며, 신기(神機)를 안다는 것은 모든 만물의 과거와 현재와 미래를 안다는 것이며, 신기(神機)를 행한다는 것은 번개가 하늘에서 땅으로 순식간에 왔다 갔다 하듯이 자유자재로 모습을 바꾸며 왕래하는 것이다. 이러한 경지에 관한 글로는 고구려 초기 고주몽의 의형제였던 극재사가 지은 삼일신고 독법이 있다. 삼일신고를 제대로 366만 번을 읽으면 환골이신(換骨移神)으로 신선(神仙)이 된다고 가르치고 있다. 특히 신기(神機)를 듣는 경지는 우주만물의 소리를 모두 듣는다는 것으로서 불교에서의 관세음보살 이상의 경지가 되며, 신기(神機)를 아는 단계는 무(巫)의 경지가 된다.

배달조선에 4선인(仙人)이 계시니, 선인 발귀리(發貴理), 자부선인

(紫府仙人), 대련(大連), 삼랑 을보륵(乙普勒)이다. 발귀리 선인은 서기전 3500년경 태호복희와 동문수학한 분으로 자부선인의 학문의 원조가 되고, 자부선인은 서기전 2700년경 치우천왕시대 선인으로 황제헌원에게 삼황내문경을 전수하여 도를 깨닫게 하여 전쟁을 그치고 진정한 신하가 되게 하신 분이며, 단군왕검으로부터 광명왕(光明王)으로 추봉된 분이시다. 대련은 부루단군 때인 서기전 2240년경의 선인으로서 아우인 소련(少連)과 더불어 효(孝)에 밝으신 분으로 공자가 예기에서 극찬한 분이시고, 부루단군이 백성을 다스리는 도를 물었다라고 기록되고 있다. 삼랑 을보륵 선인은 서기전 2181년에 소리글자인 가림토 38자를 지으신 분이시다.

그 외 선인들도 무수히 많았는데, 4선인에 미치지 못하였다고 보면 과연 배달조선의 4선인은 추종을 불허한 역사적 인물이 된다. 단군조선 초기가 되는 1800년경에도 유위자(有爲子)라는 선인이 계셨는데, 은탕의 재상이던 이윤(伊尹)의 스승이었으며, 은탕이 하나라를 멸망시키는 데에 결정적으로 이윤이 단군조선의 인맥을 활용하여 완성하였던 것이 틀림없는 것으로 된다. 유위자는 자부선인의 학문을 이었으며, 서기전 1891년에 국자랑의 스승으로 계셨다 하므로 이미 60세 이상이었다고 보면 서기전 1727년에 돌아가시어 최소한 220세 이상 사신 것이 되며, 서기전 2333년경 마한의 웅씨군(熊氏君)에게 도를 일러주었다고도 기록되는바, 넘게는 서기전 2333년경부터 서기전 1727년까지 약 600살을 사신 것이 된다. 또 순임금의 아버지 유호씨(有戶氏)는 단군왕검보다 100여 살이 많으며 단군부루 이후 하나라 계왕(啓王: 서기전 2198년) 때까지 살았으므로 서기전 2470년부터 약 273세를 산 것이 된다. 과연 배달조선은 신선불사(神仙不死)의 나라인 것이다. 후대에도 신라에는 120세 이상 사신 분들

이 많았으며, 금관가야 시조 김수로왕은 177세를 살았고, 김수로왕
의 태자 거등왕은 김수로왕보타 오래 산 것이 되고 약 200세를 산
것으로 된다. 이렇게 신선처럼 장수를 누릴 수 있는 이유는 바로
이 삼일신고의 가르침을 따라 수련을 하여 성통공완을 지속적으로
행하기 때문이 틀림없다. 배달나라 시조 한웅이 삼칠일(21일)만에
도를 얻어 신(神)을 마음대로 부렸다 하는바, 바로 이 성통공완을
이루었다는 것을 가리키는 것이다. 태호복희와 여동생 여왜도 신통
(神通)하였다 기록되는바, 신기(神機)를 보고, 알고 행하는 등 자유자
재였던 것이 된다. 신기(神機)를 아는 단계가 바로 다른 사람의 과거
와 현재와 미래를 아는 무(巫)의 경지가 된다.

3. 홍익인간, 이화세계를 구현하는 치화경(治化經):
참전계경(參佺戒經)

참전계경은 완전한 인간(사람)이 되는 계율을 담은 가르침이다.
서기전 3897년 한웅이 웅족과 호족의 전쟁을 그치게 하고 참전계경
으로 완전한 인간이 되게 하기 위하여 수련하도록 가르침을 주었는
데, 웅족은 가르침을 따라 완전한 인간이 되어 백성이 되었고, 호족
은 성질이 급하고 사나와 가르침을 따르지 아니하여 완전한 인간이
되지 못하고 짐승처럼 하고 싶은 대로 전쟁을 하면서 홍익인간 세
상에 도움이 되지 아니하므로 추방당하였다.

참전계경에는 인간세상을 다스리는 모든 이치가 담겨져 있다. 특
히 흉년이 들거나 홍수가 들어 피해를 당한 백성을 구휼하는 방법
을 적은 내용이 있으며, 경천애인(敬天愛人), 지성감천(至誠感天), 진

인사대천명(盡人事待天命), 효도(孝道), 의리, 정직, 공평무사, 절개, 충성, 열녀(烈女), 무극(無極), 용서, 상부상조, 수신(修身), 글의 표절, 순리(順理), 자업자득, 제사 끊김(絶祀), 천벌(天罰), 죄악(罪惡)의 유전(遺傳) 등 인간생활과 관련된 거의 모든 내용이 들어 있다. 참전계경은 종교의 가르침이자, 인류를 가르치는 글이며, 백성을 다스리는 법이기도 하며, 철학이 담겨져 있어, 도교, 유교, 불교, 기독교의 가르침과 모두 통한다.

천부경이 하늘님(天神)의 말씀이라면, 삼일신고는 하늘님의 화신인 임금(天帝)의 말씀이고, 참전계경은 임금을 보필하는 영철(靈哲: 神官과 神將)의 말씀이다. 신(神), 영철(靈哲(仙)), 성(聖), 중(衆)의 차례가 되는데, 철(哲)은 신(神)의 아래이며 성(聖)의 위가 된다. 성인(聖人)이 지상의 최고인간이라면, 그 위가 되는 철인(哲人), 선인(仙人)은 하늘나라 사람이 되고, 신인(神人)은 하늘나라의 최고인간이 되는 것이다. 삼신각(三神閣)의 신(神)은 한인, 한웅, 단군을 신(神)으로 모신 것이며, 구월산에 있는 삼성각(三聖閣)의 성(聖)은 한인, 한웅, 단군을 지상세계의 최고인간으로 모신 것이 된다.

참전계경은 고구려 때 을파소 선생이 전수하였다 하며, 총론에는 9족의 한국(桓國)시대부터 배달나라(檀國), 단군조선(朝鮮)에 관한 역사흐름을 적고, 고구려 시조 고주몽의 건국과정을 기록하고 있다. 태호복희와 여왜에 관하여 간략히 언급하고 있으며, 태백산에 사선각(四仙閣)이 있어 발귀리, 자부선인, 대련, 을보륵을 모신다 한다. 그리고 극재사의 삼일신고독법을 붙여 두고 있다. 참전계경은 모두 366조목으로 나누어져 있다.

1) 성(誠)

誠者 衷心之所發 血性之所守 有六體四十七用

성(誠)이라는 것은 가운데 자리한 마음이 일어나는 것이고, 피와 같은 본성이 지키는 것이며, 6체(體) 47용(用)이 있다.

성(誠)은 곧 말한 대로 이룬다는 뜻의 글자로서 정성(精誠)을 의미한다. 지성감천(至誠感天)의 성(誠)이 바로 이것이다. 충심은 마음 한가운데 즉, 속마음을 의미한다.

조목을 나누어 6가지 몸체로 나누고 47가지 작용으로 나누며, 모두 54조목이 된다.

2) 신(信)

信者 天理之必合 人事之必成 有五圍三十五部

신(信)이라는 것은 하늘의 이치가 반드시 부합하는 것이고, 사람의 일이 반드시 이루어지는 것이며, 5위(圍) 35부(部)가 있다.

신(信)은 사람 사이에 하는 말로서 믿는 것을 의미한다. 믿음은 하늘의 뜻과 하나가 되는 것이며 행하여 반드시 이루는 것이다. 말한 대로 이루지 아니하면 그것은 거짓말에 불과하며 믿음은 물거품과 같이 되어 버리는 것이다.

조목을 나누어 5가지 울타리로 나누고 35가지 부분으로 나누며,

모두 41조목이 된다.

3) 애(愛)

愛者 慈心之自然 人性之本質 有六範四十三圍

애(愛)라는 것은 어머니가 자식을 사랑하는 마음으로서 저절로 그러한 것이고, 사람의 본성의 본바탕이며, 6범(範) 43위(圍)가 있다.

애(愛)는 사랑이라는 의미로서 자식을 사랑하는 마음 그 자체이며 인간본성의 바탕이다.
조목을 나누어 6가지 범주로 나누고 43가지 울타리로 나누며, 모두 50조목이 된다.

4) 제(濟)

濟者 德之兼善 道之賴及 有四規三十二模

제(濟)라는 것은 덕(德)이 선(善)을 겸비하는 것이고, 도(道)가 의지하여 미치는 것이며, 4규(規) 32모(模)가 있다.

제(濟)는 구제(求濟)를 의미한다. 덕이 있는 사람이 착한 일을 하는 것이며, 천지인의 도리가 된다.
조목을 나누어 4가지 규범으로 나누고 32가지 본보기로 나누며, 모두 37조목이 된다.

5) 화(禍)

禍者 惡之所召 有六條四十二目

화(禍)라는 것은 악(惡)이 부르는 것이며 6조(條) 42목(目)이 있다.

화(禍)는 재앙을 의미한다. 악행을 하면 반드시 화를 당하는 것이다. 조목을 나누어 6가지 조항과 42가지 항목으로 나누며, 모두 49조목이 된다.

6) 복(福)

福者 善之餘慶 有六門四十五戶

복(福)이라는 것은 선(善)의 넘쳐나는 즐거움이며, 6문(門) 45호(戶)가 있다.

복(福)은 행복을 의미한다. 착한 일을 하면 반드시 복을 받으며, 그로 인하여 기쁨이 넘쳐나는 것이다.
조목을 나누어 6가지 대문으로 나누고 45가지 집으로 나누며, 모두 52조목이 된다.

7) 보(報)

報者 天報惡人以禍 報善人以福 有六階三十及

보(報)라는 것은 하늘이 악한 사람에게는 화(禍)로서 갚고, 착한 사람에게는 복(福)으로 갚는 것이며. 6계(階) 30급(及)이 있다.

보(報)는 대가를 의미한다. 악행을 한 사람에게는 재앙을 주고, 선행을 한 사람에게는 행복을 주는 것이다. 사람이 비록 대가를 주지 아니할지라도 하늘이 언젠가는 반드시 대가를 준다는 것이다.

조목을 나누어 6계단으로 나누고 30급수로 나누며, 모두 37조목이 된다.

8) 응(應)

應者 惡受禍報 善受福報 有六果三十九形

응(應)이라는 것은 악(惡)은 화(禍)가 갚는 것을 받음이고, 선(善)은 복(福)이 갚는 것을 받음이며, 6과(果) 39형(形)이 있다.

응(應)이란 응답(應答)을 의미하며 저절로 초래되는 것을 의미한다. 악한 자에게는 화(禍)가 응답하고, 선한 자에게는 복이 응답한다.

조목을 나누어 6가지 결과와 39가지 모습으로 나누며, 모두 46가지 조목이 된다.

이상으로 한배달조선의 3대 경전인 천부경(天符經), 삼일신고(三一神誥), 참전계경(參佺戒經)은, 모든 만물이 원래 하나에서 나와 평등(平等)한 것이며, 사람이 본성(本性)인 천성(天性)을 회복하여 지켜서 이화세계(理化世界)하고 홍익인간(弘益人間)함으로써 지상천국(地上天國)을 실현하는 가르침을 담고 있는바, 앞으로 과학시대의 물질문명

(物質文明)의 해악(害惡)으로부터 인류를 구할 정신문명(精神文明)의 진정한 근원(根源)이라 할 것이다.

부록

1. 천부경(天符經) <81자>

• 한국(桓國)시대, 서기전 3897년 이전

一始 無始一

析三極 無盡本

天一一 地一二 人一三

一積十鉅 无匱化三

天二三 地二三 人二三

大三合六 生七八九

運三四 成環五七

一妙衍 萬往萬來 用變 不動本

本心 本太陽 昂明 人中天地一

一終 無終一

2. 삼일신고(三一神誥) <366자>:

• 한국(桓國)시대, 서기전 3897년 이전(참전계경(參佺戒經), 한국
(桓國)시대, 서기전 3897년 이전)

帝曰 爾五加衆 蒼蒼非天 玄玄非天 天無形質 無端倪 無上下四方 虛
虛空空 無不在 無不容

神在 無上一位 有大德 大慧大力 生天 主無數世界 造甡甡物 纖塵無
漏 昭昭靈靈 不敢名量 聲氣願禱 絶親見 自性求子 降在爾腦

天神國 有天宮 階萬善 門萬德 一神攸居 群靈諸哲 護侍大吉祥 大光
明處 惟性通 功完者 朝永得快樂

爾觀森列 星辰數無盡 大小明暗 苦樂不同 一神造群世界 神勅 日世界
使者 轄七百世界 爾地自大 一丸世界 中火震盪 海幻陸遷 乃成見象 神
呵氣包底 煦日色熱 行翥化游栽物 繁殖

人物同受 三眞曰 性命精 人全之 物偏之 眞性無善惡 上哲通 眞命無
淸濁 中哲知 眞精無厚薄 下哲保 返眞一神 惟衆迷地 三妄着根 曰心氣
身 心依性 有善惡 善福惡禍 氣依命 有淸濁 淸壽濁夭 身依精 有厚薄
厚貴薄賤 眞妄對作 三途曰 感息觸 轉成十八境 感 喜懼哀怒貪厭 息 芬
爛寒熱震濕 觸 聲色臭味淫抵 衆 善惡淸濁厚薄 相雜從境途任走 墮生長
消病歿苦 哲 止感調息禁觸 一意化行 返妄卽眞 發大神機 性通功完 是

3. 태극경(太極經: 圓方角經) <99자>

• 배달나라 발귀리(發貴理) 선인(仙人), 서기전 3500년경

大一其極　是名良氣

無有而混　虛粗而妙

三一其體　一三其用

混妙一環　體用無岐

大虛有光　是神之像

大氣長存　是神之化

眞命所源　萬法是生

日月之子　天神之衷

以照以線　圓覺而能

大降于世　有萬其衆

故　圓者一也　無極　方者二也　反極　角者三也　太極

4. 천범(天範) 8조(條) <264자>

• 단군왕검(檀君王儉) 천제(天帝), 서기전 2333년경

天範　惟一　弗二厥門　爾惟純誠一　爾心乃朝天

天範恒一　人心惟同　推己秉心　以及人心　人心惟化　亦合天範　乃用御于
萬邦

爾生由親 親降自天 惟敬爾親 乃克敬天 以及于邦國 是乃忠孝 爾克體 是道 天有崩 必先脫免

禽獸有雙 弊履有對 爾男女以和 無怨無妬無淫 爾嚼十指 痛無大小 爾 相愛無胥讒 互佑無相殘 家國以興

爾觀牛馬 猶分厥芻 爾互讓 無胥奪 共作無相盜 國家以殷

爾觀于虎 强暴不靈 乃作孼 爾無桀驁以戕性 無傷人 恒遵天範 克愛勿 爾扶傾無陵弱 濟恤無侮卑 爾如有越厥則 永不得神佑 身家以殞

爾如有衝 火于禾田 禾稼將殄滅 神人以怒 爾雖厚包 厥香必漏 爾敬持 彝性 無懷慝 無隱惡 無藏禍 心克敬于天 親于民 爾乃福祿 無窮 爾五加 衆 其欽哉

5. 우 치수기념 부루공덕비(禹治水記念扶婁功德碑) 비문(碑文), 사공(司空) 우(禹) <77자>

承帝日咨 翼輔佐卿 洲諸與登 鳥獸之門
參身洪流 而明發爾興 久旅忘家 宿嶽麓庭
智營形折 心罔弗辰 往求平定 華岳泰衡
宗疏事衰 勞余神禋 鬱塞昏徙 南瀆愆亨
衣制食備 萬國其寧 竄舞永奔

6. 어아가(於阿歌) <131자>

- 배달나라 이후

於阿於阿 我等大祖神 大恩德 倍達國 我等皆 百百千千 勿忘

於阿於阿 善心大弓成 惡心矢的成 我等百百千千人皆 大弓絃同善心
直矢一心同

於阿於阿 我等百百千千人皆大弓一 衆多矢的 貫破 水沸湯同善心中
一塊雪惡心

於阿於阿 我等百百千千人皆 大弓堅勁同心 倍達國光榮 百百千千年
大恩德 我等大祖神 我等大祖神

7. 신왕종전지도(神王倧佺之道)

- 단군조선 을보륵(乙普勒) 선인(仙人), 서기전 2182년

神者 能引出萬物 各全其性 神之所玅 民皆依恃也

王者 能德義理世 各安其命 王之所宣 民皆承服也

倧者 國之所選也 佺者 民之所擧也 皆 七日爲回 就三神執盟 三忽爲

佺 九桓爲倧 盖其道也

欲爲父者 斯父矣
欲爲君者 斯君矣
欲爲師者 斯師矣
爲子爲臣爲徒者 亦斯子斯臣斯徒矣

故 神市開天之道 亦以神施教 知我求獨空我存物 能爲福於人世 而己
代天神 而王天下 弘道益衆 無一人失性 代萬王而主人間 去病解怨 無一
物害命 使國中之人 改妄卽眞 而三七計日會 全人執戒 自是 朝有倧訓
野有佺戒 宇宙精氣 粹鍾日域 三光五精 凝結腦海 玄妙自得 光明共濟
是爲 居發桓也 施之九桓 九桓之民 咸率歸一于化

8. 중일지도(中一之道)

• 단군조선 제3대 가륵 천왕, 서기전 2180년

天下大本 在於吾心之中一也 人失中一 則事無成就 物失中一 則體乃
傾覆

君心惟危 衆心惟微 全人統均 立中勿失 然後乃定于一也

惟中惟一之道 爲父當慈 爲子當孝 爲君當義 爲臣當忠 爲夫婦當相敬
爲兄弟當相愛 老少當有序 朋友當有信

飾身恭儉 修學鍊業 啓智發能 弘益相勉 成己自由 開物平等以 天下自
任 當尊國統 嚴守憲法 各盡其職 獎勤保産 於其國家 有事之時 捨身全
義 冒險勇進以 扶萬世无彊之運祚也

是 朕與爾國人 切切佩服 而勿替者也 庶幾一體完實之至意焉 其欽哉

9. 서효사(誓效詞) <180자>

• 단군조선 신지(神誌) 발리(發理), 서기전 2049년

朝光先受地　三神赫世臨
桓因出象先　樹德宏且深
諸神議遣雄　承詔始開天
蚩尤起靑邱　萬古振武聲
淮岱皆歸王　天下莫能侵
王儉受大命　懽聲動九桓
魚水民其蘇　草風德化新
怨者先解怨　病者先去病
一心存仁孝　四海盡光明
眞韓鎭國中　治道咸維新
慕韓保其左　番韓控其南
峻岩圍四壁　聖主幸新京
如秤錘極器　極器白牙岡
秤幹蘇密浪　錘者安德鄕

首尾均平位　賴德護神精

興邦保太平　朝降七十國

永保三韓義　王業有興隆

興廢莫爲說　誠在事天神

10. 도경(道經)

• 단군조선 유위자(有爲子) 선인(仙人), 서기전 1900년경

道之大原　出乎三神也　道旣無對無稱

有對非道　有稱亦非道也

道無常道　而隨時　乃道之所貴也

稱無常稱　而安民乃稱之所實也

其無外之大　無內之小　道乃無所不含也

天之有機　見於吾心之機

地之有象　見於吾身之象

物之有宰　見於吾氣之宰也

乃執一而含三　會三而歸一也

一神所降者　是物理也　乃天一生水之道也

性通光明者　是生理也　乃地二生火之道也

在世理化者　是心理也　乃人三生木之道也

盖 大始 三神造三界 水以象天 火以象地 木以象人
夫 木者柢地而 出乎天 亦始人立地而出 能代天地

11. 대원일(大圓一) <67자>

• 서기전 1891년

天以玄黙 爲大其道也 普圓 其事也 眞一

地以畜藏 爲大其道也 效圓 其事也 勤一

人以知能 爲大其道也 擇圓 其事也 協一

故 一神降衷 性通光明 在世理化 弘益人間

12. 애한가(愛桓歌: 山有花歌)

• 단군조선, 서기전 1583년

山有花 山有花
去年種萬樹 今年種萬樹
春來不咸 花萬紅
有事天神 樂太平

13. 백두산 서고문(白頭山誓告文)

· 단군조선 제22대 색불루 천왕, 서기전 1285년

朕 小子 檀君 索弗婁 拜手稽首 自 天帝子之 修我 以及民
必自祭天 以敬皇上 受 三神明命 普恩大德
旣與 三韓 五萬里之 土境 共享 弘益人間
故 遣 馬韓 黎元興 致祭于 三神一體 上帝之壇
神其昭昭 體物無遺 潔齋誠供 降歆黙佑
必能賁飾 新帝之建極 世保三韓 千萬年 无彊之 祚業
年穀豊熟 國富民殷 庶昭我聖帝 空我存物之至念

14. 천단축가(天壇築歌)

· 단군조선, 서기전 1130년

精誠乙奴 天壇築爲古
三神主其 祝壽爲世
皇運乙 祝壽爲未於
萬萬歲魯多
萬民乙 睹羅保美御
豊年乙 叱居越爲度多

15. 홍범구주(洪範九疇) 서문 [尙書(書經) 周書 洪範]

• 주서(周書) 및 송미자세가(宋微子世家), 서기전 1122년경

武王 勝殷殺受 立武庚以 箕子歸 作洪範 惟十有三祀 王訪于箕子 王乃言曰 嗚乎箕子 惟天陰騭下民 相協厥居 我不知 其彝倫攸敍 箕子乃言曰 我聞在昔 鯀陻洪水 汨陳其五行 帝乃震怒 不畀洪範九疇 彝倫攸斁 鯀卽殛死 禹乃嗣興 天乃錫禹 洪範九疇 彝倫攸敍 (참고: 송미자세가 홍범구주-周武王伐紂克殷, 微子乃持其祭器造於軍門, 肉袒面縛, 左牽羊, 右把茅, 膝行而前以告 於是武王乃釋微子, 復其位如故 武王封紂子武庚祿父以續殷祀, 使管叔、蔡叔傅相之 武王旣克殷, 訪問箕子 武王曰: "於乎! 維天陰定下民, 相和其居, 我不知其常倫所序 "箕子對曰: "在昔鯀陻鴻水, 汨陳其五行, 帝乃震怒, 不從鴻範九等, 常倫所斁 鯀則殛死, 禹乃嗣興 天乃錫禹鴻範九等, 常倫所序")

初一 曰 五行

次二 曰 敬用五事

次三 曰 農用八政

次四 曰 協用五紀

次五 曰 建用皇極

次六 曰 乂用三德

次七 曰 明用稽疑

次八 曰 念用庶徵

次九 曰 嚮用五福 威用六極

[五行]

一 五行 一曰水 二曰火 三曰木 四曰金 五曰土 水曰潤下 火曰炎上 木曰曲直 金曰從革 土爰稼穡 潤下作鹹 炎上作苦 曲直作酸 從革作辛 稼穡作甘

[敬用五事]

二 五事 一曰貌 二曰言 三曰視 四曰聽 五曰思 貌曰恭 言曰從 視曰明 聽曰聰 思曰睿 恭作肅 從作乂 明作哲 聰作謀 睿作聖

[農用八政]

三 八政 一曰食 二曰貨 三曰祀 四曰司空 五曰司徒 六曰司寇 七曰賓 八曰師

[協用五紀]

四 五紀 一曰歲 二曰月 三曰日 四曰星晨 五曰曆數

[建用皇極]

五 皇極, 皇建其有極, 斂時五福, 用敷錫厥庶民, 惟時厥庶民, 于汝極, 錫汝保極 凡厥庶民, 無有淫朋, 人無有比德, 惟皇作極 凡厥庶民, 有猷有為有守, 汝則念之. 不協于極, 不罹于咎, 皇則受之, 而康而色曰, 予攸好德, 汝則錫之福. 時人斯其 惟皇之極 無虐煢獨, 而畏高明. 人之有能有為, 使羞其行, 而邦其昌 凡厥正人, 旣富方穀. 汝弗能使有好于而家, 時人斯其辜, 于其無好德, 汝雖錫之福, 其作汝用咎. 無偏無陂, 遵王之義, 無有作好, 遵王之道, 無有作惡, 遵王之路. 無偏無黨, 王道蕩蕩, 無黨無偏, 王道平平, 無反無側, 王道正直, 會其有極, 歸其有極. 曰, 皇極之敷

292

言, 是彝是訓, 于帝其訓, 凡厥庶民, 極之敷言, 是訓是行, 以近天子之光, 曰, 天子作民父母, 以爲天下王

[乂用三德]

六 三德 一曰正直, 二曰剛克, 三曰柔克 平康正直, 彊不友剛克, 內友柔克, 沈漸剛克, 高明柔克 維辟作福, 維辟作威, 維辟玉食 臣無有作福作威玉食 臣有作福作威玉食, 其害于而家, 凶于而國, 人用側頗僻, 民用僭忒

[明用稽疑]

七 稽疑 擇建立卜筮人 乃命卜筮, 曰雨, 曰濟, 曰涕, 曰霧, 曰克, 曰貞, 曰悔, 凡七 卜五, 占之用二, 衍忒 立時人作卜筮, 三人占則從二人之言 女則有大疑, 謀及女心, 謀及卿士, 謀及庶人, 謀及卜筮 女則從, 龜從, 筮從, 卿士從, 庶民從, 是之謂大同, 而身其康彊, 而子孫其逢吉 女則從, 龜從, 筮從, 卿士逆, 庶民逆, 吉 卿士從, 龜從, 筮從, 女則逆, 庶民逆, 吉 庶民從, 龜從, 筮從, 女則逆, 卿士逆, 吉 女則從, 龜從, 筮逆, 卿士逆, 庶民逆, 作內吉, 作外凶 龜筮共違于人, 用靜吉, 用作凶

[念用庶徵]

八 庶徵 曰雨, 曰陽, 曰奧, 曰寒, 曰風, 曰時 五者來備, 各以其序, 庶草繁廡 一極備, 凶 一極亡, 凶 曰休徵：曰肅, 時雨若, 曰治, 時暘若; 曰知, 時奧若; 曰謀, 時寒若; 曰?, 時風若 曰咎徵：曰狂, 常雨若; 曰僭, 常暘若; 曰舒, 常奧若; 曰急, 常寒若; 曰霧, 常風若 王曰省維歲, 卿士維月, 師尹維日 歲月日時毋易, 百谷用成, 治用明, 畯民用章, 家用平康 日月歲時既易, 百谷用不成, 治用昏不明, 畯民用微, 家用不寧 庶民維星, 星有

好風, 星有好雨 日月之行, 有冬有夏 月之從星, 則以風雨

[嚮用五福 威用六極]

九 五福 一曰壽, 二曰富, 三曰康寧, 四曰攸好德, 五曰考終命 六極 一
曰凶短折, 二曰疾, 三曰憂, 四曰貧, 五曰惡, 六曰弱

16. 형제가(兄弟歌)

· 단군조선, 서기전 943년

兄隱 伴多是 弟乙 愛爲古
弟隱 味當希 兄乙 恭敬爲乙支尼羅
恒常 毫尾之事魯西
骨肉之情乙 傷戶 勿爲午
馬度 五希閤 同槽奚西 食爲古
鴈度 亦一行乙 作爲那尼
內室穢西 非綠 歡樂爲那
細言乙良 愼廳勿爲午笑

17. 도리가

• 단군조선, 서기전 795년

天有朝暾　明光照耀
國有聖人　德敎廣被
大邑國　我倍達聖朝
多多人　不見苛政
熙皞歌之　長太平

18. 다물흥방 고천문(多勿興邦告天文) <128자>

• 북부여 고주몽, 서기전 59년

桓桓上尊　照臨九桓　昀昀闢荒　我土我穀
惟我辰韓　旣殷且富　七人同德　誓復弘願
斥逐寇掠　完我旧疆　去彼宿病　解我積寃
飢饉兵亂　一幷掃盡　引道愛民　三韓同治
自西而東　自北而南　幼必從佺　老有所倧
以歌以舞　且醉且飽　九桓一土　齊登壽域
今朕寡德　甚勤而時　叩頭薦供　神嗜飮食
以利我征　俾光我功　佑我國家　壽我人民

19. 삼일신고 독법(三一神誥讀法) <220자>

• 고구려 극재사, 서기전 37년경

我言衆 必讀神誥 先擇淨室 壁揭原理圖 盥漱潔身 整衣冠 斷葷穢 燒
栢檀香 斂膝跪坐 黙禱于一神 立大信誓 絶諸邪想 持三百六十六顆 大檀
珠 一心讀之 正文 三百六十六言之原理 徹上徹下 與珠 合作一貫 至三
萬回 灾厄漸消 七萬回 疾疫不侵 十萬回 刀兵可避 三十萬回 禽獸馴伏
七十萬回 人鬼敬畏 一百萬回 靈哲指導 三百六十萬回 換 三百六十六骨
湊 三百六十六穴 會 三百六十六度 離苦就樂 其妙 不可殫記 若 口頌心
違 起邪見 有褻慢 雖 億萬斯讀 如入海捕虎 了沒成功 反爲 壽祿減削
禍害立至 轉墮 苦暗世界 杳無 出頭之期 可不懼哉 勗之勉之

20. 참전계경 총론(參佺戒經總論)

• 고구려 을파소, 서기 200년경

群星辰中 惟地 明暗中 寒暑平 可適産育 物有無生有有生 無生不殖不
滅 有生能殖竟歸于滅 惟其藉乎無生有生作 獨陽不生 獨陰不和 偏亢反
戾于成 二者 相感而和 乃可資育 苟生而不和 無攸成 雌雄以類 而卵而
殖 相傳勿替 寒熱震濕 而時陰陽調 行蠢化游栽物乃作

五物之秀 曰人 厥初 有一男一女 曰那般阿曼 在天下東西 初不相往來
久而後 遇與之耦 其子孫 分爲五色族 曰黃白玄赤藍 邃初之民 衣草食木

巢居穴處 良善無僞 翕然自在 世遠年久 産育繁 遂乃各據一隅 小爲鄕族
大成部族 黃居大荒原 白居沙漠間 玄居黑水濱 赤居大瀛岸 藍居諸島中

五族 惟黃大 支有曰 在蓋馬南者爲陽族 東者爲于族 在粟末北者爲方
族 西者爲畎族 九民居異俗 人異業 或斥荒主種樹 或在原野主牧畜 或逐
水草主漁獵

那般死爲三神 在上而治天上 在下而治天下 故人物同出三神 以三神
爲一源之祖 大始 換海連陸 時無船舶 而人自往來 歸命三神 採食掬飮
熙熙然含飽而已 適以洪水泛濫 陷溺莫救 時 有神人桓仁 率九部之祖 越
嶺渡水而 歷險難苦 始得達 太白之北 是爲 桓國之祖

古記 曰北曰桓國 是爲九桓之一 而其地 東至海 北至黑水之 東北二萬
里 西至朔漠 及三危之界 九桓之中 桓因最大 子孫繁衍 十月 國中大會
歌舞祭天 耀武光文 爲天下式

桓國之末 天帝智爲利立 夢有三神 顯靈于前 曰下視太白三危 可以弘
益人間 父知子意 君察民心 宜擇賢遣往 貪求人世而理之 於是 天帝遣庶
子雄 降居于太白山下 檀木林 雄將風伯雨師雲師 率徒三千 儀仗盛陳 鼓
吹入國 望之若天神下降也 乃命各厥職 牛加主穀 馬加主命 狗加主刑 豬
加主病 羊加主善惡 凡主人間 三百六十餘事 在世理化 號爲神市 時熊女
君 聞雄有神德 乃率衆往見 曰 願賜一穴窟 爲神戒之盟 雄乃許之 使之
奠接 生子有産 虎族不能悛 放之四海 桓族之興始此

太皥者 太虞桓雄之子也 女媧者 太皥之妹也 俱有神德 太皥夢三神 降

靈于身 萬理洞徹 乃往三神山祭天 得掛圖於天河 其卦劃三絶三連 妙合
三極 變化无窮 女媧 鍊土造像而 注之魂 七日成焉 皆用於戰 不敢近

蚩尤天皇 神勇冠絶 見神農之衰 遂抱雄圖 乃曰 天上旣有一太陽 地上
皆無一人王乎 朕當 繼三神上帝 而爲天下主乎 內以修德 外以興武 屢起
天兵於西 進據淮垈之間 乃軒轅之立也 直赴 涿鹿之野 擒黃帝而神之 命
紫府先生 敎黃帝歸義 黃帝之所受者 乃三皇內文 至于秦漢之世 皆以十
月祭蚩尤 以其爲受命之者 亦可知也

三韓統國 檀君王儉 若曰 天範惟一 不二厥門 爾惟純誠一 爾心乃朝天
天範恒一 人心惟同 推己秉心 以及人心 人心惟化 亦合天範 乃用御于
萬邦
爾生由親 親降自天 惟敬爾親 乃克敬天 以及于邦國 是乃忠孝 爾克體
是道 天有崩 必先脫免
飛禽有雙 弊履有對 爾男女以和 毋怨毋妬毋淫
爾嚼十指 痛無大小 爾相愛毋胥讒 互佑無相殘 家國以興
爾觀于牛馬 猶分厥芻 爾互讓毋胥奪 共作毋相盜 家國以殷
爾觀于虎 彊暴不靈 乃作孼 爾毋桀驁以戕性毋傷人 恒遵天範 克愛物
爾扶傾毋陵弱 濟恤毋侮卑 爾有如越厥則 永不得神佑 身家以殞
爾如有衝火于禾田 禾稼將殄滅 神人以怒 爾雖厚包 厥香必漏 爾敬持
彝性 毋懷慝 毋隱惡 毋藏禍 心克敬于天 親于民 爾乃福祿无窮 爾五加
衆 其欽哉

昔我始祖 高朱蒙聖帝 出自北夫余 自言天帝子 承日光而生 遂以解爲
姓 生而神勇 骨表英偉 年甫七歲 自作弓矢 百發百中 自是天下 所向無

敵 時 國人以朱蒙不利於國 欲殺之 於是 乃與烏伊摩離陝父 爲德友 行

至 毛屯谷 復遇三人 是爲再思武骨墨居 乃告於衆曰 朕承景命 欲啓元其

而 得此三賢 豈非天賜乎 遂血牛豕羊而 祭三神 告曰

桓桓上尊 照臨九桓 昀昀闢荒 我土我穀 惟我辰韓 旣殷且富 七人同德

誓復弘願 斥逐寇掠 完我旧疆 去彼宿病 解我積寃 飢饉兵亂 一幷掃盡

引道愛民 三韓同治 自西而東 自北而南 幼必從侁 老有所倧 以歌以舞

且醉且飽 九桓一土 齊登壽域 今朕寡德 甚勤而時 叩頭薦供 神嗜飮食

以利我征 俾光我功 佑我國家 壽我人民

於是 七人 歃血以盟曰 七人同德 可以多勿興邦 揆其能而各任其事

與之俱至卒本川 時 北夫余高無胥 知爲非常人 以女妻之 王卽位二年

王崩 無嗣 以國人 議而入承大統 盖東明之創 其緖業於前 朱蒙之承其餘

波於後者也 仍國號曰 高句麗 言天帝大日 高大光輝於世界之中也 松壤

以其國來降 以其地爲多勿都 封松壤爲多勿侯 立多勿五戒 曰 事親以孝

事君以忠 交友以信 臨戰無退 殺生有擇

檀君高朱蒙 詔曰 一神 造萬人一像 均賦三眞 於是 人其代天以而能立

於世也 況吾國之先 出自北夫余 爲天帝之子乎 哲人 虛靜戒律永絶邪氣

其心神安泰 自與衆人事事得宜 用兵所以緩侵伐也 行刑所以其無罪惡也

故 虛極靜生 靜極知滿 知滿德隆也 故 虛以聽敎 靜以潔矩 知以理物 德

以濟人 此乃神市開物敎化 爲天神通性 爲衆生立法 爲先王完功 爲天下

萬世成智生雙修之化也

克再思 制進 三一神誥 讀法 曰 我言衆 必讀神誥 先擇淨室 壁揭原理

圖 盥漱潔身 整衣冠 斷葷穢 燒栴檀香 斂膝跪坐 黙禱于一神 立大信誓 絶諸邪想 持三百六十六顆 大檀珠 一心讀之 正文 三百六十六言之原理 徹上徹下 與珠 合作一貫 至三萬回 灾厄漸消 七萬回 疾疫不侵 十萬回 刃兵可避 三十萬回 禽獸馴伏 七十萬回 人鬼敬畏 一百萬回 靈哲指導 三百六十萬回 換 三百六十六骨 湊 三百六十六穴 會 三百六十六度 離 苦就樂 其妙 不可彈記 若 口頌心違 起邪見 有褻慢 雖 億萬斯讀 如入海 捕虎 了沒成功 反爲 壽祿減削 禍害立至 轉墮 苦暗世界 杳無 出頭之期 可不懼哉 勗之勉之

聖地太白山下 舊有四仙閣 四仙曰 發貴理 紫府仙人 大連 乙普勒也 皆祭天修鍊 主名山勝地 尙志高大 傲視功利 參佺爲戒 健名相榮 專以弘 道益衆 爲務 有急則應召 無事則還山 山者 古人徵實求是之道觀也 盖道 以靜修 物以群成 就山自是求我 善群 亦是成眞 此山人之義(大連一作 妙 佺郎).

21. 삼일신고 주해(三一神誥註解)

• 대진국 임아상, 서기 714년

三一神誥

: 세 참 하나 밝음 말씀

[注] 三一三眞歸一也神明誥文言

: 三一은 세 가지 참이 하나로 돌아감이다. 神은 밝음이요, 誥는 글로 된 말씀이다.

天訓

帝曰元輔彭虞蒼蒼非天玄玄非天天無形質無端倪無上下四方虛虛空空無不在無不容

: 하늘 가르침

임금(단제)께서 가로되, 원보 팽우야, 푸른 것이 하늘이 아니며 가마득한 것이 하늘이 아니다. 하늘은 겉과 속도 없고 시작과 끝도 없고 위아래 사방도 없으며 텅 비어서 존재하지 아니하는 것이 없으며 담고 있지 아니하는 것이 없느니라.

[注] 帝檀帝一神化降也元輔官名彭虞人名受帝勅奠山川爲土地祗蒼蒼深黑色玄玄黑而有黃色地外氣也端倪始際也上下四方以自身觀有以天觀無也人物孔微雖視力不到處盡在也大而世界小而纖塵盡容也

: 帝는 檀帝(단군을 말함. 단군, 천황(왕), 천제라고도 함)로서 一神이 化하여 내려옴이니라. 元輔(만도비←맏 돕이)는 벼슬이름이며, 팽우는 사람 이름이다. 임금의 명을 받아 산천을 정리하여 토지를 삼았다. 蒼蒼은 짙은 검은색이며 玄玄은 검고 누른색이 있는 땅(지구)밖의 氣이다. 端倪는 시작과 끝이며, 상하 사방은 자기 스스로 보면 있으나 하늘을 기준으로 해서 보면 없는 것이다. 사람과 생물에게

작은 구멍이 있고 비록 시력으로 닿지 아니하는 곳에도 존재하지 아니하는 곳이 없다. 큰 것으로는 세계, 작은 것으로는 섬세한 것과 먼지에 이르기까지 모습을 띠지 아니하는 것이 없다.

神訓

神在無上一位有大德大慧大力生天主無數世界造桑桑物纖塵無漏昭昭靈靈不敢名量聲氣願禱絶親見自性求子降在爾腦

한얼(하늘님) 가르침

: 神은 위가 없는 첫 자리에 계시며 큰 덕과 큰 지혜와 큰 힘이 있어 하늘을 만들고 무수한 세계를 맡으며 많고 많은 만물을 만들고 섬세한 것과 먼지까지 빠지지 않고 만들어 변화시키는 것을 감히 이름 붙이고 잴 수도 없다. 神의 소리를 들으려 하고 신의 氣를 보려 하여 기도하면 절친히 보이시나니 스스로의 본성에서 신의 씨를 찾으라. 이미 너희 머릿골에 내려와 있나니.

[注] 神一神無上一位無二尊所也大德生養諸命大慧裁成諸體大力斡旋諸機生造主宰也無數世界群星辰也桑桑衆多貌漏遺失昭昭靈靈造化也聲氣願禱欲聞神之聲見神之氣而禱也自性自己眞性求覓也腦頭髓一名神府此身未出胎前神已在腦衆人妄求於外也

: 神은 一神이며, 無上一位는 두 개의 존귀함이 없다는 바다. 大德

은 모든 생명을 낳고 기르며, 大慧는 모든 몸을 만들고 이루며, 大力
은 모든 틀을 알선함이며, 生은 만드는 것이고, 主는 다스림이다.
無數世界는 별들의 무리로 뽕나무 무리처럼 많은 모습이고, 漏는 새
는 것이며, 昭昭靈靈은 만들어져 변화함이다. 聲氣願禱는 神의 소리
를 들으려하고, 신의 기운을 보고자하여 기도함이다. 自性은 자기의
참 본성이며, 求는 찾음이다. 腦는 머리의 골수인데, 일명 神府(신의
집)이다. 이는 몸이 아직 태(胎)로부터 나오기 전에 神이 이미 뇌에
존재함이다. 무리(중생들)들은 망령되이 밖에서 구한다.

天宮訓

天神國有天宮階萬善門萬德一神攸居群靈諸哲護侍大吉祥大光明處惟
性通功完者朝永得快樂

하늘궁전 가르침

: 하늘은 神의 나라인데, 천궁(하늘 궁전)이 있어 올라가는 계단은
만 가지 착한 것으로 되어 있고 들어가는 문은 만 가지 덕으로 되어
있으며, 한얼님이 유유히 머물러 계시고 여러 神將들과 여러 神官들
이 보호하여 모시는 크게 길하고 상스럽고 크게 빛나고 밝은 곳이
다. 오직 참 본성을 통하여 공을 완수한 자만이 하늘님을 뵙고 하늘
과 더불어 더 없는 즐거움을 누릴 수 있다.

[注] 天宮非獨在於天上地亦有之太白山南北宗爲神國山上神降處爲天
宮人亦有之身爲神國腦爲天宮三天宮一也階陞也門入也群靈神將諸哲神

官也性通通眞性也功完持三百六十六善行積三百六十六陰德做三百六十六好事也朝觀一神也永得快樂無等樂與天同享也

: 하늘 궁전(천궁)은 단지 하늘에만 있는 것이 아니다. 땅에도 역시 있다. 태백산(백두산) 남북의 마루가 신국(신의 나라. 하늘님 나라)이 되고 산꼭대기는 신이 내려오는 곳으로 천궁이 된다. 사람에게도 역시 있다. 몸은 신국이 되고 머릿골은 천궁이 된다. 세 개의 천궁이 하나이다. 階는 오르는 것이고, 門은 들어가는 것이다. 群靈은 神將이고 諸哲은 神官이다. 性通이란 참 본성을 通하는 것이다. 功完이란 366가지의 착한 행동을 하고 366가지의 음덕을 쌓고 366가지의 좋은 일을 하는 것이다. 朝란 일신(하늘님)을 보는 것이다. 永得快樂이란 하늘과 더불어 더 없는 즐거움을 누리는 것이다.

世界訓

爾觀森列星辰數無盡大小明暗苦樂不同一神造群世界神勅日世界使者秘七百世界爾地自大一丸世界中火震碎海幻陸遷乃成見象神呵氣包低煦日色熱行翻化游栽物繁殖

세계 가르침

: 너는 늘어 서 있는 별들을 보아라. 그 개수는 다함이 없고 크고 작고 밝고 어둡고 괴롭고 즐거움이 똑 같지 아니하다. 一神이 무리를 이룬 세계를 만들었다. 神이 해의 세계를 맡은 使者에게 칠백세계를 맡게 하였다. 너의 땅(지구)이 스스로 크다 하나 한 알의 세계

에 불과하다. 속 불이 터지고 끓고 하여 바다가 생기고 육지가 만들어져 이에 지금의 모습을 갖추었다. 신이 氣를 불어 넣고 밑을 싸서 햇볕을 쪼이고 하여 색깔을 띠고 열을 띠게 되어 걷고 기는 것과 나는 것과 변하는 것과 헤엄치는 것과 심어져 자라는 것 등 만물이 번식하게 되었다.

[注] 森은 나무가 많은 모습이고 列은 펴다이며, 數는 헤아리다이고, 無盡은 능히 계산하지 못함이다. 群星辰은 모두 一神이 만든 바로서, 세계를 땅과 비교하면 큰 것, 작은 것, 밝은 것, 어두운 것, 괴로움을 겪는 것, 즐거움을 누리는 것이 있다. 日世界使者가 一神의 명령을 받아 태양의 神官을 맡아 다스린다. 秼은 차의 축이다. 七百世界는 무리를 이룬 별들 중에서 칠백 개가 해에 속하여 차의 축처럼 모이는 바와 같다. 自大란 衆人(무리)들이 땅이 크다고 하여 상대할 것이 없다고 함인데, 역시 해에 속하는 하나의 세계에 불과하다. 一丸이란 둥글고 돌아가는 물건으로서 모든 해와 비교하면 즉, 작은 알맹이와 같은 것이다. 中火震砆이란 땅속의 불이 땅 표면의 물과 서로 치고받고 하여 바다가 솟으면 육지가 되고 육지가 꺼지면 바다가 되어 바뀌고 변함이 하나같지 않다. 見象이란 현재 보여 주는 바의 모양이다. 呵는 숨을 내뿜음이고 包는 싸는 것이며, 煦는 찌는 것이다. 땅은 사람과 物과 더불어 氣와 色과 熱이 없어 처음에는 살아 움직이지 못했는데, 일신이 숨을 내뿜고 싸서 日世界使者로 하여금 땅을 데우게 하였다. 行은 다리와 배로 움직이는 종류이고, 灣는 날개 있는 종류이고, 化는 쇠, 돌, 물, 불, 흙의 부류이고, 游는 물고기 종류이며, 栽는 풀과 나무 종류이다. 繁殖이란 많이 생겨나 사는 것이다.

眞理訓

人物同受三眞曰性命精人全之物偏之眞性無善惡上哲通眞命無淸濁中哲知眞精無厚薄下哲保返眞一神

참 이치 가르침

: 사람과 만물은 똑 같이 세 가지 참을 받는데 가로되, 性 命 精이다. 사람은 골고루 온전히 받고 다른 物은 치우치게 받는다. 참 본성은 선과 악이 없고 上哲이 통달하며, 참 목숨은 맑음과 탁함이 없고 中哲이 알며, 참 精은 두터움과 엷음이 없고 下哲이 보존한다. 참을 돌이키면 一神이다.

惟衆迷地三妄着根曰心氣身心依性有善惡善福惡禍氣依命有淸濁淸壽濁殀身依精有厚薄厚貴薄賤

오직 보통사람만이 애당초 태아일 때 세 가지 망령됨이 뿌리를 내리는데 가로되, 마음(心) 기운(氣) 몸(身)이다. 마음은 본성에 따라서 선함과 악함이 있다. 선하면 복되고 악하면 화가 미친다. 기운은 목숨에 따라서 맑음과 탁함이 있다. 맑으면 오래 살고 탁하면 빨리 죽는다. 몸은 정력에 따라서 두터움과 엷음이 있다. 두터우면 귀하고 엷으면 천하다.

眞妄對作三途曰感息觸轉成十八境感喜懼哀怒貪厭息芬寒熱震濕觸聲

色臭味淫抵

　참과 망령됨은 서로 섞이어 세 가지 길을 만드는데 가로되, 느낌
(感) 숨(息) 닿음(觸)이다. 굴러서 18가지 경계가 이루어진다. 感에는
기쁨, 두려움, 슬픔, 성냄, 욕심냄, 싫어함이 있고, 息에는 향기, 썩은
기운, 찬 기운, 더운 기운, 電氣, 습기가 있고, 觸에는 소리, 색깔,
냄새, 맛, 음란함, 닿임이 있다.

衆善惡淸濁厚薄相雜從境途任走墮生長消病歿苦哲止感調息禁觸一意
化行返妄卽眞發大神機性通功完是

　보통사람은 선악과 청탁과 후박이 서로 섞이어 경계의 길로 나아
가 마음대로 달아나 버려서 나고 크고 작아지고 병들고 죽고 하는
고통에 떨어진다. 哲(밝은 이)은 느낌을 그치고 숨을 고르게 하고 닿
음을 삼가 하여 한 뜻으로 행한다. 망령됨을 돌이키면 즉, 참이다.
大神機를 펴 본성을 通하고 공을 완수함이 바로 이것이다.

　[注] 受는 얻음이다. 眞은 오직 하나만이고 둘이 아니다. 性은 ○이
고 命은 □이며 精은 △이다. (强相其妙也-글자가 누락된 것 같음) 全은
갖추어 가진 것이고, 偏은 고르지 못한 것이다. 哲은 神의 아래이고
聖의 위이다. 上哲은 神과 더불어 合德하여 영원을 통하고 막힘이
없으며, 中哲은 신과 더불어 合慧하여 영원을 알고 어리석음이 없으
며, 下哲은 신과 더불어 合力하여 영원을 보존하고 없어지지 않는다.
返眞이란 세 가지가 하나로 돌아감이다. 하나는 神으로 돌아간다.
衆은 보통 사람이며, 迷地는 싹과 태아의 처음이다. 歿이란 나누

어져 하나가 아님이다. 着根이란 뿌리를 둠이다. 心(마음)은 길흉의 집이고, 氣는 生死의 門이며, 身(몸)은 뜻과 욕심의 그릇이다. 依는 따라 붙음이고, 福은 백가지의 순조로움이며, 禍는 백가지의 재앙이다. 壽는 오래(사는 것)이고 㳺는 짧게 (사는 것)이다. 貴는 尊(존귀함)이며 賤은 卑(낮음)이다.

對는 間(섞일 간)과 같고, 作은 만듦이며 途는 길이다. 感은 주(主)된 것을 알아 구별하는 것이고, 息은 客(손님)이 되는 것을 나가고 들어오게 함이며, 촉은 奴(노비, 종)를 전달하여 보내는 것이다. 境은 경계이다. 喜는 기뻐함이며, 懼는 두려워함이다. 哀는 슬퍼함이다. 怒는 성냄이다. 貪은 좋은 것을 찾음이며, 厭은 괴로운 것을 피함이다. 芬은 풀과 나무의 氣이고, 란은 炭과 주검(시체)의 氣이며, 寒은 물의 氣이고, 熱은 불의 氣이다. 震은 전기(電氣)이고 濕은 비(雨)의 氣이다. 聲은 귀로 듣는 것이며, 色은 눈이 접하는 것이며, 臭는 냄새를 맡는 것이고, 味는 입으로 맛보는 것이다. 淫은 교접하는 것이며, 抵는 살과 속옷이 닿는 것이다.

雜은 순수함이 온전치 못한 것이고, 從은 나아감이며, 任走는 보통사람의 첫 번째 장기(長技)이다. 病은 질병으로 아픔이며, 歿은 흩어져 끝남이다. 이 땅은 다섯 가지의 고통의 세계이다. 止感은 마음이 평안하게 함이며, 調息은 氣가 고르게 하는 것이며, 禁觸은 몸이 편안하게 함이다. 그치고(지감) 고르게 하고(조식) 삼가는(금촉) 세 가지 방법은 망령됨과 괴로움을 막는 지팡이이다. 一意는 만 가지로 일어나는 사악한 생각을 끊고 뜻을 하나로 바로 하여 만 가지 좌절에도 물러서지 않고, 만 가지 걱정에도 동요치 않으며, 하나의 모임으로 만드는 것이다. 化行은 哲이 되기 위한 둘도 없는 보배스런 비결이다. 참(眞)은 본래 감소함이 없고 원만하고 스스로 존재한다.

망령됨을 돌이키면 즉, 참됨(眞)이다. 大神機는 가로되, 신의 틀(神機)을 본다는 것은 가깝게는 자기와 다른 사람의 내장과 털의 뿌리와, 멀게는 하늘 위와 무리를 이룬 세계에 이르기까지, 땅속과 물속의 모든 뜻과 모습을 똑똑히 보는 것이고, 가로되 神機를 듣는다는 것은 하늘 위 땅 위와 무리를 이룬 세계에 이르기까지 사람과 만물의 말과 소리를 모두 들음이며, 가로되 神機를 안다는 것은 하늘 위 하늘 아래와 몸 앞 몸 뒤와 과거와 미래의 일과, 사람과 만물의 마음속에 숨겨져 있는 일과, 신의 비밀과 마귀가 숨긴 것을 남김없이 모두 안다는 것이다. 가로되 神機를 행한다는 것은 귀 눈 입 코의 功으로 능히 서로 사용하여 다함이 없는 무수한 무리의 세계를 電氣가 갔다가 돌아옴과 같이 공중과 땅속과 쇠 돌 물 불에 이르기까지 장애가 없이 통하여 몸을 나누어 행하여 그 변화가 뜻에 따라 행해지는 것이다. 是란 영원히 다섯 가지의 고통의 세계를 떠나 천궁(하늘 궁전)에 들어가 하늘의 즐거움을 누림이다.

22. 삼일신고 봉장기(三一神誥奉藏記) <238자>

• 대진국 제3대 문황제, 서기 739년

謹按 古朝鮮記 曰 三百六十六甲子 帝握 天符三印 將 雲師雨師風伯雷公 降于 太白山檀木下 開拓山河 生育人物 至 再週甲之 戊辰歲上月三日 御喆宮誕訓 神誥時 彭虞率 三千團部衆 俯首受之 高矢採 靑石於東海濱 神誌劃 其石而傳之 後朝鮮記 箕子聘 一土山人 王受兢 以殷文 書神誥于 檀木板而 讀之然則 神誥原有 石檀二本 而世傳 石本藏於

餘國庫 檀本則爲 衛氏之有 竝失於兵燹 此本乃 高句麗之 所譯傳而 我
高考之 讀而贊之者也 小子自 受誥以來 恒恐失墮 又感石檀 二本之爲
世波所盪 玆奉 靈寶閣 御贊珍本 移藏于 太白山 報本壇 石室中 以爲
不朽之資云爾 大興三年三月十五日 藏

참고문헌

〈서적〉

이종수저, 『민족보결(民族寶訣)』, 신화문화사, 단기 4294.

김종진 편저, 『한국성씨보감(韓國姓氏寶鑑)』, 은광사, 1982.

족보편찬위원회편, 『한국인의 족보』, 일신각, 1977.

강수원 옮김, 「한단고기(桓檀古記)」, 『온누리 국학총서』 1, 온누리, 1985.

임승국 번역 주해, 「한단고기(桓檀古記)」, 『겨레 밝히는 책들』 3, 정신세계사, 1987.

박제상(朴堤上) 著, 김은수(金殷洙) 역해(譯解), 『부도지(符都誌)』, 가나출판사, 1987.

안동준(安東濬), 『동이한족오천백년사(東夷韓族五千百年王統史)』, 백악(白岳) 문화사, 1978.

문정창(文定昌), 『한국고대사(韓國古代史)』, 인간사, 1988.

안호상, 『나라역사 육천년』, 한뿌리, 1987.

_____, 『한웅과 단군과 화랑』, 사림원, 1985.

_____, 『한민족의 뿌리사상』, 국학연구회, 1983.

대야발, 『단기고사』, 개마서원, 1981.

신학균, 『규원사화』, 명지대출판부, 1984.

이상시(李相時), 「단군실사(檀君實史)에 관한 고증연구(考證硏究)」, 고려원, 1990.

이규보 이승휴 저, 박두포 역, 『동명왕편 제왕운기』, 을유문화사, 1987.

고동영, 「단군조선 47대」, 『한민족의 역사』 5, 한뿌리.

단학선원 편집부 엮음, 「천지인」, 『단학총서』 3, 단학선원.

권태훈, 「천부경의 비밀과 백두산족 문화」, 『겨레 밝히는 책들』 8, 정신세계사.

고준환, 『하나되는 한국사』, 범우사, 1992.

「오행설의 문제점과 육합법 한방학원론」, 『깨달음의 책』 8, 치국평천지사.

김상일 엮음, 『인류문명의 기원과 한』, 가나출판사, 1988.

김상일, 「한사상」, 『온누리 국학총서』 5, 온누리, 1986.

일연 저, 이민수 역, 『삼국유사』 상, 삼성미술문화재단, 1987.

이규보·이승휴 저, 박두포 역, 『동명왕편 제왕운기』, 을유문화사, 1987.

신채호, 『조선상고사』 상·하, 삼성미술문화재단, 1985.

이기문, 『한국어형성사』, 삼성미술문화재단, 1987.

김부식 저, 김종권 역, 삼국사기 상·하, 명문당, 1988.

『고려사절요(高麗史節要)』, 국립중앙도서관.

『진주소씨 대동보(珍州蘇氏大同譜)』, 국립중앙도서관.

이중재, 『상고사의 새 발견』, 동신출판사, 1996.

임균택, 『한 철학사상사』 1·2·3, 호서문화사, 1996.

문정창, 『한국 수메르 이스라엘의 역사』, 백문당, 1979.

『한국민속종교사상』, 삼성출판사.

대야발 저, 고동영 역, 『단기고사』, 한뿌리.

북애 저, 고동영 역, 『규원사화』, 한뿌리.

김교헌 저, 고동영 역, 『신단민사』, 한뿌리.

김교헌 저, 이민수 역, 『신단실기』, 한뿌리.

박성수, 『단군기행』, 교문사, 1988.

어윤적 편저, 『동사년표』.

윤치도, 『민족정사』.

박문기, 『맥이』, 정신세계사, 1996.

김성배 편, 『한국의 금기어 길조어』, 정음사, 1981.

이능화, 『조선무속고』, 삼성출판사, 1977.

백익, 『산해경』.

강무학 역해, 『육도삼략(六韜三略)』, 정음사, 1981.

증선지 저, 윤재영 역, 『십팔사략』 상, 박영사, 1987.

장기근, 『중국의 신화』, 을유문화사, 1985.

이민수 역, 『조선전』, 탐구당, 1983.

이가원 감수, 이기석 외 3 역해, 『대학 중용』, 홍보문화사, 1974.

우현민 역주, 『노자』, 박영사, 1987.

남만성 역, 『노자도덕경』, 을유문화사, 1986.

성동호, 『한비자』, 홍보문화사, 1983.

조엽, 『오월춘추』.

여불위, 『여씨춘추』.

갈홍, 『포박자』.

외국어보급회 편저, 지영재 감수, 『중국어 4주간』, 문예림, 1979.

柳晟俊 편해, 『북경중국어회화』, 청년사, 1986.

김혁제 교열, 『맹자집주』, 명문당, 1979.

_____, 『서경』, 고려원, 1999.

김경탁 역, 『논어』, 한국자유교육협회, 1974.

김영수 역해, 『예기』 상, 한국협동출판공사, 1983.

노태준 역해, 『주역』, 홍신문화사, 1980.

이민수 역, 『효경』 외, 을유문화사, 1985.

이기석 편역, 정순목 평설, 『맹자 선』, 배영사, 1981.

이기석 편역, 『소학 선』, 배영사, 1980.

사마천, 『사기』.

허신, 『설문(說文)』.

유향, 『설원(說苑)』.

역도원, 『수경주(水經注)』.

『황제내경』

서량지, 『중국사전사화』, 화정서국, 1979.

이민수, 『정감록』, 홍보문화사, 1985.

『대동방씨족원류사』 1·2·3.

한갑수 감수, 『한민족대성보』 상·하, 한국문화연구소편, 1999.

김종서, 『신의 자손 한국인』, 한국학연구원, 2008.

인류태고사학회 고증, 『황금제왕국』, 도서출판 삼희, 1997.

유희경·김문자, 『한국복식문화사』, 교문사, 2001.

허대동, 『황제내경소문대요』, 금산출판사, 1999.

성삼제, 『고조선 사라진 역사』, 동아일보사, 2008.

이민화, 『스마트코리아로 가는 길 유라시안네트워크』, 새물결출판사, 2010.

허대동 지음, 이민화 감수, 조홍근 검증, 『고조선문자』, 도서출판 경진, 2011.

민석홍, 『서양사개론』, 삼영사, 1985.

한국방송통신대학교 문화교양학과, 『동서양고전』, 한국방송통신대학교출판
　　　　부, 2010.

성백인·김현권, 『언어학개론』, 한국방송대학교출판부, 1999.

이익환·안승신, 『영어학개론』, 한국방송통신대학교출판부, 2010.

＿＿＿＿＿＿, 『영어음성학』, 한국방송대학교출판부, 1999.

김인식 저, 『한국화폐가격도록』, 오성 K&C, 2009.

이태형, 『별자리여행』, 김영사, 1990.

김정욱·유명희·이상엽 외, 『우주와 인간 사이에 질문을 던지다』, 해나무, 2007.

강대진·이정호, 『신화의 세계』, 한국방송대학교출판부, 2011.

『구약성서』

『신약성서』

천도교본부, 『동경대전』

리바이도우링, 『성약성서』, 대원출판사, 1984.

홀거 케르스텐, 『인도에서의 예수의 생애』, 고려원, 1989.

성은구 역주, 『일본서기』, 고려원, 1993.

연민수 편저, 『일본역사』, 보고사, 1999.

김일훈, 『신약본초』 전·후, 도서출판 인산가, 2011.

안경전, 『이것이 개벽이다』 상·하, 대원출판, 1992.

안경전, 『개벽실제상황』, 대원출판, 2006. 외 다수.

추천의 글

역사와 나

"역사를 잊은 자에게 미래는 없다."

김구 선생의 말씀처럼 역사는 우리들의 미래까지 좌지우지할 수 있는 중요한 부분입니다. 다르게 말하면 역사는 나를 구성하고 있는 유전자의 중요 구성요인 입니다. 억겁의 세월에 수많은 조상들의 정신적 정보가 덧붙여져 발현된 총아가 오늘날 우리입니다.

결과적으로 역사라 하면 나라고 하는 정체성의 바탕이라 할 수 있습니다. 그렇게 중요한 역사를 우리는 너무 등한시하고 있습니다. 그런 우리를 얼간이, 등신이라고 합니다.

얼이 빠지고 신을 등진 사람이 어떻게 미래를 꿈꿀 수 있고, 제대로 된 인간적 삶을 누릴 수 있겠습니까. 역사를 안다는 것은 곧 나를 알아가는 것입니다. 나를 알고 나면 나 아닌 다른 사람도 알게 되는 것이고, 우리가 얼마나 귀한 존재인지를 알게 되는 것입니다. 그리하여 모두가 귀한 존재가 되었을 때 세상 모든 것이 살아나는 것입니다.

그것이 홍익입니다. 지금 우리 사회가 살맛나는 세상이 아니라 죽을 맛이 더한 사회가 되어가고 있는 것은 우리를 이루고 있는 역사를 등한시하고 있기에 일어나는 일입니다. 홍익이 안 되고 있어서 입니다.

그런 우리가 직면하고 있는 암울한 세태에 "마고할미로부터 7만년"은 우리 사회에 꼭 필요한 책이 아닐 수 없습니다. 개인적으로 이렇게 중요한 작업에 동참할 수 있어서 한없이 영광되고 감사함을 느낍니다. 모쪼록 "마고할미로부터 7만년"을 통해 우리가 필수적이고 기본적으로 알아야 할 우리의 역사를 알아가고, 나를 찾아가는 기쁨을 한민족의 일원으로서 필히 누렸으면 좋겠습니다.

끝으로 이 모든 가능성을 열어가는 데 동참토록 배려해 주신 천산태백 조홍근 님께 감사함을 전합니다.

홍익인간! 이화세계!

천부 72393년 한국기원 9212년 배달개천 5912년 단기 4348년 서기 2015년 2월

민족화가, 역사포털사이트 민족사관 홈페이지 알자고 대표 운영자,
한뿌리사랑세계모임 부산지역 사무국장
성미경

지은이 소개

1. 홍익인간(弘益人間) 천부(天符)의 역사는 마고성(麻姑城: 파미르고원)의 마고(麻姑)시대인 서기전 70378년 계해년(癸亥年)부터 시작되었음을 최초로 밝혔음.

2. 역법(曆法)이 시작된 해는 마고성(麻姑城)의 황궁씨(黃穹氏) 시대인 서기전 25858년 계해년(癸亥年)임을 밝혔으며, 서기전 70378년 계해년이 마고(麻姑) 기원(紀元: 천부 天符)임을 밝혔음.

3. 황궁씨를 이은 나반(那般: 那般尊者: 獨聖者)이 한국(桓國)시대 한인씨(桓因氏) 이전의 임금이던 유인씨(有因氏)이며, 한인씨 7대(代)가 약 1000년을 다스렸다는 것임을 밝혔음.

4. 윷놀이판의 모습이 천부경(天符經)의 무극, 삼태극, 운삼사성환오칠의 무한조화순환역(無限造化循環易) 및 음양오행(陰陽五行), 태양태음성력(太陽太陰星曆)이자 단군조선의 정치행정 구조를 나타낸 것임을 밝혔으며, 하도(河圖)와 낙서(洛書)가 배달나라시대의 음양오행수리역(陰陽五行數理易)이며, 태호복희 8괘역과 윷놀이판의 역이 지구의 자전(自轉)과 공전(公轉)을 기반으로 한 역(易)임을 밝혔음.

5. 천제(天帝), 천황(天皇: 天王), 천군(天君), 천공(天公), 천후(天侯), 천백(天伯), 천자(天子), 천남(天男)의 위계질서를 최초로 밝히고, 천제자(天帝子)와 천자(天子)의 차이점을 최초로 밝혔으며, 태호복희

씨(太皞伏羲氏)가 일반 천자(天子)가 아니라 천지인(天地人) 삼신(三神)에게 제(祭)를 올리는 권한을 가진 제사장인 천군(天君)임을 밝혔음.

6. 아리랑(阿里嶺) 민요의 원천이 되는 최초의 역사적 사실이 서기전 2333년 10월 3일 조선을 건국하기 이전에 있었던 당요(唐堯)의 전란(戰亂)으로 인하여 단군왕검(檀君王儉)께서 동북의 아사달로 이동한 과정임을 밝혔음.

7. 고대 중국의 천자로 불리는 요순우(堯舜禹)와 고대일본의 신무왕(神武王)이 단군조선으로부터 독립을 시도한 역천자(逆天者)이면서 제후인 천자(天子)임을 밝혔음.

8. 우비(禹碑: 우 치수기념 부루공덕 비)의 비문을 국내 최초로 역사적 해석을 하였으며, 우비는 서기전 2267년 이후 우(禹)가 치수에 성공한 후 치수법(治水法)을 전수해 준 단군조선 태자부루의 공덕을 새겨 남악(南嶽) 형산(衡山)에 세운 것임을 밝혔음.

9. 일본 국조신(國祖神)인 천조대신(天照大神)의 사당인 이세신궁(伊勢神宮)에 소장된 원시한글 축문을 국내 최초로 완벽 해독하고, 요하유로 기록된 천조대신이 단군조선 두지주(豆只州) 예읍(濊邑)의 추장(酋長)의 후손임을 밝혔음.

10. 명도전(明刀錢) 등에 새겨진 문자를 단군조선 문자로서 최초로 해독한 학자 허대동 선생 저서『고조선문자』의 가림토(加臨土)의 연구에 검증차 참여하여 첨수도(尖首刀), 명도전이 단군조선의 화폐이며 그 위에 새겨진 문자가 단군조선의 상형 및 표음 문자임을 밝혔으며, 배달시대부터 상음문자(象音文字)가 사용되었고 기본 한자(漢字)의 원발음이 단군조선시대의 가림토식 음독(音讀)임을 밝혔음. 그 외 다수

마고할미로부터 7만년 국조
계통도

(이하 그림 성미경)

삼신 마고-궁희-소희

마고 궁희 소희 황궁 백소 청궁 흑소

나반(유인씨)과
아만

한인 7위

한웅 18위

단군 47위

삼태극과 천부경

서안 태백산 정상 가는 길
개천관 표석 사진(한길 백
공 종사, 알자고닷컴 제공)

서안 태백산 정상 천단 성
전 현판 사진(한길 백공
종사, 알자고닷컴 제공)

추모성황

광개토태황

천지인 홍익인간

홍익인간

홍익가정